U0608642

微课资源的建设与应用

邬厚民 著

NORTHEAST NORMAL UNIVERSITY PRESS
WWW.NENUP.COM
东北师范大学出版社

图书在版编目（CIP）数据

微课资源的建设与应用 / 郛厚民著．--长春：东北师范大学出版社，2017.5（2024.8重印）
ISBN 978-7-5681-3051-6

Ⅰ．①微… Ⅱ．①郛… Ⅲ．①多媒体课件—制作 Ⅳ．①G434

中国版本图书馆CIP数据核字（2017）第103370号

□策划编辑：王春彦
□责任编辑：卢永康 □封面设计：优盛文化
□责任校对：赵忠玲 □责任印制：张允豪

东北师范大学出版社出版发行
长春市净月经济开发区金宝街118号（邮政编码：130117）
销售热线：0431-84568036
传真：0431-84568036
网址：http://www.nenup.com
电子函件：sdcbs@mail.jl.cn
河北优盛文化传播有限公司装帧排版
三河市同力彩印有限公司
2017年10月第1版 2024年8月第3次印刷
幅画尺寸：170mm×240mm 印张：15.75 字数：295千

定价：52.00元

前言
PREFACE

什么是微课？为什么我们要做微课？微课是如何设计与开发的？微课是压缩饼干，还是精致小点？微课是视频片段，还是完整小课？

随着视频公开课、资源共享课、可汗学院、慕课（MOOC）等新形式课程资源的出现，以及翻转课堂等新的教学方法的应用，微课已成为教学改革和资源建设的新焦点。正确理解和认识微课的内涵与作用，提高教师设计开发微课的能力，加大微课教学的应用，是当前教育教学改革的新课题，也是提高教学质量、培养学生自主学习能力与创新精神的重要手段，更是当下时代发展的创新要求，具有重要的理论与实践意义。

微课是指为使学习者自主学习获得最佳效果，经过精心的信息化教学设计，以流媒体形式展示的围绕某个知识点或教学环节开展的简短的、完整的教学活动。也可以简单地说，微课是指以视频为主要载体，记录教师围绕某个知识点或教学环节开展的简短、完整的教学活动。微课“位微不卑、课微不小、步微不慢、效微不薄”，体现的是以学生认知学习和知识建构为主线的全新的教学设计和资源建设，是自主学习、混合学习、翻转课堂等教学理念的实际应用。微课不是简单的教学资源形式的更替，而是传统教学理念与教学模式的创新。通过不断的微学习，从而获得大道理，小微课可以撬动教学的大变革。

本书从微课的理解和特点入手，阐释微课背后的内涵，剖析微课设计的思路，介绍微课开发的方法和微课教学模式的设计，为教师开展微课建设和微课应用提供建议与对策。同时，本书也是2014年广东省高等学校优秀青年教师培养计划项目（Yq2014001）、广东省高等学校第八批“千百十人才培养工程”广州科技贸易职业学院校级培养项目的研究成果。

由于笔者学术水平有限，研所涉及内容广、难度大，加之时间仓促，书中不足之处在所难免，敬请各位专家、读者不吝批评指正，以期日后改进与提高。

目录
CONTENTS

第一章　微课出现的背景

一、微课出现的渊源

（一）“微”时代对教育的挑战

当今社会，生活节奏越来越快，与此相应，人们更乐于接受简单、便捷、有趣、高效的生活方式和学习方式。因此，近年来各种“微”事物不断涌现，如微博、微信、微电影、微小说、微讲堂等。这些日益壮大的“微”字号队伍俨然向人们宣告着社会已经步入了“微”时代。同时，网络通信技术日新月异的发展也强有力地推动着这股“微”潮流，使得各种“微”事物可以无孔不入地钻进生活中的方方面面。“微”时代信息的传播速度更快，传播的内容更具冲击力和震撼力。人们恍然发现，原来传播交流信息乃至进行情感沟通，通过百余字就完全可以实现。对于接受者而言，消化信息的时间非常有限，而信息内容与数量却异常丰富，这就要求信息生产者提供黏度高、冲击力巨大、可以在极短时间内吸引受众并提高受众阅读兴趣的内容。

微课发端于微博。自 2009 年起，微博以其互动性和参与性强、信息传播速度快、目标明确的特点，在我国迅速地掀起了一场轰轰烈烈的“微”热潮，拉开了“微”时代的序幕。

在教育领域，教师的工作非常繁忙，很难抽出大量的时间去关注每一位学生的学习情况，因此帮助学生查漏补缺、攻克课程重难点成为教师教学过程中的一大难题。常规教学中，教师只能保证大部分学生的学习进度，不能因为某个学生而影响教学进度，微课程的出现，恰恰可以弥补教师教学中的这种缺憾。它可以代替教师，让学生进行相关内容的学习，不仅节省教师的时间和精力，还可使学生的学习更高效。

面对新课程标准和教学实践的要求，教师的工作已经不是简单地把书本上的知识内容教给学生，而是要在教的过程中让学生体会到学习的乐趣，激发学生学习的积极性，这中间所采用的教学方式、方法及手段都是为了达到最后的目的——教会学生学习。如何才能吸引学生注意力？如何才能将高深的理论变简单，将简单的问题变有趣？能不能利用零碎的时间短期内完成一次学习？能不能让枯燥的知识变得好玩和有趣？在这种背景下，微课诞生了。

微课创始人胡铁生提出，如果换一种思维方式，只将教学重点、难点、考点、疑点等精彩片段录制下来提供给教师，借鉴意义和交流价值会更大，也会更加方便学生随时随地点播，以此增加课程的利用率。微课的出现，打破了传统的教学方式，满足了学生对不同学科知识点个性化学习、按需学习的需求，既可查缺补漏又能强化巩固知识，是常规课堂学习的一种重要补充和拓展资源。这一形式在学校一经宣传，迅速成为校园的时尚，受到老师们的热烈欢迎。

（二）“微学习”的迅速发展

微学习由“微”与“学习”两部分构成，“微”即微小、碎片化。它符合学生的习惯，一次只学一点，避免学太多导致疲倦，可以说是今后不可或缺的一种学习方式。微学习的发展，对传统的课程形式提出了挑战，要求课程形式多样化，具备灵活性，可以满足学习者随时随地学习的需求，例如，学习者可以在地铁、公交车、咖啡厅，或工作的间隙进行学习，这种需求令研究者自然地关注到了微课程。微课程运用建构主义方法，以在线移动学习为目的开展实际教学。时代呼唤微学习，片段化、专题化的微课程为学生提供了更好的学习机会，有效促进了学生的微学习。

（三）可汗学院和TED风靡全球

可汗学院（Khan Academy）是由孟加拉裔美国人萨尔曼·可汗（Salman Khan）创立的一家非营利性的教育组织，主旨在于利用网络影片向世界各地的人们提供免费的高品质教育。萨尔曼·可汗拥有麻省理工学院的硕士学位和哈佛大学的MBA学位。刚开始时，他为了帮助住在远处的亲人进行日常学习，首先尝试着把自己的教学影片放到YouTube等网站上。由于广受好评，这些课程慢慢地被越来越多的人所熟知，并迅速地向周围蔓延，让学生们在家里就可以学到学校里面所讲授的知识，甚至正在“翻转课堂”，成为“颠倒的课堂”。有些教育学家认为这种教育模式正在打开“未来教育”的局面。

可汗学院的成功，给当前的教育体制带来了很大的挑战。现在虽然也存在着许多大学的网络课程，但它们仅仅是把教授上课的过程拍摄下来，强调的是老师的“教”，而忽视了学生的“学”。可汗课程突出了学生的“学习”过程，课程设计“以学习者为中心”，充分体现出学生的主体地位，教师从单一的知识传授者角色向学生学习的帮助者和学习资源的提供者转变，符合现代学生的学习特点。

TED是一个致力于传播创意的非营利组织，TED是technology，entertainment，design的英语缩写，即技术、娱乐、设计。每年3月，TED大会在北美召集众多科学、设计、文学、音乐等领域的杰出人物，分享他们关于技术、社会、人文、艺术的思考和探索。TED诞生于1984年，其发起人是理查德·索·乌曼。TED Talks云集了曾踏上过TED讲坛，举世闻名的思想家、艺术家和科技专家在网上发布的演讲视频。演讲令TED从以往1000人的俱乐部变成了一个每天10万人流量的社区。为了继续扩大网站的影响力，TED还加入了社交网络的功能，以连接一切“有志改变世界的人”。

（四）微课对传统教育的挑战

信息化环境下，基于教育与应用的资源及分享平台的日益丰富，教学资源的充分合理的利用及信息技术与学科的深度融合是整个教育信息化建设的根本出发点。

微课正以短小精悍的特征，迎合着时代的要求与大众的心理。

在常规课堂教学中，为了不影响既定的教学进度，只要班里大部分学生达到一定的标准，教师就继续推进教学进度；学生们在学习的过程中若有什么不懂的地方可及时向老师请教，或课后由相应的人员进行辅导。对基础教育而言，这就是非常流行的课外辅导（家教或一对一的辅导）；对高等教育而言，学生之间可以互相讨论。然而，那些上课不问，下课又没有人辅导的学生，遇到不懂的问题就会积累下来，时间越久，对后面的学习所造成的影响就越大，尤其是逻辑思维能力要求很强的基础教育中的数学学科、高等教育中的理工科课程，不懂的知识点会以点、线、面的形式积累，影响后续的学习，从而造成学习成绩两极分化的现象，而微课以短小精悍与碎片化的特点弥补了传统教育的不足。

微课对教师也产生了影响：一方面，一个优秀教师的微课可能被大量的下载，不受欢迎的教师将面临转行；另一方面，教师的功能发生了变化，微课时代教师的身份将主要变成教学的组织者，和学生一起讨论，给学生解惑，组织测验、考试、实验等。因此，老师的信息素养也要不断地发展。

微课时代针对学生的课后教育要更具有针对性，要为如何让学生更好地学习寻找一条出路。微课程顺应时代的需求，必将会让越来越多的学习者受益。

二、微课在教育中的应用前景

在网络信息时代，随着信息与通信技术的快速发展，与当前的微博、微信等一样，微课也将具有十分广阔的教育应用前景。

（一）对学生的学习来说

1. 学生可以选择自主学习的环境，不必拘泥于传统的学校教育。

2. 满足学生对不同学科知识点个性化学习的需求。

3. 教师不再是讲台上的圣人，而是身边的导师，可以做到一对一的指导。

4. 按需学习，既可查缺补漏，又能强化巩固知识。

5. 学生在业余时间内进行延伸的个性化阅读和学习的最好载体。

6. 学生常规课堂学习的一种重要补充和拓展。

7. 通过微课授课的内容被长期保存，可供查阅和修正。

（二）对教师的专业水平发展来说

1. 课题的选取。教学目标清楚，教学内容明晰，或针对字词教学，或针对难点突破，或针对课前导入，或针对拓展延伸，择其一点设计教学。加深了教师对教材知识内容的进一步理解。

2. 内容的设计。备课时更充分地研究学情，做到课堂无学生，心中有学生。要准确地把握教学节奏，快慢适当，吃透教材。要熟练地掌握现代信息技术，因为微课的核心组成内容是教学视频，通过视频组成一个融教学设计、多媒体素材、课件为一体的主题资源包。

3. 知识的讲解与总结。教学语言要简明扼要，逻辑性强，易于理解。讲解过程要流畅紧凑。教师在备课的过程中就要考虑到实际进行的状况，这样才能完成一节既吸引人又精彩的课程。

4. 知识的拓展。想要拓展知识点，就必须查阅资料去充实内容，这样才不会显得空泛和空洞。那么，在拓展学生视野的同时，教师也丰富了教学资源。教师在这种真实的、具体的、典型案例化的教与学情景中可以实现“隐性知识”，并实现教学观念、技能的迁移和提升，从而迅速提升课堂教学水平，促进教师的专业成长。

5. 教学反思。教师在整个的教学过程中，经历着“研究—实践—反思—再研究—再实践—再反思”的循序渐进、螺旋式上升的过程。教师们的教学和研究的水平和能力也在不断提升。微课，最终让教师在习惯的细节中追问、思考、发现、变革，由学习者变为开发者和创造者，在简单、有趣、好玩中享受成长。

（三）对教育自身的发展来说

现在的微课热，是对过去“课堂实录”式的视频教学资源建设的反思和修正。过去录制的大量“课堂实录”式的视频资源，过于完整、冗长，难以直接加以利用。

微课平台是区域性微课资源建设、共享和应用的基础。平台功能要在满足微课资源、日常“建设和管理”的基础上增加便于用户“应用和研究”的功能模块，形成微课建设、管理、应用和研究的“一站式”服务环境，供学校和教师有针对性地选择、开发。

交流与应用是微课平台建设的最终目的。通过集中展播、专家点评和共享交流等方式，向广大师生推荐、展示优秀获奖微课作品；定期组织“微课库”的观摩、学习、评课、反思、研讨等活动，推进基于微课的校本研修和区域网上教研新模式形成，达到资源共享。

无论是对学生还是对教师而言，微课都是一次思想改革，促成了一种自主学习模式，同时，还为教师提供了自我提升的机会，最终达到高效课堂和教学相长的目标。

三、微课的价值

（一）挑战了常规课堂的条条框框

45 分钟的常规课堂上，教师站在讲台上声嘶力竭地讲，学生坐在位置上规规矩矩地听、认认真真地背，偶尔也会有教师提问，学生回答。据注意力保持专注的相关调查显示：一般来说，学生的学习兴趣只能维持 20 分钟左右，这段时间过后就会出现疲劳、走神等现象。心理学研究也表明：学生课堂学习的质量，取决于专注在功课上的时间，即投入学习时间与学生的学习成绩成正比。学习时间过长，并不意味着学习效率高，只有学生投入有价值的学习活动，才会提高学习质量。然而，传统“灌输式”的课堂教学模式往往忽略了这一点。

微课是相对于传统意义上的整堂课而言的。从教学主体性上分析（即教师角度和学生角度），校本微课的出现对常规课堂框架提出了挑战。

1. 从学生角度来讲

首先，微课的最大价值体现在提高学生学习效率上。一节课的精华总是围绕某个知识点或者某个教学点展开，精彩的、高潮的环节都是短暂的、瞬间的。学生视觉驻留时间普遍只有20分钟左右，若时间过长，注意力得不到缓解，很难达到较理想的学习效果。学校可根据实际需求，把教学重点、难点、考点、疑点等精彩片段，录制成时间在20分钟左右、大小50M左右的简短视频。这种形式大大方便了学生随时、随地通过网络下载或点播进行学习，从而提高学生的学习效率。

其次，微课有助于学生自主学习和有选择性的学习。随着社会节奏的加快，也许很多时候，我们的教学再也不必规规矩矩地在教室中进行。学生可以根据自己的需要，有选择性地打开相关网站或视频，不需要像传统的整堂课一样。也许我们只需要解决某一个很小、很具体的问题，可以在目录中找到内容，三五分钟就解决了，而不必通览整堂课。这种学习方式，能够使学生针对学习中的问题，在提供的视频网站中找到自己所需要的内容，自主地、有选择性地学习，而不是硬着头皮被动地听课。即便我们由于某种原因耽误了上课，也不必担心，因为可以通过点播微课加以弥补。

2. 从教师角度来讲

微课形式的出现，颠覆了以往的个别辅导方式，超越了时间和空间，这无疑在一定程度上解放了教师。然而，这种形式对今天的一些教师而言，是一种全新的挑战，一些以讲授为主的任课教师，也许更容易成为一个尴尬的角色，被学生认为是可有可无。

（二）为促进教师专业成长提供了新途径

微课是一种带给我们新鲜的感受和更加生动活泼的教学教研形式，作为现在情境下教学和教研的一种先进手段，微课既可以为教师相互学习提供借鉴，又可以为教师诊断改进提供依据。同时，微课的出现还能提升教师的信息处理能力和水平。因此，微课的出现为促进教师专业成长提供了新途径。

1. 有利于提高教师的教学素质和专业素养

微课的表现形式主要有两种。一种是具体而微的形式，表现在有教学的全过程，即有完整的教学过程和教学环节。从内容的导入到重难点剖析、方法讲解、教学总结、教学反思，再到练习设计，与常规课堂的每一个环节没有任何差别，但微课没有学生的参与，没有师生的互动，或者说学生参与度不够，师生互动较少。微课的目的是展现教师的教学理念、教学观念或者教学设计、教学方法和教学技巧。这种表现形式有点类似于说课，但又比说课更具体、更翔实，更能反映教师的教学思想和教学水平。另一种是微小的片段。为了展现整个教学过程中的某一个环节，通过录制一个教学片段来表现教师对教材的处理特点、对某个教学重点的教学处理或者对某个教学难点的突破技巧等，体现了完全真实的教师教学和学生学习。比如，教师如何引导学生解决问题，教师怎样指导学生掌握操作技能等。

无论哪一种形式的微课，与常规课堂的展示相比，最大的不同不仅在于时间短（多则二十分钟，少则七八分钟），而且在于教学目标集中，目的单纯。因此，微课非常有利于提高教师的教学素质和专业素养。

2. 有利于提升教师的信息处理能力和水平

微课的制作可以分为加工改造式和原创开发式。加工改造式即对常规课堂的多媒体形式进行再呈现，换句话说，就是将学校已有的优秀教学课件或录像，经过加工编辑（如视频的转录、切片、合成、字幕处理等），并提供相应的辅助教学资源（如教案、课件、反思、习题等），进行“微课”化处理。原创开发式可以有多种技术手段，包括屏幕录像专家软件录制、ShowMe 软件录制、摄像工具录制、录播教室录制、专业演播室制作等。

微课绝不仅仅是一个视频那么简单。一个优秀的、完整的微课包含许多方面：从视觉、听觉上，要求舒服，PPT 要简洁大方，声音要清晰响亮；从网络技术上，要求文件越小越好；从网络用户习惯上，希望能精确搜索，要求微课名称要包含知识点，体现适用对象；从学习者角度来看，希望越容易懂越好。前期的微课设计、简洁大方的 PPT 制作、主题明确的微课名称、信息明了的片头、逻辑性强的正文内容、引导方便的片尾等，这些都是一个优秀、完整的微课必不可少的组成部分。教师在制作微课时，普遍反映制作的难点在于软件的新颖性和技术性，如在对软件操作技术的掌控和录制过程的摄像技术等方面尚存在不足。因此，教师要制作出优秀、完整的微课，必然要提升自身的信息处理能力和水平。

（三）为传统教学资源建设提供了新方向

传统的教学资源大多是以课时（包括单元和章节）为模块开发的，资源包容量过大，时间过长（如教材配套课件、素材课件等，一般都在 60 分钟左右），资源主题和特色不够突出，使用不太方便。传统的教学资源花费巨大、数量庞大、耗时费力、种类繁多，在实际教学中的应用情况并不乐观，一线教师普遍感到真正适用、实用、好用的优质教学资源依然很匮乏。传统教学信息资源建设普遍存在只关注资源“大环境”（如资源是否符合新课标和顺应时代潮流）建设，却忽略具体资源应用的“小环境”（如某个资源在具体课堂的教与学应用情境）的做法，资源建设与应用的分离，使得资源“看上去很美，却中看不中用”。教育信息资源的根本目的和本质属性是为教育教学服务的。大量的研究表明，教学资源的开发和利用，只有深入到课堂教学层面，才能满足教师常态教学的资源需求，才能不断地动态生成新的课程资源。

微课的核心内容是课堂教学视频片段，同时包含与该教学主题相关的教学设计、素材课件、教学反思、练习测试、学生反馈及教师点评等教学支持资源。它主要是为了解决课堂教学中某个学科知识点（如教学重点、难点、疑点内容）的教学，或者是反映课堂某个教学环节、教学主题的教与学的活动。相对于常规课堂所要完成的众多复杂的教学内容，所要达成的多个教学目标而言，微课的目标相对单一，教学内容更加精简，教学主题更加突出，教学指向（包括资源设计指向、教学活动指向等）更加明确，其设计与制作都是围绕某个教学主题而展开的。校本微课共同构成了一个主题鲜明、类型多样、结构紧凑的“主题单元资源包”，营造了一个与具体教学活动紧密结合、真实情境化的“微教学资源环境”。只有这样，传统教学资源建设才能从肤浅走向深刻，传统教学资源的丰富内涵才能真正体现出来。

（四）微课与高职课程教学

我国现代职业教育内涵发展的中心任务就是提高教学质量。在高职教育思想上，人们正在从以“教”为中心向以“学”为中心的思想转移。高等职业教育课程建设越来越突出以学生为本位的驱动发展模式，教学思想和教学手段越来越符合学生的学习行为。比如说，教学方法的逐渐实用，学生评价更加灵活，实习实训不断完善，教学资源逐渐丰富等。然而，“学科课程观”与“过程课程观”的“头脑风暴”始终没有停歇，这都发源于高职受教育者的定位上，并由此产生了更加符合高职教育的“核心课程观”。高等职业教育课程目标要有两个考虑：既要以社会需求为中心，又要满足学生全面发展的需要；既要有相对扎实的文化基础，又要有综合的职业能力。常规的课程教学模式过于单调，课程教学单元过于复杂和庞大，学习资源过于简陋，学习方式不能满足信息时代的需要。这给只有三年学制的高等职业教育带来了不小的压力。当前信息技术与学科教学融合无疑是破解这些矛盾的主要途径。作为新教育思想的创新者和实践者，高职教育在课程教学思想的博弈和反思中总结出这样一条经验：学校的课程改革要集中在优化学生的学习环境上，要提供给学生更加灵活和自主的学习环境，这样才能用更短的时间完成更加丰富和实用的课程教学。微课就是在这样的一个大背景下被高职教育工作者所关注的。

微课能够将课程的重点或难点表现出来，供学生自主学习、在线学习、移动学习，符合高职学生认知能力和学习行为习惯。

微课能够使教师集中精力研究课程的重点和难点。教师可以利用微课开展教学研究、技能比赛、微格教学，不同学校的教师或同一专业教学委员会的成员可以利用微课开展教学交流。

微课有利于学校运用现代教育技术优化课程结构，提高资源开发能力，丰富教学资源，提高教学团队的信息素质，加速信息技术与学科教学的融合。微课资源也是对教学资源的最好补充，可以将微课上传到学生自主学习平台上，丰富学习资源，促进学习资源共享。

微课“短小精悍”，很容易在课程体系中进行调配和补充。微课可以更好地实现文化课、专业基础课和专业技能课的跨越式调配，可以实现对不同程度课程的整合或分离。比如，在专业技能课程设计时，可以利用微课设计对某些文化课或专业基础课开展必要的复习和补充。也可以反过来，把实践内容的微课穿插在基础课或专业基础课中，用以说明某个理论的实际应用。

微课具有更加灵活的教学应用。在同一课程教学过程中，微课可以实现预习、复习、课程导入、课外学习、期末复习等多种形式的学习活动。微课以其时长短小为特点，不会对正常课程教学产生影响和干扰，反而会更好地补充或加强课程教学。微课按照内容可以分为理论类、解题类、答疑类、实验类、实习类、活动类、扩展类，按多媒体种类可分为视频类、动画类、音频类、仿真类等。

（五）微课的教育价值

当人类步入21世纪的第二个十年，“微潮流”开始兴起于网络。微博、微信、微视频大行其道。这是网络技术与现代生活方式不断调适的结果。在教育领域，基于微视频作用的深刻认知，可汗学院以精练简洁的小视频重新表达基础教育中科学类课程的关键知识点，使视频教学的魅力再现。同样引人注目的TED讲座，则深悉短小视频与名人讲演结合的传播优势，以18分钟为上限，让技术、娱乐、艺术等热门领域的名人精悍演讲风靡世界，成为网络时代媒体创新的典范。2012年以来的“慕课”潮流中，名校主导的慕课一改过去网络课程提供课堂教学录像的做法，从在线学习的特点出发对视频资源进行了重构，以短视频和相应全媒体资源服务为特色，开拓和引领着网络学习评价的新潮流，使得易学性和吸引力大大提高。从简短的历史渊源看，逐渐风行于国内学校教育中的微课潮是微视频潮流的一种自然延伸，如果将可汗学院、TED及慕课短视频视为首创，则微课概念及形式的产生则属于二次创新。从国内视频资源建设的历史经验来看，过去国内高校以精品课程为依托形成了大量视频资源，但其利用率并不高。这一状况的形成与其在内涵上课堂教学搬家、形式上关键创新缺乏、制作水准上非高度专业化相关，更与严重忽视学习者的学习需求及视频学习的特点、虚化真正受众的地位有关。如果能借鉴微课对视频资源进行二次创新开发的经验，或许会给大量沉睡的视频资源的应用带来新的思路。

第二章　微课的概念

第一节　微课的定义

一、微课的基本定义

在国内，随着微课实践的不断丰富和相关研究的逐步深化，人们对微课的认识也越来越深刻、全面，众多教育技术学界的专家学者、教育企业及教育行政部门都对微课一词给出了定义。

1. 胡铁生的定义

微课创始人胡铁生老师在 2011 年、2012 年、2013 年先后对微课的定义进行了完善。

微课是指为使学习者自主学习获得最佳效果，经过精心的信息化教学设计，以流媒体形式展示的围绕某个知识点或教学环节开展的简短、完整的教学活动。后又经过完善将定义改为，微课是以微型教学视频为载体，针对某个学科知识点（如重点、难点、疑点、考点等）或教学环节（如学习活动、主题、实验、任务等）而设计开发的一种情景化、支持多种学习方式的新型在线网络视频课程。

胡铁生老师对“微课”的定义重点阐明了如下内容：

（1）形式：自主学习。

（2）目的：最佳效果。

（3）设计：精心的信息化教学设计。

（4）形式：流媒体，可以视频，可以动画等。

（5）内容：某个知识点或教学环节。

（6）时间：简短。

（7）本质：完整的教学活动。

2. 教育部教育管理信息中心的定义

微课的全称为微型视频课程，它是以教学视频为主要呈现方式，围绕学科知识点、例题习题、疑难问题、实验操作等进行的教学过程及相关资源的有机结合体。

3. 教育部全国高校教师网络培训中心的定义

微课是以视频为主要载体，记录教师围绕某个知识点或教学环节开展的简短、完整的教学活动。

4. “凤凰微课”的定义

微课是个微小的课程教学应用，是一种以 5 ~ 10 分钟甚至更短时长为单位的微型课程。它以视频为主要载体，特别适宜与智能手机、平板电脑等移动设备相结合，为大众提供碎片移动化的网络学习新体验。

5. 焦建利的定义

微课是以阐述某一知识点为目标，以短小精悍的在线视频为表现形式，以学习或教学应用为目的的在线教学视频。

6. 黎加厚的定义

微课是指时间在10分钟以内，有明确的教学目标，内容短小，集中说明一个问题的小课程。

7. 张一春的定义

微课是指为使学习者自主学习获得最佳效果，经过精心的信息化教学设计，以流媒体形式展示的围绕某个知识点或教学环节开展的简短、完整的教学活动。

张一春教授认为：微课的形式是自主学习，目的是最佳效果，设计是精心的信息化教学设计，形式是流媒体，内容是某个知识点或教学环节，时间是简短的，本质是完整的教学活动。

因此，对于老师而言，最关键的是要从学生的角度去制作微课，而不是站在教师的角度去制作，要体现以学生为本的教学思想。

8. 郑小军的定义

微课是为支持翻转学习、混合学习、移动学习、碎片化学习等多种学习方式，以短小精悍的微型教学视频为主要载体，针对某个学科知识点或教学环节而精心设计开发的一种情景化、趣味性、可视化的数字化学习资源包。

9. 吴秉健的定义

为满足个性化学习差异的需要，以分享知识和技能为目的，师生都可以通过录制增强学习实境、实现语义互联的简短视频或动画（可附相关的学习任务清单和小测验等），它们又能成为被学习者定制和嵌入的维基（wiki）资源分享内容。

通过比较，这些定义在本质上并无太大差异，只是在不同的语境下有不同的内涵。广义的微课一词可以囊括微讲座、微课程、微课教学三种含义。

尽管微课的理念、形式和实践早已有之，但借助当代信息技术与通信技术，微课演变成了一种可普遍推广的教学行为，一种由普通教师并非专业人士就可以设计开发和记录优质教学资源的手段，并因此而促发催生多种基于微课的创新教学模式。

二、微课相关概念

提及微课，无论是国内还是国外，大多指音视频资源。中文微课一词最早由广东省佛山市胡铁生老师提出，国内的微课特指以微视频为主的教学资源。最近两年的国内学术期刊中有多篇对微课内涵进行探讨的文章，主要有以下3种典型观点：

第一，微课是一种教学视频资源（类似英文的Microlecture）。

第二，微课是以微视频为中心的资源包，构成微课程（Microlesson或Minicourse）。

第三，微课是一种微型的教学活动（相当于Microteaching）。

从形式上看，分别可以用微讲座、微课程和微课教学来指代这三种类型。这三种形式在教育领域由来已久，逐渐成为普及型、常态化的教学行为是近年来的事情。

1.微讲座

自20世纪70年代起，国外不少学者使用Microlecture这个词来描述简短的、围绕某个特定主题的、条理清晰的录像讲座材料，其时间长度一般为5～10分钟。在国外高等教育教学实践中，这种材料多用于外裔学生或第二语言学习者的语言学习训练方面。美国高等教育信息化专业协会EDUCAUSE认为："Microlecture就是短小的、用来呈现某个单一话题的录音或录像。"

在美国，宾夕法尼亚大学的60秒系列讲座、韦恩州立大学的"一分钟学者"活动都是微讲座。墨西哥州圣胡安学院（综合性学科大专社区学院）的高级教学设计师、学院在线服务经理戴维·彭罗斯（David Penrose）首次提出了时长一分钟的微讲座的理念。他的主要思想是在课程中把教学内容与教学目标紧密地联系起来，以产生一种"更加聚焦的学习体验"。戴维·彭罗斯被人们戏称为"一分钟教授"，他把微讲座称为"知识脉冲"，同时他认为知识脉冲只要辅以相应的作业与讨论，就能够达到与长时间授课同样的效果。这意味着微讲座不仅可以用于科普教育，还可以用作课堂教学。这是微视频教学应用的转折点。

南京大学桑新民教授试把微讲座分为大众科普型与教学资源型两类，并做了对比分析，详见表2-1。

表2-1　大众科普型与教学资源型微讲座对比

类别	大众科普型	教学资源型
用途与作用	引起公众对文化的关注，社会潮流的健康导向	教师课程中讲到重难点时可以播放，注重重复利用性
面向用户	公众	学生群体
授课者	名人	不一定是名人或资深教师，但一定是一位好老师
微课内容	科学普及类知识	教学中的重难点

续表

类别	大众科普型	教学资源型
注　意	科学文化的前沿	由于是某个知识点，需要微课的知识体系上的解说，主题词介绍，可以节省听众的时间。一般不超过5分钟，不能代替课程

大众科普型微讲座重在借用名人效应，以视频形式引起公众对前沿文化的关注，引导积极健康的社会潮流。享誉全球的TED（Technology Entertainment Design，技术、娱乐、设计）系列讲座，就是大众科普型微讲座的典范。TED融技术、艺术及娱乐趣味性为一炉，邀请世界各地知名人士讲授其浓缩的人生精华，堪称思想的盛宴。

教学资源型微讲座重在知识体系中重难点的讲析。真正展示微视频教学魅力从而引发世界瞩目的是可汗学院。它包含了关于数学、历史、物理、化学、生物等科目的内容，机构的使命是加快各年龄学生的学习速度。相比其早期的微课视频，现在的视频仍然延续着短小精悍的特点，大部分理科视频在5分钟左右，文史类稍微长些，但基本在12分钟以内。工科类课程视频则加入摄像机录制的真人实验室实物操作环节，视频内容和形式都更加丰富。

由此可见，可汗学院对微课的认识也是在不断发展的，特别是根据所传达的学科知识点特性的不同而有了更为灵活的设计和录制安排。需要注意的是，与单纯地将传统的课堂教学实录切片加工成短小视频不同，“微讲座”要求在受限的时长内，重新组织教学信息，进行精心的教学设计。

2. 微课程

微课程（Minicourse）的概念是1960年由美国阿依华大学附属学校首先提出的，是指针对某个主题设计与实施的短期课程或课程单元。与当时美国出现的主题内涵丰富的大规模长期性的“Maxi”（大型）学科课程相比，微课程的不同主要在于课程用时简短，一个微课程一般只有一两个课时，而不会像一门培训课程或者一门学科课程那样持续数周或一个学期。微课程的内容相对比较独立、单一，大多数内容是根据学生和教师们的共同兴趣而开发的，更侧重于知识的深度而非广度。

微课程与微讲座的区别在于，前者的内容和形式更为丰富和完整，后者可以是课程的一个组成。所以也有研究者提出：微课是在1 ~ 5分钟内呈现课程的组块，其中的知识信息是整体结构的概念图里面的一部分。

微讲座概念的提出者戴维·彭罗斯认为，单纯使用短小的教学视频，无法支撑整个学习过程，必须要有作业和讨论配合。这样，授课视频加作业或讨论便构成了一个教学包，所以，戴维·彭罗斯的微讲座实际就是微课程。

与微课程概念类似的是1994年Wavne Hodgins所提出的“学习构件”（learning objects）概念。在究竟什么是“学习构件”这个问题上，美国的Wiley认为，“任何可重用的支持学习的数字化资源”都可以叫作学习构件。若将“学习构件”比喻为“积木”，则其互相之间可以用一种直接的方式进行结合。上海师范大学黎加厚教授曾提出的“积件”概念，也就是“学习构件”，区别在于微课程强调以讲座视频为核心，而学习构件则不一定有视频。

3. 微课教学

Microteaching早期对应的中文翻译是微格教学。微格教学是新教师培训的常用方法之一，“是在一个可控制的教学环境，帮助准备成为或已经是教师的人集中掌握某一特定的教学技能和教学内容”。微格教学实际上是提供一个练习环境，使日常复杂的课堂教学活动得以精简，并能使练习者获得有针对性的反馈意见。通常，微格教学的过程会被拍摄下来，作为研讨资源反复播放。

1998年，新加坡教育部实施的微型课程项目（Microlesson）就是典型的微格训练。其涉及多门课程领域，主要目的是培训教师构建时长为30～60分钟的微型课程。该项目要求教师在教学设计时，教学目标要单纯集中，重视学习情境、资源、活动的创设，为学生提供有效的学习支撑，同时也为教师提供一系列工具，帮助其进行具体的教学设计，提高教学能力。

2013年的第一届全国高校微课教学比赛对微课进行了这样的定义：“微课是以视频为主要载体，记录教师围绕某个知识点或教学环节而开展的简短、完整的教学活动”。其评分标准比较靠近微格教学的评判标准，也就是评判选手的教学能力，而不是微课资源的制作质量。高校微课比赛方案中之所以做出这些规定，主要是因为难以对不同学科门类、不同内容的微课资源进行评比，但对于教师教学能力，某种程度上可以存在一个衡量标杆。

当把微格教学法从培训教师某些教学技能的培训实验场拿到寻常教学环境而成为常态教学活动时，便构成了“微课教学”。它有两种形态，一种是用微课形式教学，另一种是用微课资源教学。以微课形式开展教学的并不多见，英国纳皮尔大学肯教授提出的一分钟演讲（The One Minute Lecture）可被视为其中的一个案例。肯教授让学生进行一分钟演讲，并要求演讲做到精练，具备良好的逻辑结构且包含一定的例子。他认为，一分钟演讲能在促进学生学习专业知识的同时，帮助学生掌握学习资料之间的关系，以免所学知识孤立、片面。这是将一分钟演讲作为一个训练学生的教学活动来开展的。用微课资源教学也可以理解为基于微课资源的教学，通常教师可以在自己的课堂教学环节，通过播放和演示相关的教学视频或其他微型课件来辅助讲解与阐释教学中的知识点、重点和难点。

4. 微课程与微型课程

微型课程，又称组件课程、短期课程，这一概念最早出现在20世纪60年代，是相对于长期课程的一种课程形式。微型课程的范畴比较宽泛，它既可以是经过系统地编制后形成的一系列相对独立的学科知识单元，也可以是基于多媒体形式的短小的自我指导课程，此外，普通课程经过浓缩和微型化后，亦属于微型课程的范畴。微型课程是校本课程的一种重要形式，具有如下特点：一是相对于长期课程，微型课程的课程周期较短，往往只有一两个月或几周的时间；二是微型课程规模小、容量少，教学主题明确，目标清晰，针对性、适应性强；三是微型课程是对原有学科知识内容的精选和浓缩，提高了学习的效率；四是微型课程受时间、地点、教材等外部因素的影响较小，考试方式灵活多样。

（1）微课程与微型课程的区别

从内容来看，两者的形成方式不一样，微型课程是对原有学科知识精选和浓缩的课程，在内容上更加偏向“压缩”，微课程是针对某一学科知识点（重点、难点、疑点、考点等）或教学环节（学习活动、主题、实验、任务等）而开发的学习资源，在内容上更偏向对某一知识点或教学环节的重新“建构”。从资源载体来看，微型课程没有局限于任何一种形式，而微课程更加偏重于信息化手段的支持，表现为以网络视频为主要载体。

（2）微课程与微型课程的联系

从微型课程的内涵来看，它与微课程似乎如出一辙。在现代化快速发展的进程中，教育被贴上了“高效”的标签，微型课程是早期出现的高效课程形式，而随着信息化的迅猛发展，微课程迎合了人们快节奏的生活、学习和社交，因而在近期迅速火热。微课程脱胎于微型课程，是对微型课程的借鉴和进一步发展，两者都是现代社会追求高效学习的产物，并且都顺应现代化教育手段，是促进教学手段创新、教学方法变革的新型课程。

5. 微课程与微格教学

微格教学，又称微观教学、小型教学、微型教学。它是一种把复杂的教学过程分解为许多容易掌握的单一技能训练过程，并对每一项技能提出训练目标，同时用比较短的时间对师范生或在职教师的教学技能进行反复训练的一种方法。微格教学一般分为三个步骤：设计—教学—观摩（评议），也就是受训练者首先选取一小段教学内容，再根据要训练的教学技能设计一堂微型课，在录播教室中进行教学操作，最后通过反复观摩录像视频来反思某一技能的训练。在实际操作中，它创造了一个具有摄像功能的训练环境，并将复杂的、综合的课堂教学过程分解为一个个小的教学片段，使综合的、复杂的、受多种因素制约的教学技能培养，变成目标清晰、可描述、可观察、可操作的单一教学技能的训练。

（1）微课程与微格教学的区别

首先，受众对象不一样。微课程作为一种教学资源，其开发的受众群体主要是学生，而微格教学则是师范生训练或教师进修时所用的。

其次，课程目的不一样。微课程的开发初衷是在当前信息化大浪潮之下，提高教育资源的利用率、提高学生的学习效率，而微格教学是为了训练师范生或新教师的教学技能。

（2）微课程与微格教学的联系

微格教学是摄录环境下，将一堂微型课记录下来，供受训者观摩反思，这与微课程以视频为载体的运作方式相似，同时两者都是将教学内容化解为一个个独立又相互联系的小模块进行开发，两者在形式上有着密切的联系。

三、微课与教师、教学

（一）微课与教师

1. 微课对教师专业发展的价值

微课的出现，大大丰富了教师的主体体验，使教师获得了专业发展的动力。传统的培训是教师专业发展的途径之一，但是传统的培训存在许多问题，比如不管参加培训教师的水平是否一样，都采取统一的模式，没有层次性、针对性。微课的出现，给传统的培训模式带来了挑战。目前，把微课用于教师培训，受到广大教师的欢迎。教师的教学水平与能力参差不齐，不同层次的教师有不同的培训需求，如果给他们开出统一的、系统的课程，则难以照顾差异。如果能够把一门课程碎片化，将知识化整为零，把每个知识点制作成微课，学员就可以根据自己的情况对有关知识点进行重点学习。这种有重点、有选择地学习，正是微课作为课堂教学的有益延伸与补充的体现。有了微课视频的针对性学习，教师在培训中遇到的问题就会迎刃而解，从而提高教师的自我效能感，满足教师的心理需求，丰富教师的主体体验。

微课这种新的学习方式，使教师培训不再局限于传统课堂，而是成为教师学习的模拟实践场。这种直观性、针对性、实用性强的学习方式更能丰富教师的实践体验。广大教师可以充分借助这个平台，观看同行的作品，吸取同行的宝贵经验，体会同行的教学精髓，精选别人的成果为自己所用。但是，教师要获得成长并不是原封不动地利用别人的成果就可以。微课最突出的特点就是“微”，它的动态性，使得教师可以不断地对其进行修改、扩展。经过教师个体再次的切片加工、组合和开发，无形之中，别人的东西就会转化为自己的东西。在这个过程中，教师不断地进行反思，运用自身已有的知识，采取各种策略对别人的东西进行加工、优化，一定程度上丰富了教师的实践性知识。微课不仅为广大教师搭建了平台，也为教师与学生之间的交流搭建了平台。学生借助教师提供的微课视频进行学习，一旦在学习的过程中遇到问题，既可以在线与教师探讨，也可以通过网络留言告知教师，教师再根据实际情况采取具体的行动。在教师解决学生的困惑，或者反思自己的教学，完善微课视频这个过程中，教师解决实际问题的能力也在不断地提高。

教师专业发展的渠道很多，如进修研习、听讲座等，但这些培训有时收益不大，广大教师迫切需要一种更为经济、有效且长期的方式。校本教研是融学习、教学和研究于一体的学校活动和教师行为。以微课为载体进行的校本研究是强化教学与科研整合的一个很好的途径。

教师要持续提高教学水平，就要不断地深入研究。把教师在教学过程中遇到的小问题、小课题进行深入的、立足于校本的研究。诚然，一线的教师并不像一些专业研究人员那样具备丰富且高深的理论修养，他们做的只能是一种“草根式”的研究，而以微课为载体进行的校本研究就是促进教师专业发展的“草根式”研究方式之一。这种研究方式相对于理论研究而言更加彻底，因为广大教师长期在一线教学，对教学中的问题体会得更加深刻，了解得更加透彻，更有发言权。而且教师反复对教学活动或者课堂行为进行反思与探究，并将这个过程中的收获以微课视频录制的方式展现出来。这样，微课既服务了教师的日常教学，提高了教师的教学技能，又在一定程度上强化了教学与科研的整合。

2. 微课为教师专业发展提供的策略

微课制作本身就是一个研究和学习的过程，一线教师在实际教学中把发现问题、分析问题、解决问题的过程制成微课，简单实用，本身就是一个教学反思的过程，能有效促进教师的业务成长；微课便于互联网和移动设备的传播，方便教师之间教学经验和方法的交流，促进了传统教学与教研方式的变革；微课制作简单，形式新颖，可以进行资源的积累、分享和交流，有效提升教师的自信心和成就感，提高教师学科教学与信息技术的整合能力；微课资源容量较小（一般在几十兆左右），教师可流畅地在线观摩微课实例，突破了教师传统的听评课模式；微课作为翻转课堂的基础，有力地促进了教师教学观念的转变、教学方式的变革和教学水平的提高。

（1）教学思维的转变

教师专业发展贯穿于教师的学习、教学和研究等环节，微课对教师专业发展的推动不仅体现在教师的学习上，还体现在教师的日常教学中。传统的教学方式是一种面对面的教学，学生到学校上新课，回到家里做作业，师生之间缺乏沟通。课堂上采用的是齐步走的策略，课堂教学实际上只照顾到了一部分学生，因材施教更难。

微课引领的翻转课堂，一改传统的教学组织形式，学生的学习场所不再固定在教室，只要有网络或者移动设备，在家里、车站等任何一个地方，只要想学习，都可以随时学习。而且学生有更多机会主动参与到教学中来，学生在观看微课视频时，一旦遇到问题，就可以马上在线与教师或者同学互动学习，及时获得解答。教师在与学生互动的这个过程中，可以了解到学生在哪里遇到了困难，再对微课视频进行不断的修改、扩展，实现动态性更新。利用微课学习，学生可以先在线学习，再到课堂上与教师面对面学习，二者结合起来就变成了混合学习，使得学生的学习方式变得十分多样。美国的一份调查报告显示，在面对面教学、在线学习以及混合学习三种教学模式中，混合学习是最高效的，面对面教学是最低效的。总之，这种教学组织形式的变革是以“学生”为主的，它让教师教得更加轻松，学生学得更愉快、更高效。

（2）网络社群的搭建

利用微课促进教师的专业发展需要搭建一个实践社群，为教师对话、交流、合作提供一个平台，而合理、有效地建设和整合资源库是重要的保障。

第一，网络平台的组建。随着微课运用于教学以及教师专业发展中的优势日渐突出，微课也通过建立一些组织群体，如微课 QQ 群、微信等，进行互动与交流。微课网络平台是以网络虚拟环境为基础，方便群体之间交流、学习，实现个体专业发展的学习组织。在这个组织中，每一个人都是为了自身的发展，自发地走到一起的。为了更好地共享隐性知识，他们建立了对彼此之间的信任，毕竟一个人的经验是有限的，往往需要合作，借助同伴的经验和集体的智慧来解决问题，进而把隐性的知识转化为显性的知识。在网络平台互动中，一方面，教师个人遇到问题随时可以在这个群体里提出，其他成员就会针对问题给予各种各样的建议，教师再从中整合大家的意见及时解决问题。另一方面，教师个人可以寻找到志同道合、志趣相投、互补互助的学习伙伴，一起共享优质教学资源，交流教学法、学科前沿和热点问题等，从而更好地促进自身专业发展。

第二，微课资源库的建设。建设丰富的微课资源库，是利用微课推动教师专业发展的前提。学习资源贫乏是长期以来困扰教师专业发展的客观因素。微课的出现使得这个问题的解决有了转机。建设丰富的微课资源库，首先要保证微课网络平台的开放性，允许并鼓励广大教师积极参与，开发并制作优质微课视频上传到微课平台上；其次是学校和相关学术团体应组织微课评选等活动，采取适当的方式对教师进行表扬、奖励，激发教师持续参与微课视频制作的积极性，从而使微课发展形成长期有效的机制；再次是加强微课资源库的管理，使其规范化、专业化。虽然教师制作上传的微课视频许多都是单一、杂乱的，但是不难发现，一些教师制作的微课视频同属一个主题。对微课视频进行有效的整合与管理之后，众多类似的视频就会集聚在一起，形成一个个系列的专题，存放在微课共享平台上，更好地实现优质教学资源的共享。

（3）信息技术素养的提升

教师凭借微课促进自身的专业发展，不可避免地要提高运用信息技术的水平，提升信息素养。微课主要是针对某个知识点而展开的，如重点、难点、疑点等，教师要制作拍摄一个高质量、高品质的微课视频，以往对教学每一步的精心设计、教授知识后的深刻反思等，在微课设计与制作的过程中一样不能“偷工减料”，反而更需要精益求精，别致新颖，才能彰显微课的独特。因此，面对微课这一新型网络课程，广大教师掌握其设计及制作的技能和技巧，就显得尤为重要。

（4）“微研究”的开展

“科研引领、自我反思”是促进教师专业成长的有效途径。教师在日常的教学中，每天都会遇到一些小问题，倘若教师能够抓住这些有价值的小问题、小课题以及小策略，反思自己的教学并进行深度的“微研究”，对教师专业发展将有极大帮助。“微研究”是“发现小问题—梳理问题—寻找策略—解决问题”，“研究—实践—反思—再研究—再实践—再反思”的循序渐进、螺旋上升的过程。在这个过程中，教师的研究水平不断提高，能力也在不断提升。“微研究”始终要表达出来，这样才能从经验层面提升到理论层面，作为“草根式”研究，以研究报告或者论文的方式来表达难度较大，采用微课来表达却是一种较好的方式。

3. 微课在教师专业发展方面存在的优势与问题

（1）优势

微课以短小精悍为特点，只需几分钟观看视频，就可获得一些有用的专业发展知识。具体优势表现在以下五个方面：

①平民化研究，富矿式回报。利用微课推动教师专业发展，教师不需要太多的信息技术，教师只要会输入微课平台网站名，然后点击所需要的视频就可学习。整个过程“多快好省”，十分平民化，只要拥有接入互联网的设备，甚至可以足不出户，就能获得更多的学习、交流、沟通（微课配有评价功能）和提升的机会。

② 不受时空和人员限制。利用微课推动教师专业发展，教师无须坐在一起，无须轮流发言，只需短短的 5 分钟就可以吸收他人最先进的教学经验；不受场合约束，不需太多的表达，教师观看视频更加自由；教师可以灵活安排时间、地点。这种不受时空和人员限制的教研模式更加人性化，能够提高教师专业成长的实效性。

③ 思考更充分，反思更有效。由于教师学习微课视频是自由的，视频播放可快可慢，可顺播亦可倒播，可仔细推敲，也可摘抄有价值的观点，可充分地思考，也可将比较成熟的想法，在视频下面的评价窗口与他人交流，使得问题的探讨、研究

更加深入。由于对微课的评价是匿名的，教师无须掩饰自己的言行，只需键盘敲几个字，鼠标点一下，就对该课件做了评价，这样的评价可能更公平。特别是在多人评价下，评价高的微课一般都是精品，评价低的自然没市场。这样的“真”教研、“实”教研能实现有效的专业引领，使教师的能力真正得到提高。

④ 交流研讨范围广。利用微课推动教师专业发展，不受年级组、教研组、备课组以及区域因素等限制，教师可以点击微课资源库中的任何一个课程资源，发表自己的意见与见解，参与交流研讨，同时也可以有专家的点评，可以相互借鉴教学的方法与经验。这种大范围的交流研讨，将会使教师专业发展更加富有成效。

⑤ 实现教师个性化专业发展。微课的录制本身就是教师个性化发展的形势。由于每个教师的教学经历、教学经验和教学能力不同，教师录制的微课所具有的个性也不同。年轻教师制作课件能力较强，录制的微课多注重技术含量；中年教师具有较强的课件制作能力和经验，经常能录制出一些符合各方需求的优质微课；老年教师由于课件制作能力相对较差，但注重经验，录制的微课虽形式简单，但对教学很有参考价值，需辩证看待，也值得研究。

（2）问题

微课作为中国当下最为炙热的教育名词，在热的同时，也需冷的思考，我们应当清醒地认识，当今没有哪种技术能解决所有的教学问题，其出现的问题值得关注和研究。

① 管理与维护困难。不管是微课平台还是教师，对于微课的管理和维护都有困难。微课平台管理者很难花太多的人力和物力去逐个观看每个微课，参差不齐的微课视频将微课平台装得满满的，以至于下载和观看微课都受到限制，分类和维护起来非常困难。而且，教师刚开始制作微课时积极性很高，但迫于教学压力，后面制作微课的积极性逐步降低，制作上传的微课越来越少，真正将优质微课上传到平台的并不多。

② 微课研究有待提高。微课研究现在处于一个待开发的状态，相关的研究明显滞后，不管是利用微课促进学科教学的模式研究，还是利用微课推动教师专业发展的研究，相关的论文发表十分稀少，这与微课“火热”的现状显然不对称。

总之，微课为教师专业发展搭建了自主平台，它是教师专业发展的重要工具和手段。想要实现微课促进教师专业发展的目标，还需要广大的教育工作者共同努力，共同挖掘它的功能，最大限度地发挥它的价值。

（二）微课与教学

1. 微课在教学中的应用原则

（1）精美

“文字、画面、音乐”是组成微课三个最直观的要素，一个好的微课的设计必须结构紧凑、布局合理、文字精练、画面美观、音乐动听。其中音乐动听不仅仅强调音乐本身必须好听，还要求与微课教学内容相互统一，相得益彰，不能喧宾夺主，这样才能算是真正精美。

（2）简洁

一节微课不能超过10分钟；一节微课内容只针对一个概念，一事一议，开门见山；一节微课内容划分得越细致，微课的效果越明显。语言简洁明了，能用三个字说明的绝不用四个字，杜绝把大篇幅的字放到课件里念经式地上课，要通过简洁精辟的文字引导学生开展发散性思考，真正帮助学生自主学习。

（3）具体

一节微课虽然时间较短，但内容不能短。一节微课一个内容，主题清晰，情节完整，结构流畅，要有引入，要有高潮，要有结论。除此之外，微课的内容一定要与具体的生活或工作岗位案例相结合，从而将字面的教学内容转化为具体的实践体验，微课的教学效果很大程度上与微课设计过程中选取的具体主题案例有关，案例选择合适，则教学效果事半功倍。

（4）生动

微课的表达方式必须生动。这里讲的生动并不仅仅是说要有精美的画面、动听的音乐和清晰具体的主题，同时还要有精心设计的流程和表现手段。如分析真问题与假问题、大问题与小问题、问题背后的问题……对问题的剖析总能看到看不到的东西，想到想不到的角度——所谓“将理论倒过来讲”；通过精心梳理、创造悬念，巧妙设疑，层层递进，不断地追问，比一般的循序渐进式教导，更能让学生充满好奇和兴趣，使学生有意外的收获。

2. 微课在教学中的应用策略

微课中的教学设计、教案、微课件、视频等可以作为学生课堂或课外学习的教学资源，而微课平台则为学生提供学习评价、师生交流互动的平台。

（1）课前预习

课前预习是帮助学生尽快掌握知识的重要环节之一。课前预习型微课可使学生预先了解知识内容与线索，分清知识重、难点，对知识点产生好奇和兴趣，同时也可预先理解部分知识，让学习更有针对性，有效提高听课的质量，扫除学习上的障碍，达到笨鸟先飞的效果。

微课制作中，教师可以通过设置悬念来增加趣味性，同时做到内容上的精练。

悬念是指采用结合微课主题提出问题的方式，创造悬念，巧妙设疑，层层递进，通过不断地追问，使学生对微课主题产生好奇从而引发学习动机；趣味是指微课表现形式符合学生兴趣；精练是指这种新课预习型微课必须内容简洁，主题明确，时间最好在5分钟以内，内容尽量精练，最好细化到某一个或几个具体知识点。

（2）课堂讲解

课堂讲解是整个教学过程中最重要的一个环节，新知识点的概括，能力目标的判断，能力发展阶段的梳理以及大量反复、分步骤的能力训练是课堂讲解型微课设计的要领，同时也是微课设计的难点。

（3）课后复习

课后复习采用微课方式，效果比较显著。课后复习型微课一种是总结拓展知识点，可以帮助学生有针对性地进行自主学习，根据自己掌握知识的程度去寻找更多的拓展内容，从而有效理解课本知识，突破学习难点，达到查漏补缺的作用。如教师上课时讲得太快，学生没听明白，可以课后再复习巩固；学生觉得教师讲课较为平淡或某个知识点想查找其他说法，可以课后上网查找相同主题的其他教师的微课，这些微课可让学生多角度理解知识点，扩展知识视野。

另一种课后复习型微课是教师专门针对学生学习过程的疑难问题开设的专题讲座，有经典错误、典型解题、综合疑难等内容，让学生听到教师的详细分析讲解，解释学习过程经常出错的典型问题、知识点，解释学生心中的学习疑惑，帮助学生整理学习问题、点拨疑难、总结反思。除此之外，课后复习型微课还可以通过微课学习平台，记录学生对此次教学的评价与反馈，并能记录和保存学生的学习足迹，帮助学生了解自身的学习情况，制订个性化的学习计划；也可以供教师分析课程教学效果和学生学习情况。

课后复习型微课设计强调“单一与组合”“点与面”。学习内容要丰富，针对同一个主题的微课可以分为很多个单元且可以划分难易程度，以适合不同层次学生进行复习。但每一次课后复习型微课学习内容不能过多，如果一次微课复习题目数量太多或太难，常会使学生感到烦躁，从而降低学习积极性。

3. 微课教学在学生学习中的应用

以交互式网络通信为标志的信息技术的迅猛发展和移动终端设备的普及已经使自主学习成为必然趋势，教师有针对性地把学习中的重点、难点、易错点、疑难问题制作成微课，上传到网上，学生便可以随时、随地、随意地点播学习，既可查漏补缺，又能强化巩固知识，是传统课堂学习的一种重要补充和资源拓展；微课短小精悍，一个议题，一个重点，都是针对学生学习中的问题设计的，非常适合学生自学，能更好地满足学生对不同学科知识点的个性化学习：视频播放快慢可以调节，也可以反复播放，让不同程度的学生根据自己的基础和接受程度控制视频的快慢，适合不同层次学生的学习的需求，尤其是为后进生的转化提供了很好的途径；微课时长10分钟左右，符合中小学生的认知特点和学习规律，能让学生在较短的时间内集中精力高效地学习；通过微课视频的播放，学生可以清晰地看到解决问题的过程和方法，拓展了视野，提高了解决问题的能力，学习了研究问题的科学方法；另外微课还有一个重要的作用就是改变传统的教学方式，课前学生先看微课，课堂上解决学生的问题，这样就把传统的教学过程翻转过来，也就是目前流行的“翻转课堂”，让学生先学，教师后教，教师能够提前了解学生的学习困难，在课堂上有针对性地给予有效的辅导，课前学生在观看微课的基础上相互交流有助于促进学生知识的吸收、内化，因此，翻转课堂对学生的学习过程进行了重构，改变了学生的学习方式，从某种意义上来说，微课的出现引发了教育界的又一次学习的革命，是一种具有前瞻性和挑战性的教学方式。

四、微课在教学中的意义

微课的出现契合网络时代追求便捷与效率的趋势，掀起一股制作微课、使用微课、研究微课、推广微课的浪潮。应运而生的微课教学不仅带来了层出不穷的发展机会，也对参与其中的教师群体、学生群体、学校和教育行政部门，乃至相关的企业，研究机构提出了新的要求和期望。准确把握微课教学所带来的挑战，恰当地采取举措加以应用，对于准确判断微课的发展趋势，更好地发挥微课的正面教学价值有着重要意义。

（一）微课促进教师专业化发展

微课的特点是“短小精悍”，它在时间上虽“微”，但效果上不“微”。相比于常见的一节45分钟左右的课，微课作为精品学习资源，对教师提出了更高的要求，有利于教师在教学技能上的全面发展。

1.精益求精，锤炼教学技能

（1）微课推动精细化教学设计

一节好的微课是讲授者认真备课并精心制作的成果，与普通课堂相比它的含金量较高。这就需要教师具备广博的知识面和精准的取舍力，在上课前要更深入、广泛地收集教学素材，精心选择教学内容。教师需要结合微课的特征，思考如何在庞大的知识体系里，合理有效地划分出有教学意义和应用价值的知识点；思考如何就每个选定的知识点做出学生易于理解与掌握的教学方案；思考如何在有限的时间内选取小的切入点，把知识点讲清、讲透，同时还要注意知识性适中，以符合学习者移动学习、泛在学习，充分利用碎片时间的需求。

微课要在教学中真正发挥作用，单凭一个十几分钟的视频是不够的，同时还包括与该教学主题相关的教学设计、素材课件、教学反思、练习测试及学生反馈、教师点评等辅助性教学资源，需要老师综合考虑，系统化设计。

（2）微课推动教学表达能力提升

微课的特色是微言大义，教学过程不能拖沓，必须干练，突出重点和主题。在授课时，教师要保证自己的语言言简意赅，逻辑性与简练并存，从而达到提高教学能力的目的。

（3）微课推动教师教学能力全面发展

传统的一节课长达四五十分钟，需要完成复杂繁多的教学内容。相比较而言，“微课”的内容更为精简，相对于文字形式的教案，微课是多媒体形式、立体化的，它对教师的教学设计能力，乃至信息素养等提出了更高的要求。

在微课中，教师本身要身兼数职，包括导演、编剧、演员、监制等，如果可能，还要做美术。也就是说，教师既要围绕讲授的知识点广泛收集资料，写好教案，又要在有限的时间内设计好脚本；既要有简练精辟的讲授，又要有一定的多媒体技术完成PPT 教学课件。显然，通过微课制作这一完整过程的历练，教师能逐步提升教学设计能力和ICT（Information Communication Technology）技能。因此，从提高微课质量的方面着眼，关于教学设计能力和信息素养提升的教师培训课程值得广泛开设。随着微课制作难度的逐步降低，使得微课能够推广与普及，达到提高教学能力的目的。

（4）微课推动建立新型师生关系

随着微课越来越多地应用到课堂中，学生在学习中的主体地位愈来愈突出，与此同时，教师从主体到主导的角色转变越来越明显。国外学者概括了在学习者自主学习的过程中教师担当的多重角色，包括顾问、评估者、评价者、教材开发者、管理者、组织和领导者等。通常，教师只是一个知识的传授者和主讲者，在学生的眼中已失去其权威，他们更希望教师是他们的指导者、帮助者、促进者、咨询者、参与者、交流者等，而不是学习计划的制订者、成绩判定者或者考官。

因此，教师在开展微课教学时，要注意调整角色定位，充分发挥自身作为指导者、咨询者的角色，努力创造一个尊重学习者能力，能充分发挥学习者潜力的学习环境。可以预见的是，传统意义上的“教师教”和“学生学”，将不断被师生互教互学所替代，最终，师生形成一个真正的“学习共同体”。

2. 见微知著，提升教科研水平

（1）关于微课的教研

微课是近年来新兴的教学形式。它播放时间短，传播范围广，方便适用，给教师们的教研形式带来了变化。

借助微课这一载体开展教研，可以避免传统的观摩录像课用时过多的弊端，丰富教研的形式和内容，使教研变得更加高效。因此，这类的教研活动将越来越普及，越来越流行，同时它也对教师们的微课设计能力和研究能力提出了挑战。因为微课的时长限制，它无法穷尽真实课堂中发生的情况，因此对于整体设计的要求更高，这就需要教师提高课程教学设计能力，将教学与微课研究结合起来，相互促进。

（2）关于微课的研究

微课在国内学术界和教育圈是个新概念，对它的研究还远远不足，涉及的研究领域和研究方法也一直在拓展，这为教师参与微课的研究提供了良好的机遇。他们可以结合自己或者同行使用微课的实践，思考如何发挥微课的积极作用，规避或者减少其给正常教学所带来的冲击，促进学习者的自主学习，推动移动学习、广泛学习、终身学习等新兴学习方式的实现。

关于微课的研究刚刚起步，不管是资深教师，还是刚刚步入教师一线的青年教师，在这一领域都大有可为。在夯实研究能力的基础上，教师们同样需要一颗善于观察“微”现象，发现“小”问题，把研究做“细致”的心。

（3）实操与培训相结合，提升 ICT 技能

从目前信息技术与课程更加紧密结合的发展趋势来看，微课乃至其他以信息技术作为依托的信息化教学资源，会愈来愈多地进入基础教育、高等院校的课堂中。这些资源的制作与使用不能完全依赖于专业技术人员的协助，因而 ICT 能力的提升对于教师而言是一种挑战，也是发展趋势。

可以预见的是，随着越来越多的教师以个人或团队的形式进行微课教学，经历从设计到制作以及使用微课的逐步历练，他们的基本信息技术技能会随之不断提高。网络搜索技能、图片修饰、简单动画制作、视频编辑与音频编辑等多媒体制作技术，将成为教师掌握的基本技能。教师的 ICT 技能提升，将进一步对他们的教师专业化发展产生积极作用。

因此，教育部门可以增加教师参与 ICT 培训的机会，为他们提供更多的资金、技术和人员的支撑。长此以往，信息技术与教育教学的深度融合方能实现，信息技术服务教育、教学改革发展的核心目标才能得以落实。

（4）同行互助，展现教师风采

从构思、设计到最终制作出一个“微课”作品，教师的教学设计与教学表达的基础功力得到锻炼，这是教师提高教学技能，促进 ICT 应用能力，展示教师教学风采的重要平台，有利于教师的专业化发展。

微课以小见大，凝聚了教师的教学思想和教学经验，彰显了教师的教学设计和教学智慧，因此集中展现了教师的专业水平，并给予教师，尤其是青年教师更宽广的发展路径。这种积极作用有两种实现形式，分别是向同行（名师）学习和自我展现。

（二）微课促进新型学习文化的养成

微课的兴起，充分契合了当前全社会呼吁的以学习者为主体的教育改革浪潮，“微课”正逐渐得到学生认可，也对普通高校学生的学习能力和信息素养提出了全新的挑战。

1. 主动参与，培养学生自主学习的意识、能力与习惯

微课对高校学生的挑战集中体现在 3 大方面：学习时间分配的改变、学习环境的改变和学习自主权的重新回归。

（1）学习时间的分配

相对于学校传统课堂中 40 分钟或 45 分钟一节课的教学，微课占用的时间少，而且往往采取在线课程的形式，学习者可以选择自己方便的时间，按照自己的学习节奏反复学习。这恰恰符合学校学习者的学习需要，对于专业学习中的重点，他们可以借助微课查漏补缺，巩固强化；对于专业学习中的难点，他们可以借助微课攻坚，逐个击破。当网上有众多免费开放的微课资源的时候，学生就可以借助微课，在网上初步了解某学科入门的知识，再判断自己专业以外的知识，制定个性化的学习方案。通过微课这种网络教育形式，让更多的学生能够投身自己所感兴趣的行业，这是对合理分配教育资源的贡献。

不过，知识的创造，思维的过程本身很难数字化，更何况学习者在获得知识以后还需要领悟、理解、消化并最终付诸应用，才算真正的达成目的。这就要求学习者在借助微课学习的同时，能充分应用各类配套资源来开展学习。

（2）学习环境的改变

微课多采用在线课程的形式，搭载的载体更为便捷且可移动，使得每一个学生自带信息设备来上课（Bring Your Own Device，BYOD）成为现实，也有利于学习者在课后随时随地进行学习。学习者可以走在路上听，坐在车上看，还可以走马观花式地迅速浏览，也可以下载资料反复学习。

这种随时随地的学习，对于学校学生而言是机遇与挑战并存。一方面他们可以抓住碎片化的时间进行学习，另一方面松散的环境也很容易影响他们专心致志地学习，这既需要教学设计者努力将微课变得有趣，并保证系列微课的连贯性和层次性，让学生们一直保持较高的兴趣；同时也需要学习者培养良好的学习习惯，明确学习目标和内容，做好计划并得到执行，学会自我管理与监督。可见，微课教学在课堂外的推广虽是不可避免的大趋势，但还有许多现实困难需要克服。

（3）学习自主权的重新回归

微课使学生可以不再拘泥于课堂所学，随时随地学习，多了一份课堂教学所没有的宽松和随意。对不理解的地方，学生可以重复观摩，从而更深入地掌握知识，体会到自主学习的快乐；另外，还可以按需索取自己想要的资源，并根据自己的情况个性化、自主地选择并进行学习。所以，微课充分尊重了学生，让学生多了选择听课内容和支配自己时间的机会，更有助于学生实现个性发展。

具体地说，专题化、模块化的微课教学资源，有利于学习者在它们的基础上建

构自己的知识体系，并对自己知识体系中的薄弱环节集中进行强化训练。对某个知识点进行突破的微课，对后进生的提高很有帮助，形形色色的微课资源可以为他们提供更多学习的选择。

然而，并不是所有的学生都能适应这种角色的转换。多年的应试教育，使他们习惯了在教师极为周到、细致的“指挥”下开展学习，独立自主并且主动地进行学习的能力亟待提高。另外，一下涌出来的众多的学习资源很容易使人迷失其中，纠结于某些细节或者是完全摸不着头脑，束手无策，因此，“如何自觉主动地学习”“如何保持长久的学习兴趣”“如何自我监督与激励”这类问题值得所有学生和教学工作者共同思考。

唯有师生携手，培养学生自主学习的意识、能力与习惯，形成以“学习者为中心”的新型学习文化，并结合微课提供的富有逻辑性的讲解和自主选择的听课环境，方能让学生始终怀着愉悦的心态，通过便捷和高效的学习方式获取最大的学习绩效。

2. 直面挑战，全面提升信息素养

微课是网络学习资源，因此要求学生掌握基本的信息技术技能，有较好的信息素养。目前，学校学生的素养参差不齐，借助微课这类在线学习资源有效开展学习存在着诸多困难，如学生学习的自主性问题。同时，根据相关研究，学生们还面临以下四个方面的挑战。

（1）基本信息技术技能

通过调查发现，目前大部分学生对于常用的信息处理软件只是处于基本会用的水平，操作熟练的学生相对较少。因此，应加强基本信息知识与技能的培养。

（2）搜索知识的能力

目前，微课的数量增长呈现井喷的态势，琳琅满目的微课让人应接不暇。因而，如何按需寻找适合自己的微课资源成为摆在学习者面前的一道难题；否则，极有可能出现“我们每天都生活在信息的海洋中，却无时无刻不在忍受着知识缺乏的饥渴”现象。

（3）知识管理能力

信息大爆炸的时代，个人知识管理成为一个热门话题。知识的组织管理策略将直接关系到个人的工作和学习效率。就学生而言，利用博客文章等个人知识管理工具，可以更容易、有效地管理个人知识，而且写博客文章有利于零存整取，这与微课的“微”之精髓不谋而合。不过，目前学生利用知识管理工具的意识与能力普遍缺乏。

（4）正确使用网络的能力

如何适度地使用网络，避免过度沉浸于网络而忽略现实生活中的人和事？如何发挥 Internet 促进信息共建共享的积极作用，正确评价信息，规避不良信息传播所带来的影响？如何让学生在接触纷繁多样的网络信息、开阔视野的同时，学会自我深层次地加工与思考，避免“浅博”与“浮躁”？这些问题归结为一个问题，那便是学生能否正确使用网络。因此，相关培训也不可或缺。

以上种种情况，足见微课教学对学校学生的信息素养提出了较高的要求。应该说明的是，信息素养的养成绝非一日之功。学生基本的信息知识技能薄弱凸显了目前从小学就开始开设的信息技术课程存在内容上的不足和教学方式上的不够深入。学生们在课上学到的知识由于未能和切身的实践结合在一起，往往学过就遗忘了，不能加以理解与内化。

（三）微课促进教学模式的变革

1. 因地制宜，开发校本微课资源

学校可以从自身的办学定位、办学理念、办学特色和教师特长出发，根据本校学生的实际需要、学生的学习意向和兴趣爱好，学校现有设备设施的装备情况，有针对性地进行微课建设。“如何做好长远发展规划，避免重复开发和低效无序的开发”“如何保证微课质量”“如何使校本微课资源能真正应用到教学实践中，发挥作用”“如何保持校本微课的持续更新，常态化建设”等问题，需要学校教学管理者思考，并尝试解决。

关于学校校本微课的应用方式，最好是构建微课学习平台，再结合每门课程，尤其是通用的基础课程，结合课程的重点、难点、疑点开发系列微课。将微课内容融入网络教学中，实现常态化的教学。同时也要注意把微课建设与微课比赛分开，回避为了比赛开发微课的目的。

2. 多管齐下，促进微课共建共享

微课要真正做得好，真正符合学生群体的需求，离不开系统化的开发与设计，所需要的工作量极大，此时尤其需要充分发挥集体智慧。学校应该努力为教师营造良好的共建氛围，可以在校内举行关于微课的教研活动，邀请在微课制作方面有能力的教师分享经验与教训，促进学校教师群体微课制作水平的提升，进而推进基于微课的校本研修和区域网上教研新模式的形成。

“以赛促建”显然是推进微课建设行之有效的一种措施。借助微课教学比赛的带动作用，诸多学校纷纷自行举办了校内的微课比赛，并取得了喜人的效果。但这类比赛应该如何调动一线教师的积极性，如何集合全校资源、力量来推出精品，如何保证比赛结果的公平性以及发挥它对教师专业发展的激励作用，在实际操作中还有很多问题值得学校的教学管理者去思考、研究与解决。

微课开发制作完成以后，更为关建和重要的环节是应用。以前说“酒好不怕巷子深”，但如今人们经常处于信息过剩的状态，资源的自我推广与营销也相当重要；否则，再好的微课也容易被淹没。从高校开始，就应该建立精品微课的推荐与共享平台。另外，从提高课程质量的角度出发，校际之间的合作与交流是极其重要的，也是不可避免的发展趋势。

微课作为优质教育资源，在未来同样可以通过校际间的共建共享，为更多学习者所用，发挥更广泛的作用；而且校际微课联盟的建立将有利于推出精品，保证质量。

3. 创新应用，改进新教师培养方式

微课还可以用来辅助青年教师进行教学基本功的训练，尤其是师范院校，可以用其改进师范生的培养方式。目前绝大多数大学生都拥有智能手机，拍摄视频方便快捷，而且大多数大学生都拥有便携计算机与摄像头，只要安装专门的微课视频软件，如 Camtasia Studio，就能很容易地录制有一定专业水平的微课。

（四）微课促进教学改革和终身学习

1. 高瞻远瞩，规范微课资源建设与持续更新

当前，国内的微课资源存在总体数量短缺、地区分布不均衡、利用率偏低等问题。因此，教育行政部门需要做好资源的统筹规划，加强微课的应用环境平台的开发，产生聚集效应，并通过摸索建立与微课相关的建设规范和评价体系，以规范微课资源的建设和持续更新。否则，大量碎片化、无序无组织的微课资源，只会给学习者带来困惑和干扰，难以发挥微课的积极作用。

2. 制定保障机制，推动微课共建共享

交流与应用是“微课”建设的目的，因而微课的共建共享机制尤为重要，它起到导向的作用。对于教育行政部门而言，推进微课的共建共享主要来自以下 3 个途径：教研、比赛、推动微课应用到教学中。

3. 良性互动，带动教育信息化建设

以微课带动信息化，是区域教育信息化规划发展趋势之一。网络学习资源——微课的应用，需要以网络化校园为基础，否则，它将只是空中楼阁，无法扎根于实际。因此，加强微课建设有利于带动教育信息化的建设。

4. 创新教师培训思路，倡导终身学习

微课的设计制作不可避免地涉及对教师微课设计、教学能力和基本信息技术技能的考验。胡铁生老师认为，微课是由多种资源构成的一种交互式、情境化的网络学习环境，微课的开发需要用到教学设计技术、音视频编辑技术、课件制作技术、交互式网页技术等多种开发技术。

其中，视频技术（包括拍摄、制作、编辑、合成、录制、发布等）相对于制作课件（主要以 PPT 为主，包括 Flash 动画课件）、教案和试题（均以 Word 编辑为主）来说，技术难度更大一些。

结合教师的信息素养水平，相关部门可对教师开展微课设计（理论、观念、策

略、方法、模式等），微课技术（重点是视频的拍摄、录制、制作与编辑、上传发布等技术）的培训，以排除教师在开发微课中遇到的技术障碍。

这些建议不但对基础教育阶段微课开发有意义，对高校也同样适用。一般的学校教师，尤其是与网络时代密切联系的青年教师，有必要也有能力提升自己的信息素养和计算机操作水平，而不是一味依赖学校里专门的电教人员提供技术上的支持和辅助。因此，由教育行政部门推进的、面向学校教师的信息技术培训同样势在必行。

5. 把握产学研合作契机，深化微课积极效应

产学研合作是国家创新系统的重要组成部分，"如何产学研合作，吸引企业积极地参与，有力地推动教育事业向前持续发展"是摆在教育行政部门面前的一道难题。

微课在教学中的应用为促进产学研合作提供了难得的发展契机。微课方兴未艾，眼下已经有一批优秀的微课制作、开发企业和培训机构加入。如果能把学校关于在线学习者学习微课的偏好、特征和系统整理好，将符合学习者需求和认知水平的知识点等研究成果和企业产业化运作结合起来，那么，微课的传播效果和质量就能得到保障和进一步的研究与开发。

第二节　微课的特点

一、微课的组成和要素

"微课"的核心组成内容是教学微视频，同时还包含与该教学主题相关的教学设计、素材课件、教学反思、练习测试及学生反馈、教师点评等辅助性教学资源，它们以一定的组织关系和呈现方式共同"营造"了一个半结构化、主题式的资源单元应用"小环境"。因此，"微课"既有别于传统、单一资源类型的教学课例、教学课件、教学设计、教学反思等教学资源，又是在其基础上继承和发展起来的一种新型的教学资源。微视频是微课结构组成的核心部分，除了微视频以外，微课的组成还包括微教案、微课件、微点评、微反馈、微练习。

课程资源是课程目标实现及课程实施的基础和保障，它是教育资源的重要组成部分。其中教育资源包括数字化的教育资源，由教育部信息化技术标准委员会发布的"CELTS–41 教育资源建设规范"中将其分为"媒体素材、试题、试卷、课件、案例、文献资料、网络课程、常见问题解答、资源目录索引"等 9 大类型。微课作为一种新型的数字化教育资源，与 CELTS–41 所定义的"媒体素材、课件、网络课程"等资源类型具有不同的特征，如表 2–2 所示。

表 2-2　　部分数字化教育资源类型的特征比较

	媒体素材	课件	网络课程	微课
技术形态	文本、图形、图像、音频、视频、动画	PPT、动画、可执行文件	以富媒体形态呈现的学习内容及教与学支持环境	视频
结构化程度	低	中偏低	高	中偏高
适用领域	教师备课	课堂教学	自主学习	自主学习、课堂学习
应用对象	教师	教师	学习者	学习者、教师
设计理念		教师为中心	学习者为中心	学习者为中心

不同的研究者从不同的视角出发，对微课的构成要素也有不同的认识。胡铁生老师从微课的“教学活动全过程、资源的应用生态环境和资源组成的生长发展性”视角出发，提出“微型教学视频片段、微教案、微课件、微练习、微反思、微点评、微反馈”七个微课资源构成要素。刘名卓教授从微课的“课程”属性视角出发，认为微课程需要具备必要的课程要素，如教学目标、教学内容、教学活动（学习活动）、教学资源（学习资源）、教学评价（学习评价），以及内置必要的学习支持（如提供学习笔记、批注等学习工具）。新加坡教育科学研究所开展一项名为“Micro-lessons”的研究项目，研究如何在一节课内完成特定教学目标的基于信息技术的教学构成要素，指出 Micro-lessons 可能包含“教学活动、模拟、游戏、问题解决活动、母语材料、教师演示材料”等内容，并提出构成 Micro-lessons 的四大要素：目标、内容、活动、工具和模板。总体来看，上述几种观点都比较倾向于从“课程”或“课”的属性出发来探讨微课的构成要素。

微课作为一种数字化教育资源，从其“教育资源”属性出发，一个典型的微课需要包含以下构成要素：

1. 目标

目标是指教师预期微课的适用教学阶段和期望教学应用中所要达成的结果。它包含两方面的含义：第一，应用目的，即为什么要设计开发微课。这与微课应用的教学阶段（课前、课中、课后）有关，如为学生的课后练习提供个别化的指导而设计制作某练习详解的微课。第二，应用效果，即教师期望学生在使用微课后所要解决的具体问题。如引发学生的思考、掌握某道题目的解题方法等。微课的目标一般具有单一、具体、明确的特征，对微课的内容选择和应用形式起到导向作用。

2. 内容

内容是指服务于微课预期目标达成的，与特定学科相关的有意传递的素材及信息，它是教师实现微课预期目标的信息载体。微课内容是教师依据微课目标，根据学生学习情况、准备应用的教学阶段等教学实际，有针对性地对特定学科教学内容进行综合加工而成的。微课内容的不同会直接影响教师对“教的活动”的设计。由于微课的时间很短，在内容上具有短小、主题明确、相对独立的特征，需要教师对内容进行精心选取、删减、改编、设计。

3. 教的活动

活动是主体与环境的相互作用过程，其中环境包括客体、其他主体以及主体本身。这里说的教的活动是指教师作为活动的主体与特定微课内容的客体之间的相互作用过程，通过这种相互作用向学习微课的学生有效传递教学信息，以帮助学生对内容进行思考、理解与意义建构。教的活动是实现微课目标的方法。从教的方法来看，教的活动可以分为教师讲授、教师演示、教师操作、教师与其他活动主体的言语对话等活动类型。

4. 交互与多媒体

教师需要借助特定的工具来完成微课中相应的教的活动，以促进学生与微课之间形成有助于学生对内容产生正确意义建构的相互交流与相互作用。在微课中，这种工具主要包括两类：一是交互工具，当学生在学习微课时，能促进学生与微课之间更有效地进行信息交互和操作交互，其交互的类型和形式如表 2-3 所示；二是信息呈现工具——多媒体，能更好地帮助教师表达、解释教学内容，提高学生在学习微课时与学习资源间信息交互的有效性，如微课中呈现的课件、图形图像、动画、视频等多媒体资源。

表 2-3　　微课的交互类型与形式

类型	形式	直接交互对象
概念交互	引发认识冲突的画面	学生与多媒体信息
	引发认识冲突的言语	
	提问性的言语	
信息交互	叙述性的画面	
	叙述性的言语	
操作交互	人机交互工具	学生与交互界面

微课的四大构成要素是相互联系、相互影响的，教师通过对这四大要素的精心设计，组织构成一个具有一定结构化程度的数字化课程资源。

二、微课的主要特点

微课具有以下八个主要特点。

1. 教学时间较短

教学视频是微课的核心组成内容。根据中小学生的认知特点和学习规律，微课的时长一般为 5 ~ 8 分钟，最长不宜超过 10 分钟；本科与高职的微课一般在 15 分钟左右，最长不宜超过 20 分钟。因此，相对于传统的 40 分钟或 45 分钟的一节课的教学课例来说，微课可以被称之为“课例片段”或“微课例”。

2. 教学内容较少

相对于较宽泛的传统课党，微课的问题聚集，主题突出，更适合教师的需要。微课主要是为了突出课堂教学中某个学科知识点（如教学中重点、难点、疑点、考点内容）的教学，或是反映课堂中某个教学环节、教学主题的教与学活动，相对于传统一节课要完成的复杂众多的教学内容，微课的内容更加精简，因此又可以称其为“微课堂”。

3. 资源容量较小

从大小上来说，微课视频及配套辅助资源的总容量一般在几十兆字节左右，视频格式须是支持网络在线播放的流媒体格式（如 rm、wmv、flv 等），师生可流畅地在线观摩课例，查看教案、课件等辅助资源，也可灵活方便地将其下载保存到终端设备（如便携式计算机、手机、MP4、iPad 等）上实现移动学习、泛在学习，非常适合于教师的观摩、评课、反思和研究。

4. 资源构成“情景化”，资源使用方便

微课选取的教学内容一般要求主题突出、指向明确、相对完整。它以教学视频片段为主线“统整”教学设计（包括教案或学案）、课堂教学时使用到的多媒体素材和课件、教师课后的教学反思、学生的反馈意义及学科专家的文字点评等相关教学资源，构成了一个主题鲜明、类型多样、结构紧凑的“主题单元资源包”，营造了一个真实的“微教学资源环境”。这使得微课资源具有视频教学案例的特征。广大教师和学生在这种真实的、具体的、典型案例化的教与学情景中可易于实现“隐性知识”“默会知识”等高阶思维能力的学习并实现教学观念、技能、风格的模仿、迁移和提升，从而迅速提升教师的课堂教学水平，促进教师的专业成长，提高学生的学业水平。就学校教育而言，微课不仅是教师和学生的重要教育资源，而且构成了学校教育教学模式改革的基础。

5. 主题突出，内容具体

一节微课就一个主题，或者说一节微课就是一个事；研究的问题来源于教育教学实践中的具体问题，或是生活思考，或是教学反思，或是难点突破，或是重点强调，或是学习策略、教学方法、教育教学观点等具体的、真实的、自己或与同伴可以解决的问题。

6. 草根研究，趣味创作

正因为微课课程内容的微小，所以人人都可以成为课程的研发者；还因为微课课程的使用对象是教师和学生，其研发的目的是将教学内容、教学目标、教学手段紧密地联系起来，是“为了教学、在教学中、通过教学”而不是去验证理论、推演理论，因此研发的内容一定是教师自己熟悉的、感兴趣的、有能力解决的问题。

7. 成果简化，多样传播

微课内容具体、主题突出，因此其研究内容容易表达，研究成果容易转化；微课课程容量微小、用时简短，因此其传播形式多样（如网上视频、手机传播、微博讨论）。

8. 反馈及时，针对性强

由于在较短的时间内集中开展“无生上课”活动，参加者能及时听到他人对自己教学行为的评价，获得反馈信息。较之常态的听课、评课活动，微课可以“现炒现卖”，具有即时性。由于是课前的“预演”，人人参与，互相学习，互相帮助，共同提高，在一定程度上减轻了教师的心理压力，不会担心教学的“失败”，不会顾虑评价“得罪人”，较之常态的评课就会更加客观。

三、微课的特征

微课只讲授一两个知识点，没有复杂的课程体系，也没有众多的教学目标与教学对象，看似缺乏系统性和全面性，有些“碎片化”。但是微课是针对特定的目标人群、传递特定的知识内容的，一节微课自身仍然要有系统性，一组微课所表达的知识仍然需要全面性。因此，微课具有以下特征：

1. 主持人讲授性。主持人可以出镜，也可以话外音讲授。
2. 流媒体播放性。可以视频、动画等基于流媒体播放。
3. 教学时间较短。5 ~ 10 分钟为宜，最少的 1 ~ 2 分钟，最长不超过 20 分钟。
4. 教学内容较少。突出某个学科知识点或技能点。
5. 资源容量较小。适于基于移动设备的移动学习。
6. 精致教学设计。完全的、精心的信息化教学设计。
7. 经典示范案例。真实的、具体的、典型案例化的教与学情景。
8. 自主学习为主。供学习者自主学习的课程，是一对一的学习。

9. 制作简便实用。多种途径和设备制作，以实用为宗旨。

10. 配套相关材料。微课需要配套相关的练习、资源及评价方法。

第三节 微课的分类

一、按照课堂教学方法分类

根据李秉德教授对教学活动中常用的教学方法的分类总结，同时也为便于一线教师对微课分类的理解和实践开发的可操作性，可将微课划分为11类，分别为讲授类、访谈类、启发类、讨论类、演示类、练习类、实验类、表演类、自主学习类、合作学习类、探究学习法。

1. 讲授类

分类依据：以语言传递信息为主的方法。

常用教学方法：讲授法。

适用范围：教师运用口头语言向学生传授知识。例如，基于素质教育的基础课程或者通识课程，大学语文中的名篇赏析、大学美育、心理学等。

2. 访谈类

分类依据：以语言传递信息为主的方法。

常用教学方法：谈话法，也称访谈法。

适用范围：简单地讲，访谈式微课就是人物采访，一般为面对面采访的形式。访谈式微课类似电视中的访谈节目，访谈对象可以是行业、企业有影响力的人物，也可以是学校优势学科专家学者、二级学院学科带头人。这种针对某一领域、某一人物进行的专访，访谈内容一般为嘉宾所研究领域的概况，例如就业前景、工作岗位、职业发展等，以鼓励学生热爱自己所学的专业，对其产生浓厚兴趣。

3. 启发类

分类依据：以语言传递信息为主的方法。

常用教学方法：启发法。

适用范围：教师在教学过程中根据教学任务和学习的客观规律，从学生的实际出发，采用多种方式，以启发学生的思维为核心，调动学生的学习主动性和积极性，促使他们积极、主动地学习。

4. 演示类

分类依据：以直接感知为主的方法。

常用教学方法：演示法。

适用范围：教师在实训场所实践教学时，把实训设备展示给学生，或者进行设备的操作演示，或通过现代教学手段、实际观察使学生获得感性知识，通过实践训练使学生获得实践技能。

5. 讨论类

分类依据：以语言传递信息为主的方法。

常用教学方法：讨论法。

适用范围：教师对学生的思维加以引导和启发，学生在教师指导下进行有意识的思维探索活动，共同研讨，相互启发地进行学习。在微课中，可以部分引用，也可以记录整个讨论过程。讨论类微课可以是一个老师与两个或者两个以上的学生讨论。

讨论式教学法组织教学中，教师作为“导演”，对学生的思维加以引导和启发，学生则是在教师的指导下进行有意识的思维探索活动。学生的学习始终处于“问题—思考—探索—解答”的积极状态。学生看问题的方法不同，会从各个角度、各个侧面来揭示教学内容的内涵和基本规律的实质，如果就这些不同观点和看法展开讨论，就会形成强烈的外部刺激，引起学生的高度兴趣和注意，从而产生自主性、探索性和协同性的学习。这样的教学方法无疑体现了“教师为主导，学生为主体”这一教学思想。

讨论模式决定着讨论式教学法的特点和作用。

（1）信息源多，信息的交换量、加工量大，师生获得的即时反馈信息快而强。

（2）能充分调动学生的学习主动性和积极性。由于讨论式教学法改变了学生在课堂教学中的地位，他们既是信息的接收者，又是信息的发出者，他们的思维不再受教师的限制。为了证明自己的观点，他们积极、主动地去准备材料，搜集论据，进行思考。

（3）对已有的知识进行分析、加工、推理、论证等一系列思维活动。特别是在讨论和争论中，遇到的问题是事先预想不到的，学生要在极短的时间内抓住问题的实质，组织大脑中储存的知识进行分析、推理、论证，从而得出结论，这种高密度的思维活动能有效地培养和提高学生思维的敏捷性、灵活性和独立性。

（4）能培养和提高学生独立分析和解决问题的能力。讨论题一般都有难度，学生必须把书本知识和实际问题密切结合才能解决。这样，学生在准备讨论的过程中运用知识解决问题的能力得到了培养和提高，同时还能提高即时反馈能力和评价能力。

（5）能培养和提高学生的口头表达能力。讨论的过程就是学生把自己的观点通过口头语言的形式准确、清楚、全面地表达出来的过程。在阐明自己的观点、驳斥对方的观点等一系列活动中，学生的口头表达能力也会得到锻炼和提高。

此外，通过讨论，教师能最大限度地了解和掌握学生个体和总体的知识准备程度和认识状况，随时调节教学进程，加强教学的针对性和有效性。学生能在讨论中听取别人的发言并作比较，取长补短，扩大视野，有利于新型师生关系和同学关系的建立。

6. 练习类

分类依据：以实际训练为主的方法。

常用教学方法：练习法。

适用范围：学生在教师的指导下，依靠自觉的控制和校正，反复地完成一定动作或活动方式，借以形成技能，技巧或行为习惯，尤其适合工具性设备的使用，例如万用表的使用，游标卡尺的使用等。

7. 实验类

分类依据：以实际训练为主的方法。

常用教学方法：实验法。

适用范围：学生在教师的指导下，使用一定的设备和材料，通过控制条件的操作过程，引起实验对象的某些变化，从观察这些现象的变化中获取新知识或验证知识。例如，食品加工技术类的教学中，烤箱参数的设置对食物烘烤效果的影响。化工类的实验在实验类微课中较为常见

8. 表演类

分类依据：以欣赏活动为主的教学方法。

常用教学方法：表演法。

适用范围：适用于在教师的引导下，组织学生对教学内容进行模仿表演和再现，以达到学习交流和娱乐的目的，促进审美感受和提高学习兴趣。适用于素质类、体育类课程，例如，太极拳、瑜伽、健美操等课程的学习。

9. 自主学习类

分类依据：以引导探究为主的方法。

常用教学方法：自主学习法。

适用范围：以学生为主体，通过学生独立的分析、探索、实践、质疑、创造等方法来实现学习目标。

10. 合作学习类

分类依据：以引导探究为主的方法。

常用教学方法：合作学习法。

适用范围：通过小组或团队的形式组织学生进行学习的一种策略。

11. 探究学习类

分类依据：以引导探究为主的方法。

常用教学方法：探究学习法。

适用范围：学生在主动参与的前提下，根据自己的猜想或假设，运用科学的方

法对问题进行研究，在研究过程中获得创新实践能力和思维发展，自主构建知识体系的一种学习方式。

值得注意的是，一节微课作品一般只对应某一种微课类型，但也可以同时属于两种或两种以上的微课类型的组合（如提问讲授类、合作探究等），其分类不是唯一的，应该保留一定的开放性。同时，由于现代教育教学理论的不断发展，教学方法和手段的不断创新，微课类型也不是一成不变的，需要教师在教学实践中不断发展和完善。

二、按照内容和形式来分类

结合微课内容和形式两个维度，我们将微课分为四种类型：知识类电子微课、知识类面授微课、情境类电子微课、情境类面授微课。知识类电子微课和知识类面授微课是以知识导向为主，统称为知识微课；情境类电子微课和情境类面授微课是以情境（任务、问题）导向为主，统称为情境微课。

三、按照视频展示形式分类

依据微课的展示形式，微课可以分为可汗学院式、课堂实拍式、录播教室拍摄式、讲坛式、Prezi 动画式、实景拍摄式、二维或者三维动画式、虚拟抠像式。

1. 可汗学院式

可汗学院式微课是指教师使用屏幕录制工具将其在数位板、电子白板、电视一体机上的所有演示，操作、推导过程及其讲解声音录制成视频，或者使用手机或者摄像设备记录教师书写或推理的过程。此类微课并不出现教师的影像，它主要通过文字、公式、手绘图形、数字、线条、教学互动、教师清晰的旁白及其缜密的教学思路来帮助学生建构知识。

可汗学院式微课根据使用设备的不同通常有数位板 + 录屏软件、数位屏 + 录屏软件、电子白板、一体机、手机 + 白纸等 5 种方式。可汗学院式微课适用于讲解数学、电子技术、电气原理等具有缜密的推理和演算过程的课程。

2. 课堂实拍式

课堂实拍类微课是指使用录制设备摄录教师根据微课设计要求所进行的课堂教学影像，并对其进行后期剪辑合成所形成的流媒体微课视频。该类微课教学内容生动，不仅可较好地营造课堂氛围，而且可以完美地展示老师的教学风采。

课堂实拍类微课能较好地展现整个教学活动，体现教师对整个课堂的控制能力，展现教师的教学风采、教学方法与手段的使用；但在学生的自主学习过程中，则不能为其营造一对一学习的心理体验。

3. 录播教室拍摄式

录播室录制的微课主要采用专业的自动录播系统实现一站式录播。

录播室录制微课能实现多机位拍摄，能合理构图，能平滑跟踪，镜头真实生动，方便后期编辑，接近人工拍摄效果。

录播室一般配备可手写大屏幕或者电视一体机，录像时使用固定机位的一台或者几台高清摄像机。为了保证视频中的声音质量，教师一般在胸前佩戴无线麦克，拾取声音。在拍摄时，对环境、灯光均有较高的要求。一般拍摄前，由专业的摄影师进行调光，以保证拍摄效果。

此外，这种拍摄方式对教师着装及大屏幕背景均有一定要求。对教师着装的要求是一般穿着较为正式的职业装，以展现教师的风采；讲课时，要用普通话，声音清晰，无咳嗽、无错误，讲话连续顺畅，动作舒展自然。教师可以一边讲，一边用记号笔在屏幕上书写。对大屏幕上用作背景的 PPT 的要求：一是字体清晰，字号较大；二是留出一定的空白位置，用于教师站位，免得教师挡住 PPT 中的有效信息；三是颜色合理，不要与教师着装有较大反差，以免教师在屏幕上留下背影。拍摄的视频经过简单剪辑加工即可以使用。

4. 讲坛式

讲坛式微课主要是以教师讲授为主的知识传授形式，大家接触最多的是中央电视台的百家讲坛节目。例如，微课“舌尖上的筷子”就采用了讲坛式的录制方式。

讲坛式微课的重点是讲授内容的选题，适合人文、历史、素养类的课程演讲、解释陈述性比较强的知识点。

5. Prezi 动画式

Prezi 动画式微课属于录屏类微课的一种形式，它借助屏幕录制软件将以 Prezi 形式讲解的全过程录制成流媒体视频，也可以设置背景音乐。

Prezi 是一种主要通过缩放动作、旋转动作和快捷动作使想法更加生动有趣的演示文稿软件。它打破了传统 PowerPoint 的单线条时序，采用系统性与结构性一体化的方式进行演示，以路线的呈现方式，从一个物体忽然拉到另一个物体，配合缩放、旋转等操作则更有视觉冲击力。通过多终端（网页端，桌面端、iPad 或移动端）创建、编辑文稿，从而使人们开拓思路、并使想法之间的联系更加明确清晰。

6. 实景拍摄式

实景拍摄式微课是指学校根据微课设计要求组成微课研发团队，对课程内容进行场景设计、策划并撰写脚本，然后选择导演、演员、场地进行拍摄，并经过后期视频剪辑制作所形成的微课视频。实景拍摄式微课主要分为设备操作演示拍摄、教师的示范演示拍摄、剧情拍摄等。

操作演示类的微课一般在实习车间、操作演示作业台、生产厂房等地进行。为了避免过于杂乱，一般选择较为开阔的室内进行拍摄。拍摄时要布置好工具、操作对象等。

拍摄时一般采用双机位，以展示操作的细节或难以理解的环节。由一台固定拍摄中景或远景，一台跟拍近景和特写。跟拍时，灯光往往要跟随，保证视频画面清晰。为了保证操作演示的准确性，以及后期剪辑工作的顺利进行，一般在演示操作时，有指导教师在镜头外进行提示，演示人员根据指导教师的提示，一步一步操作。部分镜头，要求拍摄人员重复演示或暂停，以方便拍摄人员跟拍近景或特写镜头。拍摄的视频要经过剪辑加工，将不同景别的镜头进行穿插，以更好地反映出操作要点。同时，由于拍摄现场背景音的存在，指导教师的现场提示不能直接作为音频，往往需要提供解说词后，由专业配音人员进行配音。

表演录像适用于演绎有一定故事情节的内容。为了保证拍摄效果，一般由专业的人员来编写脚本，对拍摄场景、演员的动作和对话做出详细的描述，以便于拍摄时参照执行。表演类的视频不仅对脚本有要求，而且对表演人员、场景的选择和布置都有较高的要求，因此拍摄难度较大。

此种微课可实现课堂教学与真实情景的实时交互，是真正践行建构主义的情境互动式教学微课。

7.二维或者三维动画式

二维或三维动画式微课是指微课设计者根据策划脚本，结合专业配音，进行分镜设计并绘制成二维或者三维动画的形式展示的微课视频。

二维动画主要使用在微课引入时的场景营造、原理描述、工作过程呈现，同时还能表达一些不易拍摄呈现的内容，例如人物的摔倒、内心世界的描述等。三维动画通常能实现仿真技术，借助应用电子计算机对系统的结构、功能和行为以及参与系统控制的人的思维过程和行为进行动态性比较逼真的模仿。三维动画的特点是描述过程安全、节省开支，有交互性，了解真实世界中无法实现的危险性操作，或者临界条件的操作，例如，强电的相关操作，医学相关的教学内容（心脏的工作原理、脊椎的结构、椎间盘突出症的发病机理等）。

8.虚拟抠像式

虚拟抠像式微课是采用了虚拟抠像技术将教师与背景的图像或者视频整合的一种方式。虚拟抠像可以应用在各类课程中，能营造一种真实的师生交互，同时也能将多画面同时展现在同一视频中。

四、按微课开发技术分类

按照微课的开发技术分类，常见的有拍摄型微课、录屏型微课、动画型微课、改良型微课以及幻灯片型微课等。

1. 拍摄型微课

拍摄型微课是指制作者利用摄像设备，在一定授课环境中，对教师讲课内容或学生学习过程进行记录制作而成的视频微课。授课环境既包括室内教室环境，也包括室外自然环境，这取决于课程内容的需要。拍摄型微课的最大特点在于教师出镜授课。教师出镜有利于形成网络学习中的师生互动氛围，尽管视频内外的师生之间不能进行直接交流，但教师的神态、表情、动作等依然会对学生的学习产生影响。这种微课一般在屏幕上同时呈现教师和课件，也存在教师图像和课件图像相互切换，分别呈现的情形。课件图像可以是静止的，也可以是嵌入的流媒体素材，如视频、动画。

语言类课程、操作类课程适宜采用拍摄型微课。例如，小学语文识字教学和中学英语单词教学，二者的共同特点是需要突出字词的发音教学。一方面，教师教授学生识字、读单词，不仅需要给学生示范标准读音，还要为学生展示正确口型，让学生跟随模仿，既要口耳相传，又要口眼相传。另一方面，发音教学课程的内容通常比较枯燥，并且需要学生花费较长时间反复练习，教师的出镜则让整个学习过程更有人情味，有利于学生学习状态的保持。又如，小学科学或中学理化课程中的实验教学，利用拍摄型微课讲演结合的优势，能够全面地、清晰地展示教师操作实验的过程，促进学生理解和模仿。

2. 录屏型微课

录屏型微课是制作者在计算机中安装录屏软件（如录屏大师、Camtasia Studio），录制教师通过教学课件（如基于PPT、Word，绘图软件、手写板输入软件等形式制作的课件）呈现的教学过程，并同步录制教师的授课声音和屏幕操作行为生成的视频微课。录屏型微课不出现教师、实物教具及现实环境，仅仅显示电脑屏幕上的文字、图片、流媒体内容。一方面，这种微课的制作对软、硬件的要求比较简单，对制作者的技术要求低，通常只要一部安装有录屏软件的电脑，教师便可自行操作；另一方面，由于视频画面主要是课件页面，因此，此类微课对课件的设计、美化要求较高，包括图文的组合、色彩的搭配、字体字号的设计、书写的工整与规范、简易动画的编制等，否则，视频画面会显得单调枯燥或粗糙杂乱。

需要呈现较长篇幅文本的课程和需要展现严密逻辑关系的课程适宜采用录屏型微课。也就是说，教学的内容必须能在屏幕上充分地显示出来，再配上老师的讲解与操作，这样能解释清楚的知识就适合录屏式微课，例如，语文阅读教学需要教师为学生呈现大篇幅的文章文本，数学例题教学需要一步步演示解题步骤，英语词汇拼写、拓展教学需要教师书写大量内容。对于这些类型的教学内容，采用录屏型微课能够比较充分地展现课程内容本身。

3. 动画型微课

动画型微课是利用flash动画技术和绘画艺术制作的微课，它最大的特征是趣味性和可操作性。动画型微课有两类常见格式：视频格式（如avi，MP4，wmv）和动画格式（如swf，flash）。视频格式的动画型微课仅能够被人观看，不能操作；动画格式的动画型微课既能观看又能操作。动画型微课的有效作用在于，它能够有效地帮助学生在学习过程中理解需要空间想象的抽象图形以及图形的运动变化过程。

需要增强趣味性的内容，不便于真人演示和实物展现的内容，都适合采用动画型微课。例如，小学语文写字课笔顺教学、中学数学几何课、中学地理演示课等。它还可以被用在语文课文朗读教学当中，为范读音频提供与文本相呼应的动画背景。中学物理、化学实验课和小学数学动手训练课也适宜采用动画格式的动画型微课。学生在观看微课的同时，可以在程序的引导下按照实验步骤操作虚拟实验器材，动画的模拟性还有利于生动形象地突出实验现象。

4. 改良型微课

改良型微课的内容“主要来源于中小学常规课的教学内容，部分微课是课堂实录小片段”。这类微课素材来源的基础是学校在过去教研活动中录制的全堂或片段常规公开课、示范课。在微课兴起之前，这些影像素材通常被制作成完整的课堂教学视频或作为资料存档；微课兴起之后，这些影像素材便有了新的用武之地。

我们将在常规课堂教学录像视频基础上加工而成的微课称为改良型微课。改良，意味着它必须在原视频素材的基础上，按照微课的要求，为达到微课教学的目的，进行制作加工。制作方法主要包括：将较长的原视频剪辑为一个或多个时间较短的微型视频；删除与知识点教学关联性不紧密的部分（如课堂互动、学生作业环节）；制作清晰明了、重点突出的课件及显示效果；设计教师授课画面和课件画面的镜头导播切换；增加或重新制作片头片尾，体现该节微课的基本信息。

5. 幻灯片型微课

幻灯片型微课的格式可以看作是一种广义的影像视频格式。因为影像视频的基本特征是持续播放连续运动画面，要达到这种效果，在某些非视频类办公操作软件（如PPT、WPS演示）中也能呈现——尽管这类功能可能并未被人们广泛熟知。由于这种微课不属于严格意义上的视频格式，因此不需要制作者使用视频制作软件，只要在 PPT 等演示幻灯片软件中制作即可实现流媒体效果，非常适合普通教师操作。在国内，运用 PPT 制作能够动态播放的幻灯片型微课，比较典型和成功的是内蒙古鄂尔多斯东胜区教研中心主任李玉平制作的微课。李玉平制作的微课由文字、音乐、画面组成，通过配合精简的文字、精美的图片和舒缓的音乐来呈现内容，旨在让读者在优美的轻音乐中细细品味内容，展开思考，让人们惊奇地发现 PPT 具备的制作这种动态有声微课的功能。这类微课适宜展现具有情节性、故事性、思考性的内容，目前多被用在中小学教师继续教育培训当中。

五、按课堂教学主要环节（进程）分类

微课类型可分为课前复习类、新课导入类、知识理解类、练习巩固类、小结拓展类。其他与教育教学相关的微课类型有说课类、班会课类、实践课类、活动类等。

总之，无论采用哪种微课形式，只要设计合理、结构优良、画面精致、讲解精彩、情境真实且内容引人入胜都可提升学生的学习兴趣，实现学生的自主、个性化、碎片式学习。

第三章 微课与常规课的区别

第一节　常规课的介绍

一、常规课简介

常规课是指按照学校教学计划在教室中仅仅对学生所进行的教学活动。常规课在所有的教学活动中占有重要地位。常规课是学校教育的主战场，每一位教师在自己的教学中，绝大部分课型都是常规课。所以看老师的教学水平和教学态度主要是看常规课，学生成绩的取得也是靠常规课，上好每一堂常规课是老师的基本职业道德。在常规教学方式中，一般采取组织教学、讲授知识、巩固知识、运用知识和检查知识这样的程序来展开教学，具体做法就是以纪律教育来维持组织教学，以师讲生听来传授知识，以背诵、抄写来巩固已学知识，以多做练习来运用新知识，以考试测验来检查学习效果。

这种教学方式以教师的讲授为主，有利于学生掌握系统的基础理论知识，可以在有限的时间内传授大量的知识信息，适合过去的应试教育。在这种教学方式的课堂教学中，所谓“好”教师就是能把知识、结论准确地给学生讲清楚，所谓“好”学生就是认真听课，考出好成绩。课堂上，教师教学就等同于教书，学生学习就等同于读书。教师是教学的主体，学生只能被动接受。

常规课的基本表现形式是课堂教学，就是教师要把着眼点放在提高课堂教学质量上，使学生在课堂40分钟内既长知识，又长技能，既掌握学习方法，又提高学习能力。所以，常规课的开展方式对于学生的学习情况有着重要影响。常规课最传统的开展形式是以教师讲授为主，也就是通过备课、新课导入、授课、练习、复习这几个步骤来实现的教育活动。

1.备课

备课是教师根据学科课程标准的要求和本门课程的特点，结合学生的具体情况，选择最合适的表达方法和顺序，以保证学生有效地学习。

备课分个人备课和集体备课两种。个人备课是教师自己钻研学科课程标准和教材的活动。集体备课是由相同学科和相同年级的教师共同钻研教材，解决教材的重点、难点和教学方法等问题的活动。

备好课是上好课的前提。对教师而言，备好课可以加强教学的计划性和针对性，有利于教师充分发挥主导作用。要想真正的备好课，首先要做到钻研教材。钻研教材包括钻研学科课程标准、教科书和阅读相关参考书。第一，钻研学科课程标准是指教师要清楚本学科的教学目的、教材体系、结构、基本内容和教学法的基本要求；第二，钻研教科书是指教师要熟练掌握教科书的内容，包括教科书的编写意图、组织结构、认知结构、重点章节等；第三，教师应在钻研教科书的基础上广泛阅读有关参考书，精选材料来充实教学内容。

其次，要做到了解学生，第一，要考虑学生的年龄特征，熟悉学生身心发展特点；第二，要了解班级情况，如班风等；第三，要了解每一个学生，掌握他们的思想状况、知识基础、学习态度和学习习惯。

再次，要设计教法。教师在钻研教材、了解学生的基础上，要考虑用什么方法使学生掌握这些知识以促进他们学科能力、学科素养、情感态度与价值观、品德等方面的发展，要根据教学目的、内容、学生特点等来选择最佳的教学方法。

2. 新课导入

导入是新课的前奏，是激发学生兴趣的关键，是成功实施有效课堂教学的突破口。导入是教师引导学生参与学习的过程和手段，它是课堂教学的必须环节，也是教师必备的一项教学技能，它既是学生主体地位的依托，也是教师主导作用的体现。教师讲课导入得好，不仅能吸引学生，唤起学生的求知欲望，还能燃起学生智慧的火花，使学生积极思维，勇于探索，主动地获取知识。

教育家托尔斯泰说："成功的教学所需要的不是强制，而是激发学生的兴趣。"所以，新课导入的目标就是激发学生对新课学习的兴趣，同时使枯燥乏味的内容变得生动有趣。这就要求教师在导入新课时语言精练，不拖泥带水，不废话连篇，三言两语引出想要表达的内容，从而提高学生对学习新课的兴趣。

新课导入可以安定学生的学习情绪，常常是课堂状态从吵闹到肃静的分界线。机敏的教师善于运用导入语，以自身的风度、清晰的声音、新奇的内容、精彩的语言控制全场，抓住学生心理，让学生的思维尽快回归到课堂上来。导入还可以吸引学生的注意，教学过程对学生来说是一种心理认识过程，需要感觉、知觉、记忆、思维、想象等多种心理活动的参与，注意力集中是这种认识过程顺利进行的必要条件和重要保证。巧妙地导入新课，可以起到先声夺人、先声服人的效果，吸引住学生的注意力，使学生一上课就能把兴奋点转移到课堂上来，集中在教学内容上。在这样的情况下开始上课，才能"箭无虚发"，句句入耳，点点入地。教者轻松愉快，听者心倾神往。从教师的角度来说，导入还可以明确教学目的，目的性是人类实践活动的根本特性之一，教学有无明确的目的和学生是否明确目的是衡量教学成功与否的重要标准。有经验的教师总是在导课过程中让学生预先明确学习目的。当学生的积极性调动起来、思维处于活跃状态时，教师就要适时地讲明学习的目的和意义，从而激发学习动机，使学生保持旺盛持久的注意力，并自觉地控制和调节自己的学习活动。

3. 授课

授课是指教师以口头语言向学生呈现、说明知识，并使学生理解知识的一种教学方式，主要是通过讲授、讲述、讲解、讲读来完成教学任务的课型。

备课充分，设计了新课导入，就要开始进行课堂教学了。课堂教学首先要强调的是教师的授课语言，有些教师的课堂语言比较生硬，语气粗重，平板冷淡，少情寡味，犹如教堂里扯长嗓音的诵经声，既不能引起学生的听课兴趣，也不能调动学习积极性，对教学质量的提高，很有影响。为此，有必要强调一下，教师的授课语言要“甜”一点。这里的“甜”，是指教师的言语充满激情，饱含知识营养，能激发学生的求知欲，让学生在欢悦的氛围中集中精力，认真学习。

其次，要注重心理修养，善于控制和表现自己的情绪。无论在课外遇到什么不顺心的事，走进教室之前都要使自己恢复常态，不能把自己恶劣的情绪传染给学生，更不能向学生流露甚至发泄。这种高度的情绪控制力首先来自于平素的心理修养，来自于高度的职业道德。在教室里，每个教育者，都是属于教育事业和教育对象的。即使在课堂上碰到了学生回答不出问题或是不遵守纪律的现象，也应该冷静，保持良好的心绪，和蔼、亲切、耐心地向学生讲解。

第三，可以配合使用教学用具，教学中合理使用直观教具，能够帮助学生学好新知识，理解题意。

4. 练习

练习是学生巩固所学知识，应用所学理论的重要途径，同时也能向教师直观地反映出学生的学习情况。练习又分为课堂练习与课后练习，课后练习也就是通常所说的作业。教师准备的练习要符合以下原则：

（1）目标性原则

教学目标是指导教师和学生学习的一种规范。无论是从目标的导向功能、反馈功能来说，还是从目标的激励功能和鉴定功能来说，练习设计都应该受教学目标的制约。

（2）少而精原则

要科学安排练习数量与练习时间，改变“课内满堂灌，课外多多练”的状况，要精心设计代表性强、覆盖面大的练习，择优筛选，尽可能将练习安排在课内完成。

在课内无法完成当天练习的情况下，可让学生在课内完成重点、难点，回家处理适中的练习，做到学有所得，练有收益。

（3）发展思维原则

不能只设计形式单一、简单重复、直接套用的练习，而应围绕所学基础知识设计一些符合学生知识水平和思维水平的变式题、“智慧题”等，使学生不仅会做，而且会想。

（4）灵活新颖原则

设计的练习，既不能超出大纲，又不能落入俗套，要新颖灵活。可以设计一些“一看就懂一做就错”的练习和符合学生生活实际的趣味题。要防止猎奇生僻，做到活而不偏，新而不怪。

（5）整体性原则

世界上一切客观事物都处在一定的系统中，一切研究对象都可视为系统。用整体性观点来看，练习这个系统，从属于整个教学系统。但练习本身作为一个完整的系统，又是由许多相互联系的组成部分（要素）构成的。习题构成要素包括内容、题目难度、练习功能、题目编排、题型等。从内容看，练习题有概念题、计算题、应用题、几何题和测量题等；从题目难度看，练习题有基本题、综合题和思考题，等等；从练习的功能来看，有教学功能、发展功能、教学功能，等等；从题目的编排顺序来看，有准备题、例题、练习题、复习题和总复习题；从题型来看有填空、判断、计算题、问答题和应用题，等等。

用整体性原则指导练习设计，就是要实现练习系统中诸要素的最佳结合，使练习系统中各要素之间紧密配合，相互协调、相互补充、而不是随意练习。

（6）启发性原则

实践证明，练习是充分调动学生的学习积极性，启发学生积极思考、活跃思维、触类旁通、举一反三，引导学生凭借已有的知识和经验，主动地获取新知识和解决新问题的有效途径。因此，我们设计练习时要在“最近发展区”上多做文章，使学生通过练习学会一种方法，掌握一种思路，发现一种规律，或对解答其他问题有所启示，把知识的应用价值和智力价值有机地结合起来。

（7）层次性原则

练习要顺应学生的认识规律，呈坡度，出层次，使学生经历“感知认识→熟练掌握→创造性运用”的过程，循序渐进，逐步加深。一般来说，我们每次应安排三个层次的练习：第一层次的练习，一般指基本的、单向的、带有模仿性和稍有变化的习题，这是学生对知识进行内化的过程；第二层次的练习，一般指对基本题有较大变化的习题（变式题，或带综合性和灵活性的习题），这是学生把知识转为技能、对知识进行同化的过程；第三层次的练习，一般指在思考性、创造性方面要求较高的习题。这是学生对知识进行强化、优化的过程。

（8）多样性原则

理论与实践都能清楚地说明，单一形式习题的反复练习，只是一种无差别的重复练习。虽然在某种程度上也能达到巩固知识的目的，但是由于这样的练习是机械的、枯燥乏味的，所以不可能激起学生的兴趣，不利于形成学生良好的持久记忆，更不利于发展学生的逻辑思维能力。因此，教材上的练习需要补充、删改和加强。从题型，形式，结构来对练习题进行补充，删改，加强。从题型来看，应补充填空、选择、判断、匹配改错、补缺、看图编题和看题绘图等题型；从形式来看，可补充求同练习和求异练习、顺向练习和逆向练习、分化练习与同化练习、类比练习和对比练习以及观察学习和操作练习，等等；从结构来看，要根据一些目的，设计一些题组让学生练习，使知识系统化、网络化、集成化。总之，我们应该设计一些形式多样的练习，从而引起并保持学生的练习兴趣，使他们从不同的途径和角度去加深理解知识和巩固知识。

（9）周期性原则

根据学生的遗忘规律，对已经学过、练过的知识要经常设计一些以新代旧、新旧结合的题目让学生练习，防止“痕迹”的消退。必要的反复与机械的、多余的重复不同，它对于巩固知识和技能是极为重要的，但是要注意反复练习的合理分布。有关研究表明，在一般情况下，适当的分散练习比过度的集中练习更加优越。

因此，教过新知识之后，要进行较集中的练习，适当间隔一段时间后再进行类似的练习。随着新知识巩固程度和熟练程度的提高，可以逐步延长间隔时间，并采用以新代旧的方式保持经常性的练习。

（10）困难性与量力性原则

困难性是指作业要有一定的难度，不是轻而易举就能回答的问题。斯卡特金指出：“不能把可接受性理解为易于掌握，而是要理解为力能胜任的困难程度。若把科学性原则与力能胜任难度原则密切结合起来加以研究，它们就能反映教学过程与它本身固有的矛盾之间的辩证关系。”又说，“在这种情况下，科学性原则的含义就不再是抽象的，而是有具体内容的；而力能胜任的难度原则就成了衡量学生脑力与体力劳动强度的一种尺度。”因此，布置作业应该考虑困难性。有些隐蔽条件的设置，应该让学生有一定的思维活动量才能发掘；有些较为复杂的综合问题巧妙安排突破口，应该让学生通过审题、剖题、分析、联想等一系列紧张思维活动才能找到。总之，这类困难性作业，应该是学生在熟练掌握“双基”的前提下力能胜任的，而且还要考虑多数同学的适应性。

应该注意，困难性作业不能超越教学大纲和教材内容，有些教师热衷于高难题，在布置课外作业时，不断加码，无限拔高，这势必酿成不良后果。布置作业不符合学生实际能力和需要，或者过难，或者过深，学生花了时间，得不到结果，就会使他们的兴趣、情绪受到影响，作业质量不佳，甚至一塌糊涂。这样的作业，教师批改费时费力，检查作业和讲评时太长还会使进行新课的时间相对减少，导致教学效果欠佳，学生理解知识不深不透，做起作业来备感困难。如此反复，极易“恶性循环”，这是产生学生负担过重的主要弊端。

量力性是指布置作业符合学生的实际情况。布置作业时要根据学生的年龄特征和知识水平衡量作业的内容，做到难易适度，符合学生的实际情况。要做到这一点，必须对学生有充分的了解和正确的评估。作业太难，学生束手无策，或是在安排时间内做不完，就会挫伤学生做作业的积极性，甚至使学生产生自卑感。还有可能形成前面所说的“恶性循环”，造成学生负担过重。作业太易，很快就做完了，学生感到索然无味，会降低他们做作业的兴趣。如果一个班内成绩悬殊，还可布置适当数量的选择题，以满足成绩较好的学生的求知欲。也可以设置 A、B 题，让学生自由选做或规定必做。这些都是按量力性原则对不同程度学生进行的因材施教。但是，千万不能降低标准追求作业的良好率。困难性与量力性有不可分割的联系。困难性是考虑作业要有一定的难度，以提高教学质量和学生思维活动量，培养他们的技能技巧，发展他们的智力水平。但是，在考虑困难性的同时，要考虑量力性，作业难度要以学生实际知识水平为参照标准。在布置作业时，教师应该在考虑量力性的基础上平衡困难性，在考虑量力性时也应该根据学生的实际水平安排具有一定困难性的作业。

（11）因材施教原则

设计练习要以中等生为着眼点，面向全体学生，配备好必做练习和自选练习，既给优等生设计提高性的练习，又给后进生设计辅导性练习，如“每日一题”“每日一练”等。

（12）适合学生年龄特征原则

设计的练习要符合学生的认识能力、思维特征和知识水平，难度既不能提高，也不能降低。设计新授课练习时，可在一段时间里集中练习一个项目，解决一个关键问题，逐步培养学生的分配注意能力。还可以针对学生不善于辨别同类事物的不同表现形式，有目的地设计变式练习来发展学生的抽象概括能力。

5. 复习

（1）复习目标要明确

复习目标对复习课起着导向、激励、调节和评价的作用，可以唤起学生的重视和兴趣。复习目标的确定要考虑到下面的因素：

首先是依据教材。复习要从教材整体性出发，按知识体系或按章节单元，抓住重点与难点，来考虑复习目标，使学生能初步对知识的整体性进行把握，进一步对重点与难点知识进行加深与拓宽，从多层次、多角度认识重点与难点知识，以求解题时不会遇到大的障碍。

其次是依据课程标准。既要考虑到学段目标，又要考虑到学习内容的具体目标。依据学生实际。所谓学生实际就是对学生的主认知和能力要了解，对学生求知心理特点要掌握。既要研究学生的群体，又要研究学生的个体。尤其要对基础好的和基础差的学生有不同的目标要求，因材施教，使他们各有所得。实际教学活动中，就某一节课的目标而言应有所侧重，不要平均使用时间和精力，要有计划地将课堂复习目标重点定位在认知、能力、情感的某一方面，从而保证学生整体素质的协调发展。

（2）教师备课要认真

教师必须认真备好课，对知识进行综合，扩大课堂容量。这里所谓的备课，是指老师要建立“板块意识”，通过比较、提炼，对重要知识在综合的基础上进行“压缩”，把精华的东西集中到课堂上来。复习课的“应试性”必须突出，复习的目的是考试，这是不容置疑的前提。因此，老师在备课时，必须在研究试卷的基础上把握好考点，课堂上直奔主题，在考点上下功夫。

（3）教师抓好课前诊断与终结性的反馈

所谓课前诊断，就是在导入新课时要对上一节课复习的内容要点进行简短的提问，一方面与本节复习形成知识链，提供背景材料，另一方面也是防止学生遗忘的有效措施，避免学生上节课复习完后，在课外对课堂上复习的知识不闻不问，课前诊断能保证学生至少在本课前几分钟能够迅速地回顾一下相关的知识；终结性的反馈最好是针对该堂内容的练习题，落实到书面上，老师尽可能多地了解学生的掌握情况，做到“堂堂清”，以便学生及时地弥补缺漏。

（4）课堂精讲巧练

教师要精讲巧练，老师当好“主持人”，将课堂定位在学生的“学”上，精讲不等于少讲，巧练不同于多练。教师在科学设计好复习步骤的同时，也要讲究复习课堂的动态生成，学会倾听，善于抓住细节，适时、适度地解决学生的困惑，不断发现学生练习中的问题，该讲的时候不妨讲透，不该讲的时候就不能说。

（5）准备应试技巧

教师在课堂上还要做一些必要的应试技巧方面的指导。很多老师到了复习结束、考试的前一两天才匆匆地将应试的秘诀倾囊相授，但是，这种填鸭式的“速成法”并不奏效。因此，老师应结合复习内容，在适当的“情境”中，经常性地向学生传授些应试的技巧，细水长流，这样才能让学生内化于心，诉之于行。

二、常规课特殊模式——杜郎口模式简介

1. 概况

杜郎口教学模式具体是指山东省聊城市茌平县杜郎口镇初中自1998年以来不

断尝试推行新课改、践行学生主体地位而摸索新创的“三三六”自主学习的高效课堂模式。所谓“三三六”模式是指课堂自主学习的三特点：立体式、大容量、快节奏；自主学习三大模块：预习、展示、反馈；课堂展示的六环节：预习交流、明确目标、分组合作、展现提升、穿插巩固、达标测评。

从2003年开始，杜郎口中学为了让学生成为课堂的主人，发挥学生的主体地位，让学生自己去发现规律，总结方法，探索思路，解决问题，决定撤掉讲台、搬掉讲桌，让教师成为引导者、策划者、参与者、追问者、合作者；让学生成为探究者、研讨者、体验者、表达者、创造者、成功者。

在学生座位方面，取消插秧式课桌排放，变为以小组为单位对桌而坐，学生之间强强、强弱、弱弱随机结合，共同进行合作探究。师生之间，组别之间开展相互质疑，相互探究、相互融会、相互阅纳、相互补充、相互碰撞，百家争鸣，感染促进，双赢多赢。教师吸纳借鉴学生的见解、思路，使自己的专业知识水平有所提高。

杜郎口中学不断增加黑板数量，教室内前黑板，后黑板，北黑板，甚至在走廊中也安设黑板。黑板是学生用笔来表达自己学习成果的平台，是建立自我反馈和知识训练及巩固的阵地，是产生自信，增强学习能力的重要用具。黑板的增加，提高了板面利用次数，短平快地实现了课堂效益的最大化。

在课堂授课方面，以学生在课堂上的自主参与为特色，课堂的绝大部分时间留给学生，老师仅用极少的时间进行点拨和指导。充分引导学生，营造以学生自学为主，以学生为主体的课堂。教育工作者把这种特色叫作“10 + 35”（教师讲解少于10分钟，学生活动大于35分钟）或者“0 + 45”（教师基本不讲）。

2. 课堂流程

（1）预习课

预习课是杜郎口教学模式的预习模块，是教育教学的重要起点。在杜郎口学校有这样一条规定：没有预习的课不准上，同样，没有预习好的课也不能上，预习要至少占到课堂的百分之七十。在预习课中，教师首先分发预习学案，学案的内容包括预习重难点、预习方法、预习提纲、预习反馈、预习小节等，在课堂中的一般操作如下：

第一，给学生5 ~ 7分钟的时间阅读文本知识。在阅读文本知识的时候，教师可以引导学生利用多种不同的形式，如自己独立阅读，小组比赛读，小组讨论交流，可以在自己的位置上读，也可以到黑板上把重点知识标注下来，还可以到教室外面去，几个同学在一块交流、板书，还可以到其他小组去，甚至有的同学利用教室内的多媒体上网查阅资料，利用图书室的图书查阅资料，等等。

第二，小组长带领组员进一步细化预习提纲上的知识点，并对课本上的疑难问题进行解疑，教师穿插其中，解疑解惑，指导学生。学生也可以自由发言，向同学、老师提出不同的问题，师生共同解答大约 5 分钟的时间。

第三，结合预习提纲，教师分配学习任务，为下面的预习展示做准备，大约 3 分钟的时间。

第四，学生以组为单位，把自己组分配到的任务进行文本知识的讲解、分析、拓展，学生点评、教师点评大约 15 分钟的时间。

第五，学生做一些典型题目进行预习反馈，反馈一般以题目的方式进行，可分为基础闯关和能力升级两部分。学生可以到黑板上板书，也可以由小组长、教师进行抽查等，并及时公布反馈的结果，对个人、小组进行评比，一般用 5 ~ 7 分钟时间。

第六，课堂小节。学生自由发言，说出自己在本节课中的收获，还可以提出不同的见解，发表不同的看法，师生共同互动。

最后，教师综合学生本节课的知识掌握情况，对下一节课的内容提前做好预设。

（2）展示课

展示课就是展示预习模块的学习成果，进行知识的迁移运用和对规律进行提炼、提升。一般是遵循展示课上的六环节来完成的，先说一下展示内容的选取，简单的问题不展示，无疑问的问题不展示，展示的是重点问题，难点问题，有争议的问题，一题多解的问题，能拓展延伸、提高学生能力、开发学生潜能的问题，体现在预习提纲上的多数是能力升级中的问题，也就是说，展示的问题不是预习提纲中的所有问题；二是选取有价值，有代表性的问题进行展示。展示过程如下：

第一，预习交流（1 ~ 2 分钟）。目的是巩固解决问题所要运用到的知识点，为学生顺利地完成本节课的任务扫清知识上的障碍，一般通过学生交流预习情况，明确本节课的学习目标。

第二，确立目标（1 分钟）。基本知识巩固之后，教师据此说出本节课的目标和重难点，展示课上的目标与预习课上的目标不完全不同，展示课上的目标除了基本知识与基本技能之外，更侧重的是规律和方法的总结，以便让学生形成技能和技巧。

第三，分组合作（6 ~ 8 分钟）。教师将本节课需要展示的问题分给六个组，然后每个组长负责将任务分给组员，组员分工合作。一般分配原则是：中下游学生讲解、分析，优秀生点评、拓展。这个环节需要注意的是：首先，各组任务尽可能的均衡，每个小组分配任务的多少应根据题目的难易来确定，如果对题目有不同的做法，或能够根据此题目进行拓展或延伸，或能够进行变式训练，一般是两组一题，如果题目涉及的知识点较少，规律和方法较少则一组分一个题目。其次，明确完成任务所需的时间，有时间限制，学生就会有紧张感，行动起来会迅速一些，在课堂中经常采取评比、报道的方式，根据各组同学完成任务的快和慢，版面设计的美观情况对各小组进行排序，并加相应的 10 分、8 分、6 分、4 分、2 分、0 分等。

第四，展示提升（20 分钟）。通过分组合作对问题进行再交流，学生对本组的问题进一步理清了思路，加深了理解。展示的过程是，一般是从一组开始，到六组顺次展示，也可以从六组开始，对题目进行讲解、分析，其他同学进行点评，说出此题所运用到的知识点、解题关键点、易错点、总结的规律，或由此题进行知识拓展、变式训练等，学生也可以提出自己的疑问，其他同学或教师给予解答，等等。

在实际操作中，为了增强学生展示的积极性、主动及精彩性，教师们通常采取各种评比方式，比如小组内全员参与的加五分；有开场白、过渡语的根据精彩性加五至十分；能主动参与其他组的分析、点评的加十至二十分，能利用不同形式如顺口溜、小品、歌曲等加二十至三十分等等。最后，根据各小组的得分进行排序，教师及时进行点评、表扬或鼓励。

第五，穿插巩固（3 分钟）。学生展示完后，给学生几分钟的时间对自己组没有展示的题目进行疑难交流，重点是小组长对组员进行帮扶或检测。

第六，达标测评（5 分钟）。可以是学生谈收获，大致内容为“通过本节课，我学到了什么，还有什么问题，向其他同学请教”等，也可以是教师根据展示情况设置几个题目或问题进行单独抽测并及时反馈课堂效果。

（3）反馈课

新授课的反馈，一般当作下一节预习前的一个环节，教师抽取上一节课展示的重、难点题目，反馈偏科生及待转化生的掌握情况，也可选取与其相类似的题目，考查学生的迁移运用能力，目的是查缺补漏，促进提高，是促优补差的一种好方法，注意：相邻学生之间不完成相同的题目。各小组长上黑板上对自己组的扮演同学分板块进行指导，随时发现问题，解决问题，并在学生反馈完后，点评自己组员的扮演情况，教师对于出错多的共性问题进行点评、强调，并根据学生的实际情况或进一步训练、强化一节课，或进入下一节课的预习。

3. 评价

杜郎口中学教学特点和教学模式的形成具有它特定的环境和原因。由于历史的原因，学校教学环境差，教学设备落后。杜郎口中学的领导和教师能够正视问题，努力探索，根据自身现有的教学条件、教学环境、学生来源，认真思考，探索出一条适应在教学环境差，教学设备落后的条件下适合学生发展的路，从而使学校的教学质量和升学率有所提高，同时也开启了教育改革的新模式。但是，广大的教育工作者不能把学习杜郎口模式演化为简单的模仿，教学不是作秀，合适自己当地教育情况的教学方法不是只靠几天的学习就能形成、总结和推广。如果只是认为将教室的课桌椅摆放方式改变一下，或者模仿杜郎口中学的教学模式，上一两节公开课就是学习，那么只会邯郸学步，根本达不到教育最终的目的，广大的教育工作者要善于将先进的经验和当地的教育情况的实际情况相结合。杜郎口中学的教学经验，经过八年的艰苦实践，学生的升学率提高才使他们的教学得以肯定，升学率是检验的标准，各地的教学对象、教学设施与中学不同，教学的要求和检验的标准也不尽相同，我们在教学中更重要的是树立好学习目的，培养学生对社会、家人、同学的爱心和责任心，养成良好的学习习惯和生活习惯，使他们的思维能力、判断能力得到发展。如果教育工作者不正视我们具体的情况，盲目地去模仿，其结果是很难想象的。特别是小学教育中，由于心理发育的原因，小学生不具备较强的自学能力和自理能力，他们需要教师的正确引导。如果放手让小学生去大量预习教材中的重点、难点，他们是无法掌握的，因为教材中会出现许多他们不认识的字，所以，小学教师在教学中多启发，引导学生去发现问题，教会他们怎样去解决这些问题。所以，杜郎口教育模式的开展要根据各地的教育情况，结合当地实际，切实开展。

第二节　微课与常规课的比较

微课从本质上说还是一堂课，它具有课的基本属性。微课是模拟一对一的教学情景，区别于一对多的课堂教学。微课不但要避免黑板搬家，而且要解决传统教学很难解决的重点、难点问题。具有时间短、制作简单，容量小、易搜索、易传播的特点，适合学习者自主学习、探究学习。微课与常态课的不同在于：一是时间短（一般不超过 20 分钟），虽然不是学生参与的真正意义上的双边活动，但教师和学生仍会在这种真实的、具体的、典型案例化的教与学情景中传授知识，学会思考，学到方法，实现“隐性知识”“默会知识”等高阶思维能力的学习，并实现教学观念的迁移和提升。这样既可以提升教师的教学水平，又能丰富课堂内外的学习形式，提高学生的学习兴趣，提升学生的学业水平。二是微课讲的内容较少，它只是围绕某个主题讲授某一部分内容，不像正常的一堂课要讲授许多内容。三是微课在选题上力求精悍，并不是所有的内容都适合做微课，必须要找准选题。好的选题是微课成功的一半，因此，微课应在选题和设计上多下功夫。

通过对一些微课文献和微课资源的总结，微课和常规课的区别如下表：

表 3-1 微课与常规课程的区别

	微课	常规课程
授课内容	单个知识点	所有知识点
适用学科 / 内容	理科或不需要持续讲解探讨的内容	所有学科
授课方式	以教学视频、音频等信息技术媒体为载体，可根据需要反复观看课程视频	面对面讲授，课程无法重现
授课时长	10 分钟以内（部分微课的授课时长在 15-20 分钟内）	40 分钟
教学场地	任何场所进行	学校教室进行
设备支持	多媒体数码终端设备（计算机、智能手机、平板电脑）	计算机、投影仪、黑板、电子板报
知识点针对性	强	弱
对教师信息技术要求	较高	较低
网络环境要求	较高	较低

相比于常规课，微课对师生及校园基础设施建设提出了更高的要求。对学生而言，微课能促进学生自主学习与个性化学习，通过观看微课视频，对知识进行查漏补缺，自主选择性强，同时，微课还要求学生具有分析、收集和应用信息的能力。对教师而言，授课场所不局限于教室，教师通过录制微课视频，让学生随时随地进行学习，而这不仅需要教师具备学科知识与教学技能，还需教师提高信息技术水平并改进教学方法，在简短的时间内讲授知识点。对学科而言，并非所有学科都适合进行微课教学，大部分的理科知识点明确，只需要清楚讲授某个概念、公式、实验等即可，因此能够达到编制微课的要求；对于需要长时间持续探讨的课程或是对复杂解题过程的讲解，微课则不能达到较好的效果。

随着计算机网络技术、移动电子产品等迅猛发展，微课为远程教育、在线教学、移动学习等提供了新的教学形式，在校园基础设施建设上，要不断推进数字化校园建设，加强校园网络建设并引入先进的教育技术。

第四章 微课资源的现状与开发

第一节　微课资源的现状

微课发展到现在，以其简单化、实用化、多样化和智能化备受师生欢迎。可是，微课确实存在着一些问题。

我们的教师，有些是年轻富有激情的，可是却缺乏一定的教学经验，这可能会影响他们对知识内容的理解和讲解上的把握，致使授课内容华而不实。有些是经验丰富的，他们可能对知识的把握很到位，可是对于新生事物，总是接受得慢一些，运用起来并不是那么理想。还有一些既有经验又有技术，但是由于微课是新生事物，教师们缺乏一定的理论指导，还处于自我摸索阶段，这就给教学带来了一些问题。

就整个的微课教学资源来说，非常的零散，虽说有了一定的规模，但还未真正成型，没有形成一定的教学资源或平台，供教师们借鉴参考。

随着教育工作者对更加主动的学习环境的追求，越来越多的在线课程和面对面教学都在尝试着各种不同形式的变革。从这个意义上讲，微课程作为一种大胆而积极的尝试，的确具有较大的发展潜力，尤其是被在线教学以及面对面课堂教学作为课程教学的组件和资源来使用。因为这样的微课程让学生有了更大的自主权和拥有感，微课程的开放性及后续补充与开发的潜力也为教学应用带来了巨大的灵活性。

微课对传统教学模式的冲击究竟是好是坏，有待进一步地实践检验。因此，在国内基础教育领域进行相应的应用与探索，也许能更好地回答这个问题。

一、国外的研究现状

在国外，与微课相关的研究早已有之。以 Micro-course、Micro-lecture、Micro-lesson 等作为关键词进行搜索查找，在经过文献调研分析之后，我们能够发现，即使是同一种表述方式，比如同样是使用 Micro-lecture，在不同的时代其代表的含义也不尽相同，并且不同的国家对微课的研究取向也不完全相同。

1960 年，美国艾奥瓦大学附属学校首先提出了 Minicourse 的概念，有译者把它译成短期课程或课程单元。1998 年，新加坡教育部实施了 Micro-lessons 研究项目，主要目的就是培训教师如何构建微型课程，涉及的课程时长一般为半小时至一小时，教学目标比较集中，侧重资源、活动、学习情境的创设。项目主持人菲利普教授认为，微型课程是运用计算机通信技术（ICT）来达到特定目标的小教学材料。微型课程一般是一系列半独立性的专题或单元，持续时间比较短，一般只有 1 ~ 2 个学时，教学的组织规模也比较小。由此可见，微型课程（Micro-lesson）针对的是以信息技术为支撑的完整的教学活动，促进信息技术更好地整合于教与学，时间与规模都是微型的。国内所说的微课程则以微视频为核心教学资源开展教学，可以整合常规课程教学，也可以供学生自主学习与教师发展所用；微型课程基于现实的学校课堂教学，属于正式学习范畴，而微课程则适用于正式学习、非正式学习或兼而有之。

当然也有人认为微型课程（Micro-lecture）的雏形最早见于美国北艾奥瓦大学（University of Northern Iowa）LeRoy A. 麦格鲁教授所提出的60秒课程（60-Second Course）以及英国纳皮尔大学（Napier University）的学者肯提出的一分钟演讲（The One Minute Lecture，OML）。麦格鲁教授希望在非化学专业的学生以及民众中普及有机化学常识，然而现有的有机化学概论教材篇幅很长且需要花很多精力去学习。因此，麦格鲁教授提出60秒课程，以期在一些非正式场合，如舞会、搭乘电梯时，为大众普及化学常识。他将60秒课程设计成三部分：概念引入（General Introduction）、解释（Explanation and Interpretation）、结合生活列举例子（Specific Example-The Chemistry of Life），并认为其他领域的专家也可用类似的方式普及自己的专业。学者肯认为学生应当掌握核心概念（Key Points）以应对快速增长的学科知识与交叉学科的融合，因而提出让学生进行一分钟演讲，并要求演讲须做到精练，具备良好的逻辑结构且包含一定最好的例子。他还认为一分钟演讲在促进学生学习专业知识的同时还能使其掌握学习材料之间的关系，以免所学知识孤立、片面。

最早开展翻转课堂研究工作的是哈佛大学的物理教授埃里克·马祖尔，他在20世纪90年代创立了同伴教学（Peer Instruction）方式，追求同类人即学生之间的学习互助，让学生参与到教学中，成为积极的思考者。2000年，莫林拉赫、格伦·普拉特和迈克尔·特雷格拉发表论文《颠倒课堂：建立一个包容性学习环境的途径》，着重提出如何使用翻转教学激活差异化教学，以适应不同学生的学习风格。韦斯利·贝克在第11届大学教学国际会议上发表论文《课堂翻转：使用网络课程管理工具（让教师）成为身边的指导》，提出让教师“成为身边的指导”替代以前“讲台上的圣人”，成为大学课堂翻转运动的口号。2007年，杰·里米·斯特雷耶在博士论文《翻转课堂在学习环境中的效果：传统课堂和翻转课堂使用智能辅导系统开展学习活动的比较研究》中把自己设计的案例制作成视频分发给学生观看，课堂上再利用在线课程系统Blackboard的交互技术，组织学生参与到项目工作中（学生会控制正在观看的视频，以保持机敏接受新信息）。这些专家、教授们对于翻转课堂教学模式进行的理论研究和创新，为多所学校改革传统教学模式提供了宝贵理论依据，也为微课的产生做了深厚的理论铺垫和准备。

2004年7月，英国启动教师电视频道（www.teacher.tv），每个节目视频时长15分钟，频道开播后得到教师的普遍认可，资源的积累最多达到35万分钟的微课视频节目。2006 年，美国学者萨尔曼·可汗（Salman Khan）推出可汗学院（Khan Academy），其录制的微型课程视频在美国基础教育领域风靡一时。2007 年，美国化学教师乔纳森·伯格曼和萨姆斯在萨尔曼·可汗的基础上，提出“翻转课堂”教学模式。随着以可汗学院与 TED 为代表的国外在线微视频（时长 5 ~ 15 分钟）学习资源的出现与流行，慕课以及在翻转课堂等教学模式中使用微视频作为教学资源供学生自主学习，触发了教育工作者将微视频运用于课堂教学的可行性探索。微课最早的雏形出现在国外学者麦格鲁教授首次提出的 60 秒课程，其表现形式是向简短的课程中注入“鲜活”的元素，从而使简短的课程发挥传统课程的主要功能，同时又能展现与传统课程不同的“个性”。

2008 年秋，美国新墨西哥州圣胡安学院的高级教学设计师“一分钟教授”戴维·彭罗斯（David Penrose），首创了影响广泛的“一分钟的微视频”的“微课程”（Micro-lecture），其核心理念是要求教师把教学内容与教学目标紧密地联系起来，以产生一种“更加聚焦的学习体验”。由此可见，尽管国外与微课有关的名词有 Mini-course、Micro-lecture、Micro-lesson 等，但其对微课的研究取向并不完全相同。微课呈现的是以在线学习或移动学习为目的的教学内容，时长一般为 1 ~ 3 分钟，突出关键的概念主题和活动，引导学生利用网络，根据所提供的资源和活动，建构自己的知识。

据《高等教育记事报》介绍，微课程这个术语并不是指为微型教学而开发的微内容，而是运用建构主义方法形式化成的、以在线学习或移动学习为目的的实际教学内容。这些大约只有 60 秒长度的展示带有具体的结构，它们并不仅仅是简单的（一分钟长度）演示。戴维·彭罗斯建议采用以下五步来完成 1 分钟微课程的开发：第一，罗列在 60 分钟的课堂教学中你试图传递的核心概念，这一系列的核心概念将构成微课程的核心。第二，写出一个 15 ~ 30 分钟的介绍和总结，它们将为你的那些核心概念提供一个上下文背景。第三，用一个麦克风和网络摄像头录制这三个元素，如果你不能完成这个任务，你所在单位的信息技术部门可以为你提供建议和设备，如果你想制作成纯语音的课程，那么就不需要摄像头了。制作完成的节目长度必须是 60 秒到 3 分钟之间的。第四，在这个课程之后，设计一个任务，使这个任务能指导学生去阅读，或者开展探索这些核心概念的活动。如能与写作任务结合起来，那么，它可以帮助学生去学习课程材料的内容。第五，将视频和任务上传到你的课程管理系统中，以供课堂教学使用。

同时，戴维·彭罗斯还认为这将成为一种知识挖掘（Knowledge Excavation）的框架，微课程将提供一个知识挖掘的平台，并告诉学生如何根据学习所需搜索相应的资源；允许学生对自己的学习有更多的主动权，自主地挖掘所需的知识点，有针对性地开展学习；并且这种主题集中的微课程能够有效地节约学习时间。但是，这种教学模式并非适用于所有课程，如，在理解复杂概念方面的课程并不能取得较好效果。尽管如此，这种在短时间内提炼出核心概念的微课程形式，促使教师、学习者、研究者与利益相关者重新用一种新的思考方式开展教学。学者莫里斯认为，戴维·彭罗斯所提出的微课程概念以网络课程的形式存在，有可能为现实课堂的教学模式提供一种新思路。Open Education 也认为微课程将成为网络课程的重要组成部分。

英国教师电视网站（Teachers TV，TTV）是由英国教育部于 2004 年建设的，因为访问量过高，视频服务器无法承受，最终在 2011 年 4 月被迫关闭。网站拥有 3500 个精品微课视频，目的是帮助学龄儿童和中小学学生提高学习能力，在教师开发这些视频资源的同时促进他们的专业发展。这些微课内容涵盖了英国中小学和幼儿园的所有课程，每段视频长度一般在 20 分钟左右，而且视频的中间或开头、结尾部分通常会穿插教育研究者或管理者与教师的随机访谈视频，课堂实境教学内容在 10 分钟左右。英国各地课堂教学改革或学校教育管理改革的时讯专题节目（长度 10 ~ 15 分钟）也会定期通过该网站播放。

二、国内的研究现状与发展

进入 21 世纪的第二个十年，随着传媒技术的迅速发展，以“微”为标志的文化家族悄然诞生，迅速繁衍形成了许许多多的微群落——微信、微电影、微课等。近两年来微课作为刚刚兴起的在线教育形式，正在迅猛发展。微课内容碎片化和时间短的特点恰好满足了大众利用各种零碎时间进行学习的需求，实现了“人人皆学、处处皆学、时时皆学”的终身学习愿景。学生、家长和教师都能方便地通过终端设备（如手机、Ipad、笔记本、MP4 播放器等）在家里、校园里、公共汽车上、地铁上甚至动车和高铁上进行学习。尽管目前学校中微课应用不多，但它已经成为教育界最热门的话题之一。

在信息化教学环境下，逐渐出现了移动学习、混合学习、非正式学习、翻转课堂等众多新的学习模式和教学模式，这些模式都有一个共同点，即优质数字教育资源是其必不可少的一部分。目前，优质数字教育资源的开放性、共享性和多元性日益加强，资源形态有碎片化、微型化、主题化发展的趋势，特别是国内外“微时代”的到来，微课程、微视频相继产生，众多一线教师、专家等加入到优质数字教育资源的建设队伍之中。在国内，微课建设起步晚，一线教师对微课概念的界定、对微课内涵和特征的认知比较模糊，严重影响了高质量的微课作品建设。

在 2012 年的年度汉字评选中，“微”字脱颖而出。“微生活”无死角地充斥在我们周围：微博改变了阅读方式，微信提供了便捷的社交渠道，微小说、微电影丰富了原有的娱乐形式……信息化的加速发展推动了"微时代"的来临，这些对教育领域产生着深刻的影响。其中，微课以其独特的魅力吸引了教育界关注的目光。微课在国内有"微型课程""微讲座""微课程""微学习"等多种不同的说法，即使名称相同，其界定的范围、资源组织模式也不尽相同。在这样一个"百家争鸣"的阶段，对微课的认识也渐渐从最初的"一种新的资源构成方式"（微型资源构成）拓展到"一个简短的教与学活动过程"（微型教学活动），最后提升到"一种以微视频为主要表现方式的在线网络学习课程"（微型网络课程）。但无论如何，微课的精髓就在这个"微"上——形式上，它以10分钟左右的微视频为教学载体；内容上，它主要是针对某一知识点，包括教师在教学过程中所用到的各种教学资源（微教案、微课件、微练习等）。简而言之，本书认为，微课就是利用微短的教学视频来讲授单一知识点的一种特殊的授课形式，它正以其"短、小、精、活"的特点席卷全国，为广大教育研究人员所关注，而且广大的一线教师们还制作了许多精彩的微课视频。

20世纪80年代初，我国就有电教工作者总结出学校课堂教学应发展为内容集中单一、时间短，由教师随堂灵活运用的"插片"。1989年，万明高、朝桂荣在《电视教材利用率的追踪分析》一文中提出了一般教学片段应当发展为小片段（3 ~ 5分钟）在课堂教学中穿插播放的想法。20世纪90年代后，我国电教界已明确将"片段性内容"电视教材作为电教教材的一种类型。1991年，李运林在《电视教材编导与制作》一书中指出："片段性内容电视教材，可以没有尾，也可以没有解说，只是就某一课程内容的问题提供形象化的片段材料，教师使用这类教材时，需要边展示边讲解。这类片段教材，尽管只有一两分钟长，但往往是教学上非常珍贵的形象材料，对帮助教师提高教学质量很有好处，是一种值得提倡的电视教材。"2012年9月，在全国首届中小学信息技术教育应用展演会上，教育部副部长刘利民看到胡铁生老师的现场演示，当即指示，中小学要搞微课，高校也要搞微课。

我国最先提出微课概念的是佛山教育局教育信息中心的胡铁生老师，他在长期从事基础教育资源研究的基础上，由身边的"微"元素触动了灵感，从而紧接着开展了关于微课的一系列研究，使微课研究活动逐步学术化、专业化。胡老师于2010年首次提出微课（Micro-lecture）的概念，经历了资源建设、教学活动设计与微课程三大层次的跨越，并在佛山市中小学中组织了微课大赛。

2012年9月，教育部教育管理信息中心主办的第四届全国中小学"教学中的互联网应用"优秀教学案例评选活动暨第一届中国微课大赛（以下简称大赛），标志着国内研究者和一线教师对微课进行了探索、研究和实践。2013年，由华南师范大学和凤凰卫视合作的"凤凰微课"正式上线。首届全国高校微课大赛顺利举行，参与比赛的高校超过 1600 所，参赛选手 12000 多人。这些事件标志着一种新型学习资源——微课，正受到国内教育界的广泛关注。因此，有专家预测微课将成为近几年最有前景的教育技术之一。

（一）微课的研究现状

在“微课”一词诞生之前，国内常见的类似惯用表达有“教学视频案例”“视频课例”“课例片段”“微型视频”等。通过以上关键词进行搜索查找，得到的结果如下：

1. 对教学视频案例进行的研究主要集中在对理论的探讨与实践的研究，研究内容则是对其定义的思考，如《对教学视频案例定义的思考》。此外，还有实践研究，主要有以下三个方面。

（1）视频素材的设计与制作，如广东省电化教育馆的王彤论述了课堂教学视频案例的设计与制作，系统探讨了教学视频案例的研制；更有甚者，具体对教学视频案例中的视音频制作进行了探讨。

（2）教学视频案例系统的设计与应用研究，如李文昊等人（2009 年）在分析现有课堂视频案例以及应用方式的基础上，设计出一种教学活动本体模型并基于该模型实现了一种智能教学视频案例系统；上海华东师范大学的李英（2007 年）在其硕士论文中提出并设计出一种面向师范生的视频案例教学系统。另外，华东师大的周伟（2009 年）发表的优秀硕士毕业论文则是设计基于切片技术的视频课例分析系统。

（3）运用课堂教学视频案例开展教师校本研修，北京师范大学的黄晓兰等人（2010 年）认为，课堂教学视频案例作为整合文本案例研究与现场观摩的教师教育新工具，为教师提供了提升教学技能的机会，并探究了如何建构基于课堂教学视频案例的对外汉语教师培训模式。

2. 对视频课例的研究集中在期刊论文，其中比较有代表性的是上海市洋泾高级中学以叶丽芳为负责人的化学教研组教师发表的对视频课例的专题研究，连续发表 9 篇文章，分别是《依托视频课例诊断课堂教学》《以数字化视频课例分析推进校本研修》《应用视频课例把握课堂教学》《应用视频课例分析学习过程》《应用视频课例改进课堂教学》《应用视频课例观察课堂教学》《应用视频课例研究课堂教学》《运用视频案例提升课堂教学》以及《应用数字化视频课例进行化学课堂教学改进研究》，这些文章主要探讨应用视频课例改进课堂教学方法建立的操作性、时效性俱佳的范式。

3. 对课例片段的研究相对较少，主要是中小学一线教师探讨如何运用课例片段评课、营造课堂氛围以及进行探究式教学，如刘茜（2009 年）小学英语白板英语课例片段展示。

4. 对微型视频的研究，陶三明等人（2010 年）论述了基于 Web2.0 微型视频课程教学模式的构建，研究中明确提出微型视频课例各教学要素时间分配为 240 秒，为微型视频课例切片各教学要素时间分配提供了很好的借鉴意义。

5. 基于对以上文献的分析，可知目前对教学视频案例、视频课例的研究主要集中于中小学的教学应用。如 2006 年上海市浦东新区教育发展研究院整合了教师专业培训部、课程教学研究部以及信息技术推广部的研究人员，成立了视频案例项目开发研究小组。通过教学专家与信息技术人员的通力合作，开发了观课与评课的视频切片分析系统的平台。方红（2006 年）探讨了教学视频案例的常见应用，指出 5 个方面的应用：（1）教师个人基于网络平台的继续教育；（2）基于校本研修的教研组研究；（3）面向新教师的上岗培训材料；（4）师范学生毕业前见习、实习的观摩课的补充资源；（5）以光盘形式发送到农村地区学校作为教师研修的资源。2010 年 3 月，大连市开始发布中小学教学视频切片采集与应用实施方案，采集教学视频切片，同时将教学视频切片发布到相应网络平台上。

6. 此外，国内对视频课例的研究已有的专著有：（1）《课堂教学视频案例的研究与制作》（鲍建生等人，2005，上海教育出版社），该书从理论层面上阐述了课堂教学视频案例与教师职业相关研究，从操作层面上描述了教学视频案例的特征、优点、研究方法，最后选取课堂教学视频案例脚本，进行了全面的、全方位的分析与解读；（2）《课堂观察——走向专业的听评课》（崔允漷，2008，华东师大出版社），该书分别介绍了为何需要建立一种课堂观察的合作体、何为课堂观察的程序、教师如何利用课堂观察框架、进入现场观察要注意哪些问题等内容，为中小学一线教师如何更好地运用教学课例进行观察提供了很好的参考借鉴价值；（3）《教师专业发展可视化之路——中小学视频课例分析实践与思考》（陆蓉，2009，浙江大学出版社），该书全面而又系统地阐述了如何对视频案例进行分析，全书分为基础篇、提高篇、应用篇，深入浅出，既有理论介绍又有实践总结，成为教师培训、教育研究的重要参考资料。

7. 在上述视频课例的基础上，在教育培训领域还诞生了微课网（http://www.vko.cn/），该平台由北京微课创景教育科技有限公司于 2011 年 1 月创建，该公司以全景高清视频教学为手段，独创 20 分钟以内的浓缩版精品课程，采用国际领先的视频流媒体技术实现学生高清视频视听体验，倡导“高效学习、快乐分享”的学习理念，追求中国学生学习过程的个性化，致力于打造中国最大的中学生自主学习平台。

综上所述，微课的研究是国内较为新颖的一个研究课题，它的设计、开发与应用仍然需要在教学实践中不断地尝试与应用。

微课在短期内得到中小学教师的认同，并广泛应用于日常教学实践，有其特定的技术背景和时代背景。近年来，随着移动技术、视频压缩与传输技术、移动终端、网络带宽、网络速度、视频分享网站等技术的进步和应用的快速普及，以视频为信息传输媒体的微课常态化应用在技术上成为可能。同时，在提倡以“学生为中心”教育理念的时代背景下，与移动学习、泛在学习、碎片化学习、翻转课堂等融合互联网精神的学习理念思潮相结合，为微课的广泛传播提供了教育应用的土壤。可以说微课是信息技术发展与教育变革时代相结合的产物，也是技术与教学应用融合的高级阶段。尽管目前有比较多的学校开始批量建设微课，并应用到日常教学实践中，但对微课的概念界定、构成要素和应用模式都存在不同的认识，在一定程度上影响其作用的发挥。本书试图在文献研究的基础上，结合对微课教学实践应用的观察，剖析微课的概念、内涵及构成要素，并研究其在教学实践中的应用模式。

在我国的微课表现手法上，具体来讲是一种思维方式的大的转变，即突破了传统的“满堂灌”的特点，而只是将重难点、疑点、考点等穿插在微课里，由讲授教师精彩地演示、表达出来，同时借助摄像机现场录制出来。微课之前的发展主要是用于教师之间的研讨，为教师的专业发展提供基础依据，但其更大的推广作用不止于此，除了交流、研讨、借鉴之外，更能促进学生的发展。

在经典教学论的学术专著中，对“课”的定义是：“课是有时间限制的、有组织的教学过程的单位，其作用在于达到一个完整的然而又是局部性的教学目的。”微课的出现，在一定程度上来讲算是打破了传统的教学方式，实现了学生对不同学科知识点的个性化学习、按需选择学习，既可查缺补漏又能强化巩固知识，是传统课堂学习的一种重要补充和拓展，在逐步推广的过程当中，已经快速成为校园的时尚，受到师生的欢迎。

微课在我国目前的发展趋势总体是沿着重组并创新的路线来走的，并没有彻底摒弃传统的录制视频影像资料，而是借鉴并选取其中优质的资源进行重新组合，将以前的杰作升级为精简版的微课作品。同时还有创新，具体来说就是发挥学校教师的智慧才能，利用其掌握的信息技术进行微课作品原创，力求精益求精，在经过专家老师的评审之后将作品上传到互联网，提供在线观看、下载。

分析国内外微课发展研究现状可知，早在20世纪六七十年代，国内外许多教育工作者就开始把微视频作为辅助教师讲课的材料，可以说这是教育界微课应用和发展的雏形。当下，微课程、微视频虽然是一个研究的热点，但令人遗憾的是，国内外微课的研究方向和脉络基本一致，仍然停留在简单的局部应用层面，并没有把它上升到一定的理论高度，还不完全具备推广的条件和价值。具体地讲，主要表现在以下几个方面：首先，微课核心组成资源不统一，有的是教案式，有的是视频式；其次，微课课程结构较为松散；再次，微课应用领域有待扩充，主要用于学习及培训方面；最后，微课课程资源的自我生长、扩充性尚欠缺。因此，国内外对微课的研究尚未自成体系，缺乏一定的系统性。

目前，国内微课的主要形式有录频形式，PPT制作转化为视频格式，以及其他的一些实时录制的教学活动片断，资源的设计与开发处于探索阶段。黎加厚老师就各个学校所上交的微课程作品，提出了微课制作方面的15条建议：（1）注意教育的对象；（2）一个微课程只讲一个知识点；（3）时间控制在10分钟以内；（4）教学步骤完整性；（5）展示性信息；（6）微课设计的整体性；（7）恰当的提问；（8）结束总结；（9）用字幕做补充；（10）学习单指导微课的学习；（11）学习单将微课与学习内容联系起来；（12）清楚地告知学习方式、评价方式；（13）让学生了解主讲老师的信息，激起对老师的好感；（14）借鉴可汗学院的教学方法、理念、策略；（15）学习其他领域的设计经验。在微课的应用方面，他提出微课应用的“四步五环”：（1）课前四步：导学案的设计、教学视频的录制、学生的自主学习、个别辅导计划的制订；（2）课中五环：探究合作、释疑拓展、巩固练习、自主纠错、总结反思。

张一春老师对于微课的设计提出了5条策略：（1）精心的教学设计。要有较为完善的课程组织结构，并非从一段较长的视频课中截取一截。（2）特色的教学内容。内容最好精彩地呈现，突出该学科的特点。（3）丰富的多媒体技术。尽量借助多媒体技术，展示课程内容。（4）精致的拍摄制作技术。尽可能不要有口误、表达不清、拖泥带水的现象。（5）把握开场2分钟的重要性，视频开头要能吸引听众。国内面向技能型微课的比较典型的网站有几分钟网、优酷等，几分钟网是面向大众的微课资源，涉及生活（如何扎头发、如何做菜等）、摄影（摄影基本技能）、美术（简笔画、山水画等）等方便、实用的技能，能在很短的时间内呈现、讲解清楚。此外，还有类似于优酷等视频资源网站书法写作、照相摄影、山水画、乐器使用、健身体操等短小的用于技能呈现的微视频资源。当然，也有与信息技术技能课相关的微型资源，例如，一些面向大众的基础技能操作视频，这些视频大都是重在对于某一些软件的操作，短小，一般都在10分钟以内，缺点是这些技能型微型资源面向的是大众或成人，缺少对具体学习者的定位、分析。这些资源的使用也主要是学习者在线学习。技能型微课一般操作性要强，关注短时间内快速地帮助学习者掌握实际的操作技能，从而达到解决问题的目的。

（二）微课的建议和比赛

由于微课是由国外引入的，国外的建设相对较早，现已建设并应用了一批优质的微课视频资源库，如英国教师电视网站视频库（Teachers TV，TTV）、基于维基功能的视频资源库“观看知道学习”（Watch Know Learn）以及“英语中心”英语学习视频内容库（Watch Learn Speak）等。而我国，目前还处在起步阶段，各地相继举办微课制作以及相关的培训讲座，部分省市还举办了各种形式的微课大赛，以期通过这种形式，让教师了解微课、制作微课、使用微课，进而在教师群中推广微课。下面从微课建设现状及相关的微课比赛两方面来具体阐述微课在中小学中的应用现状。

1. 微课建设

在信息技术高度发展以及学习型社会快速构建的过程中，不管是教师、学校，还是各级政府、社会大众，对微课的关注度都在日益提升，从一开始的一知半解到逐渐大力推广，微课的建设及其应用正以中小学校为中心逐步向社会各界辐射。

（1）典型省市建设概况

广东省佛山市率先启动微课建设，截至2012年9月就已征集超过3000节优质微课，参与教师超过2000人，涵盖“小、初、高”各学科的重点和难点，点播数超过100万人次，深受师生欢迎。此外，还构建了佛山市中小学名师精品课例（优秀微课）平台，为广大教师提供微课拍摄及制作的相关服务和指导。胡铁生老师主持的研究课题“中小学‘微课’学习资源的设计、开发与应用研究”被列为全国教育信息技术研究“十二五”规划重点课题。

在由河北省继续教育中心组织，全国中小学教师继续教育网承办的“V大赛”活动中，平乡县实验中学辛贺华、庞西宏等12名教师申请的“微课在教学答疑中的应用与研究”被列为河北省教育科学研究“十二五”规划2013年度课题（“V大赛”倡导用短小的案例或片段展示教育教学研究成果）。

深圳市自2010年开始，在全市范围内开展优质课例视频资源的征集及在线展播活动，逐步搭建起了覆盖全市中小学各学段学科、与教材同步、成系列化的优质课例视频资源库，要求征集课例的30% ~ 50%为微课课例视频。深圳市龙岗区教师进修学校以“做中国最好的微课程在线平台”为目标，建设了微学习课程网以及微视频学习平台，为学员提供了丰富的微学习资源。

湖北省汉口市滑坡路小学2013年初率先在全市中小学中推出100余部“微课”，涉及语数等10余门学科，在学生中掀起“淘课热”，短短半年时间，访问量就超过上万人次。这些课由60余名教师精心制作，时长10分钟左右，不管是校内还是校外的学生皆可通过手机、平板电脑等免费观看。

上海市嘉定区实验小学的“小畅学礼仪”微课程于2013年9月中旬“上线”。实验小学以礼仪教育入手，发动学生、家长探索生活化、情景化的礼仪教育内容、形式，共同开发适合学生学习特点的“短、平、快”礼仪教育视频课程。所有的教育内容贴近学生的生活实际，所有课程的策划制作全由学生、家长共同完成。目前学校已开通微信公众平台，推送课程视频。

山东省高青县充分利用暑假教师总结、反思、充电、提升的有利时机，按照“汇集精彩瞬间，博采智慧火花，聚涓涓细流，铸教育辉煌”的思路，启动“微课型”超市构建实施工程，并通过高青教育网开通登录查阅检索系统，为全教师和教育工作者提供最直接、最现实、最可资借鉴的帮助，打造具有县域特色品牌标志的“微课型”超市。

2010年，天津市普通高中选修课程“空中课堂”项目实现了向小学拓展。其中《习字与书法》网络微课程时长在15分钟左右，符合学生学习心理，既适用于学生的个性化学习，又有利于基于班级授课模式下的集体学习和巩固练习。2010年秋季至2012年春季，天津市小学阶段《习字与书法》网络微课程成功录制、上线发布、推广应用，有效弥补了小学书法师资数量不足、质量不高的问题，取得了良好的社会效益，张宝君老师主持的《天津市小学“习字与书法”网络微课程资源的建设与应用研究》被列为全国教育信息技术研究“十二五”规划2012年度专项课题。

由内蒙古李玉平老师带领的微课程团队，经过对一线教学的深入思考和研究，发现教学问题、教研问题和管理问题，并提出研究策略和解决方法，他们将其过程用PPT软件制作成一系列微课程，对于信息时代背景下教师专业发展起到引导作用。

由上可见，目前微课发展还是处于边建设边研究的摸索阶段。虽然微课发端于广东省佛山市，但微课的建设并没有止步于佛山，而有遍地开花的趋势，各地都在积极地投入微课的建设中，并且取得了一定的成效。学生、教师、学校、家长，共同为微课的建设及推广贡献自己的一分力量。遗憾的是，这些已建成的或在建的微课仅停留在小范围的试用阶段，缺乏大面积的推广，其普及度还远远不够。

（2）网站及移动客户端建设情况

目前的微课网站大致包括三类：一是教育行政部门及学校搭建的资源聚合平台（与微课功能类似，但不是纯粹的微课网站）；二是微课比赛作品的提交展示平台；三是教育培训的机构或公司自主开发的网站平台。

国家基础教育资源网（http://www.cbern.gov.cn）是教育部主办的国家级基础教育资源中心，也是农村中小学现代远程教育工程资源服务平台，是专为我国广大中小学教师和学生提供丰富的教育教学资源信息和网络化学习的平台类门户网站，其中许多优秀的教学资源就是以微课这样短小视频的形式呈现的。它早在“九五”期间就开始建设，是国家教育资源公共服务平台（http://www.eduyun.cn/）的一个子平台，网站的建设汇聚了国内许多专家、学者的智慧和经验，经过不断发展，内容覆盖基础教育领域的各个学科，使用对象遍布全国。

中国微课网（http://www.cnweike.cn/）是中国微课大赛参赛作品的提交平台，它不只是展播平台，更是借鉴、学习、交流、创造的平台，平台资源库中包含了两万多例微课教学视频。该平台不仅仅展示了全国中小学教师的优秀微课案例，还包括有关微课的学术研究、教育资讯以及微课制作的交流等，网罗了有关微课的方方面面，可以说是微课入门的首选网站。

微课网（http：//www.vko.cn/）是2012年上线的一个新在线教育平台，主要面向中小学学生群体。它由北京某公司开发运营（营利性质），是中国首家“ESNS”网站（教育社交网络），将互联网的分享、互动融入中学教育中。在微课网，有众多北京名师参与的微缩精品课程，瞄准中考和高考，以期构建一个新的在线初中及高中学习体系。

相较于网站来说，在移动客户端方面，微课的应用相对较少，多是基于某个微课网站平台来开发移动客户端，如上面的中国微课网和微课网，各自推出了“全国微课程大赛移动客户端”及“微课拍拍”。客户端功能与网站平台功能大同小异，在原来的基础上方便了移动学习者的学习与交流，如“凤凰微课”。

2012年12月28日，华南师范大学与凤凰卫视联合发布“凤凰微课”移动学习客户端，将6000多个网络视频课程向海内外观众免费开放。客户端中包括的微课内容，从课堂扩展到社会工作、生活，涵盖基础教育、文化教育、家庭教育、医疗保健、商科法律、科普知识、生活艺术、中华文化、宗教信仰、自然科学、工程技术、哲学人文、农业科技、林业科技等领域，能够满足大众学习的各种需求，从而将微课普及到社会大众的各个阶层。

由网站及移动客户端建设状况来看，教育行政部门、学校等建设微课涵盖的面较广，中小学教育中任何一个知识点都可能被制作成微课来帮助学生学习，由于精力及经费等限制，微课的建设质量普遍不高，有些网站甚至无法正常观看微课视频；但是那些以营利为目的的企业或公司建设微课瞄准的多是小升初、中考或高考，目的性特别强，微课建设质量相对较高，然而学习的费用随之成为家长头疼的一个问题。

2.微课比赛及其标准

2010年11月，佛山市率先在全国开展了地市级中小学优秀微课资源征集评审大赛，首次提出了微课和微课程的概念，受到了众多媒体和专家学者的关注，形成了“佛山微课”现象。而佛山的微课热也引起了相关教育部门的重视，从2012年秋季开始，教育部面向全国中小学举行微课作品征集评选大赛，先后有15个省市的各级教师积极参与到比赛中。以下是全国中小学微课大赛（表4–1）的评价标准（截取部分）。评价标准可以在一定程度上体现出微课的质量及应用的效果，制定的标准越高，参赛制作的微课也就越好，应用到课程中也就越有效。

表 4-1　　全国中小学微课大赛标准

一级指标	二级指标	指标说明
教学效果（40 分）	形式新颖（10 分）	构思新颖，教学方法富有创意，不拘泥于传统的课堂教学模式，类型包括但不限于教授类、解题类、答疑类、实验类、其他类；录制方法与工具可以自由组合，如用手写板、电子白板、黑板、白纸、PPT、Pad、录屏软件、手机、DV 摄影机、数码相机等制作
	趣味性强（10 分）	教学过程深入浅出，形象生动，精彩有趣，启发引导性强，有利于提升学生学习的积极主动性
	目标达成（20 分）	完成设定的教学目标，有效解决实际教学问题，促进学生思维的提升、能力的提高
网络评价（15 分）	网上评审（15 分）	参赛作品发布后受到欢迎，点击率高、人气旺，用户评价好，作者能积极与用户互动；根据线上的点击量、投票数量、收藏数量、分享数量、讨论热度等综合评价

目前，主流微课概念是教师围绕某个知识点或教学环节开展的教学活动视频记录，而不是课堂实录视频切片。刘赣洪、何秋兰在《微课在中小学的适用性研究》一文中，通过对首届中国微课大赛获奖作品进行内容分析，对微课在中小学教学中的适用性得出以下结论：

（1）在学段方面，微课较适用于初中学段的教学，而小学、高中学段次之。

（2）在学科方面，微课较适用于数学课程的教学，而语文、英语、信息技术、物理、生物等课程次之。

（3）在课的类型方面，微课较适用于讲授新知识类型的课。

（4）在知识的最佳传递方式方面，讲授型微课较适用于中小学教学。

（5）在知识类型方面，微课更适用于中小学课程中事实知识及技能知识的讲解。

教育信息资源的根本目的和本质属性是为教育教学服务。然而，这些花费巨大、耗时费力建成的数量庞大、种类繁多的教学资源（库）在实际教学中的应用情况却并不乐观。校本研修、教师专业化成长等新课程所倡导的行动并没有因为资源库的建成而大有改观，许多学校还停留在观念认识层面而在实践操作中举步维艰。学生基于资源的自主协作探究性学习方式还远未普遍形成，相当多的学生甚至还不知道，也没有时间，更不愿意使用区域教育信息资源库。一线教师普遍感到真正适用、实用、好用的优质教学资源依然匮乏，以至于发出“我们每天都生活在信息的海洋中，却无时无刻不在忍受着知识缺乏的饥渴”的感叹。

第二节 微课的开发

微课相对视频公开课、精品资源共享课、网络课程来讲，视频长度短、注重细分知识点的完整性。如今，国内微课刚刚发展且人们对其存在着不同的认识，微课作品的表现形式多种多样。为了能更加深入地推广微课的开发技术，更好地体现微课的特征，掌握与微课相关的学习理论、传播理论、教学设计与开发流程就很有必要。了解优秀微课的特征，解决微课教学设计制作过程中的各类问题，对于开发高质量的微课具有很强的实际意义。

一、微课学习的理论基础

1.建构主义学习理论

建构主义的思想源于认知加工学说，以及维果斯基、皮亚杰和布鲁纳等人的思想。皮亚杰和布鲁纳的认知观点解释如何使客观的知识结构通过个体与之交互作用而内化为认知结构。它的内容很丰富，但其核心只用一句话就可以概况，那就是“以学生为中心，强调学生对知识的主动探索、主动发现和对所学知识意义的主动建构”。

建构主义学习理论认为：学生的学习过程是对知识的一个主动构建过程，而不是被动地接受，是在已有知识的基础上的“再生”或“再创”过程，学习者在对新知识进行建构的过程中，“情境”对学生的学习起到重要的作用。在日常学习过程中，学习者通过“同化”或“顺应”两种不同的方式，达到对新知识的意义建构。在传统的课堂教学中，教师主要是以讲授的方式进行教学，教师很难向学生提供丰富而且生动的，与生活紧密相连的情境，因此不利于学习者对新知识的学习，不能很好地完成知识的意义建构。微课所选择的学习内容，都是在现实生活和真实的情境中产生的，同时也有利于学习者能用所学到的知识解决生活中遇到的实际问题。

建构主义学习理论强调“以学习者为中心”的学习过程。在日常学习中，学生是认知主体，是有意义的主动建构者，学习的最终目的是使学生获得知识的意义建构。由于建构主义所要求的学习环境得到了当代最新信息技术成果的强有力支持，这就使建构主义理论日益与广大教师的教学实践普遍地结合起来，从而成为国内外学校深化教育改革的指导思想。微课的学习过程就是学习者通过网络方便地获取课程资源，自主学习所需课程，达到对知识的意义建构的过程。

2. 非正式学习理论

学习可以分为正式学习（Formal Learning）与非正式学习（Informal Learning）两种基本形式。正式学习主要是指在学校的学历教育和参加工作后的继续教育；“非正式学习”指在非正式学习时间和场所发生的，通过非教学性质的社会交往来传递和渗透知识，由学习者自我发起，自我调控、自我负责的学习。非正式学习无处不在，生活中随时随处都能发生，当它融入人们的生活且自然地发生时是很有意义的。

如果尝试在课堂上进行微课教学，则是一种正式学习；更多情况下，微课被视为一种学习资源，供非正式学习使用。

3. 细化理论

教学组织策略通常可以细分为宏策略和微策略两大类。其中，宏策略是从全局来考虑学科知识内容的整体性以及其中各个部分之间的相关性的。

细化理论（Elaboration Theory）属于宏策略，该理论属于认知主义学习理论。最早提出细化理论的是瑞奇鲁斯。其理论的基本内容可以概括为1个目标、2个过程、4个环节和7条策略。其中的2个过程是指“概要”设计和一系列细化等级设计，即首先选择一个初始“概要”，然后不断对其进行逐级加深式的细化。每一级细化的结果都是其下一级细化的“概要”。整个细化过程就是对初始概要不断完善和深化的过程。

二、微课开发的模式

微课的理论基础主要是基于问题的教学和情境认知理论，这些理论着重讨论了学生高层次思维能力的发展，而非侧重于学生对知识的机械式掌握。

微课开发主要包括以下四种不同的教学模式。

1. 基于问题的模式

基于问题式学习（PBL）是一种基于建构主义，以问题为基础、以学生为中心的教学方法。它将学生置身于一个映射真实情境的结构不良问题之中，以积极的问题解决者的身份解决问题，从而培养学生的批判性思维和问题解决能力，同时使学生掌握课程要求的基础知识和基本技能。在这种教学模式的作用和影响下，学生在学习中能够思维活跃，大胆质疑，积极提出问题，然后开始进行查询，一直持续到发现正确的方法为止，学生在解决复杂的问题过程中获得知识。问题解决后，学生还需要对自己的学习过程进行自我反思和评价，总结所获得的知识和思维技能。基于问题式学习模式的优点在于，对于学生而言，知识的形成与发展有一个直观的体验，同时也能较好地落实学生情感方面的体验；不足之处在于耗时太多，所学知识难以系统化。

基于问题的教学模式中，问题最好是在情境中提出，让学生感同身受。情境的种类包括描述性情境、真实情境、虚拟情境或现场情境等多种方式。在教学设计过程中，提出问题的同时应明确本次微课的教学目标。针对着提出的问题通常经过“是什么”“为什么”“怎么做”“如何用”等方式来进行解决，在解决的过程中要选择合适的方式来展现教学内容，要注重趣味性与知识性的相互融合。问题的讲解要逐层递进、注重引导，充分体现以学生为中心的原则，在微课的最后可提出几个课程问题，让学生思考，以检验学生的学习效果。

2. 基于案例的模式

案例教学模式起源于1908年建院的美国哈佛商学院，最初用于工商管理，是一种以学生为中心的、理论与实践相结合的互动式教学方式。它借助管理实践中的案例，将学生置身于特定的管理情境之中，给予恰当的引导，为学生提供一个广阔的思维空间和与“实战”极其相近的实习氛围，培养学生独立思考、独立分析和解决问题的能力，培养学生的团队意识，促进其相互交流与沟通，塑造健康的人格品质和正确的价值取向，让学生真正接近甚至融入真实的管理世界。大量的实践已证明，案例教学对于确保管理学课程教学质量和效果具有不可低估的作用。在学生获取解决问题的必要知识的前提下，教师给学生呈现良构领域的问题或者是某种情境，学生从探究现象开始进行生成性学习，通过特殊了解一般，从而加强学习的迁移效应。案例教学模式可能存在一些问题，如教师的实践和教学能力不足、学生的知识面窄、选择管理案例质量不高、案例教学时间比例把握不好、基础设施薄弱等，因此如何在课程设计中规避这些问题是很重要的。

基于案例的教学模式要以真实的案例为基础，分析案例的实现方式以及其中的知识点，各知识点间的讲解要注重层次性，并选择合适的表现形式，以激发学生的学习兴趣。

3. 基于情境学习的模式

情境教学模式是以案例或情境为载体引导学生自主探究性学习的，“情境认知”强调将知识视作工具，并试图通过实践中的活动和社会性互动促进学生学习。创设问题情境和制造悬念是以教师的活动为主的，其他几个程序都可以是教师、学生共同参与，情境教学是一种课堂交流活动型的教学方式。教师教学从创设情境开始，根据教学内容和要求，分析学生的知识准备和能力基础，教学过程和问题情境设计应该符合教材知识结构的特点和学生的认知水平，重视问题情境教学中的引导技巧。

4. 基于协作学习的模式

协作学习是指处于相互作用这一环境中的人或集体，其中一方一旦达到目标，同时也会助长他方达到目标，这种相互依存的助长关系，一般被称为“协作”（Cooperation），在学习中采用这一理念构建学习活动的形式，就是协作学习（Cooperative Learning）。建构主义（Constructivism）的学习理论是指在协作学习的过程中，个人学习的成功与他人学习的成功是密不可分的，学习者之间保持融洽的关系、相互合作的态度，共享信息和资源，共同担负学习责任，完成学习任务，它对于培养学生的创造能力、求异思维、探索发现精神、与学习伙伴的合作共处能力、自立自强和培养新世纪需要的创新型人才非常重要。

三、微课的开发流程设计

微课的开发流程包括微课选题、教学设计、课件的制作（搜索资料、文本图片、视频、音频、动画等资源）、拍摄（PPT的播放讲解、录屏软件的制作、视频的拍摄）、后期编辑（视频剪辑、特效制作、字幕添加）、视频输出等环节。

1.微课选题

微课的选题要切合实际，最好是教学重点、难点和关键点。为知识点取一个响亮的名字（最好是问题），就能很直观的表达出制作的微课想要讲解的内容。例如，近因原则是“汽车保险与理赔”课程的重点内容，其中近因原则的判断是难点内容，所以，可以将这个难点内容作为选题，为此，可以将这节微课命名为“汽车保险赔不赔？近因原则告诉你！”。

2.教学设计

设计包括确定教学目标与思路、确定教学目标与重难点、教学过程设计，当然，撰写脚本的开发路线不同，脚本撰写的方法也不同。

（1）教学设计思路

以“汽车保险赔不赔？近因原则告诉你！”为案例，其教学设计思路如下。

本课采用基于问题的教学模式，为激发学生的学习兴趣，通过视频案例，采用“提出问题”—“分析问题”—“解决问题”的教学思路，教学过程注重学生自主分析问题能力的培养。

首先，通过视频，引出问题，“暴雨”—“车被浸泡”—“启动发动机”—“汽车损坏”—“保险公司赔不赔？”。

其次，通过讲授，学习近因原则中重要知识点——近因的判断。掌握近因的判断方法，分四种情况介绍，每种情况都以一个案例进行解释，最后一种情况以“车被浸泡”（视频引入）为例，首尾呼应，引导学生运用近因原则进行分析，揭晓答案。

再次，通过典型案例，强化近因判断的应用效果，引导学生运用近因判断方法自己分析案例，实现学以致用。

（2）教学目标与重难点

微课的制作首先要了解本节微课设计的教学目标是什么，侧重于哪个知识点。在明确教学目标的同时，也要指出知识点中的教学重难点，教师要进行重点讲解，培养学生理解和应用的能力。

（3）教学过程设计

教学过程分为问题引入、概念学习、核心知识学习、概念界定、解决问题、新案例拓展、案例分析与解决、知识总结等。

问题导入的设计是为了激发学生学习知识点的兴趣，在一个微课视频中大概占用 40 秒 ~ 1 分钟，常用的教学方法是引导启发法。

概念学习是将该节微课中讲解的知识点的概念进行理解，根据知识点概念的不同，讲解的时间也不尽相同，通常为 2 ~ 3 分钟。

核心知识学习是指本节微课重点要讲授的知识点，当然，微课中的核心知识有可能是一个，也有可能是多个，所以，这也是微课设计的核心问题。核心知识学习常用的教学方法是案例演示法和归纳分析法。

知识总结是对本节微课所讲授的知识点进行总结，重点强调知识点的解决思路和方法。

（4）课件的制作

课件的制作主要分为课件模板的制作、Flash 动画的制作、PPT 动画的制作等。

开发课件之前，首先确定使用哪些素材，具体包括文字、图形、动画制作、视频等，是使用搜索引擎搜索（百度、谷歌、搜狗），还是自主开发。微课需要的动画制作，可以网络下载，也可以自己使用 Flash 或其他软件进行制作。

（5）视频录制

视频的录制方式主要包括以下三种方式。

第一，视频拍摄工具拍摄。

通过 DV、摄像机、智能手机、网络摄像头、数码相机等一切具有摄像功能的设备进行拍摄。当然，有条件的学校也可以采用专业的录播教室进行拍摄。通过这些设备对教师及讲解的内容教学过程进行全程的记录拍摄，这样真实的教学情境，能给人以亲切感。使用视频拍摄工具拍摄可以使情境真实，充分展示教师的教学水平与能力，但是，这也使微课的制作成本增加，有些拍摄工具还需系统学习，不利于大部分教师的使用。在视频拍摄完成后，视频后期编辑工作量大，这些缺点仍需克服。

第二，录屏软件录制。

在教师自己的计算机上安装录屏软件进行录制，如 Camtasia Studio 录屏软件，结合 PPT 与其他软件或者工具呈现教学过程。使用录屏软件成本低，只需下载安装即可，人人都可操作，但需要在 PPT 的制作和微资源的收集与制作上下功夫，才能制作出高质量的微课。

第三，混合式录制。

运用实拍式、录屏式合成等多种方式的整合，最终的视频既有拍摄，也有录屏，还有软件开发的各种资源等。也可以采用软件与硬件一体专业级录播或者演播系统。这种方式形式多元、教学主线清晰、信息量大、质量高，具有很好的交互性、学习性和观赏性，是高质量微课的首选方案。但制作时需要专业的设备与软件，需要专业人员进行拍摄与后期编辑，制作成本高，花费精力大，在脚本设计时需要更加细致。

（6）后期加工

最后进行视频的整合处理，软件主要用到 Flash、Photoshop、QQ 影音、美图秀秀、Gif Animator、电子杂志、会声会影、Camtasia Studio 等。专业级非编软件可以使用Premiere、vegas、Canopus Edius 等，也可以使用 After Effects 进行后期特效合成。

专业的后期加工包括以下三部分。

① 组接镜头，也就是平时所说的剪辑，具体来讲就是将电影或者电视里面单独的画面有逻辑、有构思、有意识、有创意和有规律地连贯在一起，形成镜头组接。一部好的微课是由许多镜头合乎逻辑地、有节奏地组接在一起的，从而阐释或叙述某件事情的发生和发展的技巧。当然，在电影和电视的组接过程当中还有很多专业的术语，如“电影蒙太奇手法”，动接动、静接静、声画统一画面组接的一般规律等。

② 特效的制作，如镜头的特殊转场效果、淡入淡出以及圈出圈入等，还包括动画以及 3D 特殊效果的使用。

③ 声音的出现和立体声的出现进入到视频以后，应该还考虑后期的声音制作问题，包括后来电影理论中出现的垂直蒙太奇等。

制作者可以进行简单的后期处理，具体包括组接镜头，转场处理、字幕添加等。

（7）视频输出

微课通过录播系统录制后，又使用视频编辑软件进行剪辑，最后通过 Camtasia Studio7 添加字幕。需要注意的是，第一，在录播系统的使用中，应注意教师在场景中出现的频率与时间的长短，区分微课与常规课堂。第二，在微课的 PPT 或者动画中，尽量保证是动态的，回避长时间静态帧的出现。

（8）微课开发团队的组建

微课开发的核心应当说是主持老师的创意，就是将知识进行数字化的重构。如果要构建系列微课，则需要进行系统化考虑，如何整合微课与相关的资源包，使用什么平台以及如何更新与动态管理。

开发团队主要包括三类人员：课程策划与教学团队、技术实现团队、界面设计团队。其中课程策划与教学团队主要包括主持教师、主讲教师、教学策划与设计者等，体现教学设计的心智模式，他们是微课的核心；技术开发团队包括媒体元素设计、编导、摄像、软件技术、影视编辑等，他们是实现设计的核心；界面设计团队包括 PPT 制作与美工，是微课视觉呈现美观规范的核心。

关于团队建设，还可以遵循以下经验。

① 团队的搭建是优质微课开发的保障，如果团队中有一个老师既能课程策划，又懂技术与界面设计最好，这样开发的微课更加系统，更能符合教学规律与教学应用的需要。

② 团队建设中课程策划与教学设计的老师是主体，其他团队是辅助。优秀的课程策划与教学设计是微课质量的保证。

③ 如果开发的是系列微课，在第一个微课的开发时要多研讨、多交流，使用头脑风暴，找到一种适合本门课程特点的可推广开发的微课制作途径。

④ 技术团队与美工要换位思考，深度融入项目中去，在理工科的微课开发中，要注重工作原理、工作过程类的视频、动画等微资源的开发。

⑤ 团队要具有协作和艰苦奋斗的精神。

四、微课开发的注意事项

1. 优秀微课的特征

一个优秀的微课通常具有以下三个特性。

（1）以更简捷创新的教学步调呈现完整的知识点

教学视频相对于传统的课堂教学可以支持更快的教学步调，因为老师无须过多顾虑学生的理解能力与接受能力，学生使用视频时可以回看，可以慢放，可以重复看。教师可以按照知识的展开情况安排教学步调，旨在完整地展示知识点，不需要反复强调。反复强调是传统面授教学的重要经验，因为老师的话语说过了，就消失了，学生可能没听进去，所以老师就需要一遍一遍地强调。有经验的老师在面授的时候可能会根据学生的表情、学生对提问的反馈来有意识地放慢或加快自己的教学步调，在微课制作中不存在这个问题，教师虽然可以按照自己的正常速度完整地呈现知识点，但是有经验的老师也会根据以往的教学经验，对于学生可能出现问题的地方给予语速、语调的变化以起到强调的作用。

（2）宜短不宜长

微课视频一般保持在 6 ~ 15 分钟为宜，尽量不要超过 20 分钟，宜短不宜长。

如果能够完整地交代清楚一个细分知识点，即使是只有2～3分钟也是可以的。视频太长，一方面会降低学习的便捷性；另一方面，学生的注意力是有限的，尤其学习者面对计算机时，缺乏与老师面对面的交流，没有被老师注意到的机会，会面临更多的干扰因素。在这样的情况下，内容完整，简短的视频更有效，给学习者的学习提供了更多弹性和可操控性，让学习者更容易安排好学习进程，也降低了他们进入学习状态的门槛。

（3）让学习者有“老师对我说”的感觉

曾经有一种观点，认为录制视频就是要把它作为一种很重要的、可以替代老师面授的教学资源。但实际上很多的远程教育课程和面授课程相比，更难把学习者吸引住，难以让学生围绕教师原先设计的学习进程一直走到底。

相反，一线教师自制的微课视频能够很方便地做到针对学习对象的定制，能更好地传达些情感方面的信息，让学习者更愿意围绕课程开展学习。例如，针对翻转课堂的应用模式，老师可以结合自己的面授经验，谈到这节微课是为了下个星期某次课堂讨论活动，或者上个星期的课堂活动做了什么内容，或者简单回顾学生在其他配套教学活动中的表现，在节假日的时候顺带给学生问候，等等。在微课制作中，最好不要重复使用以前旧的视频公开课，如果微课视频中老师开展的交流沟通仅仅是针对现场学生的，那对于远程学习者来说，观看这样的视频很难有代入感。

简言之，微课要以学生发展为本，学生是学习主体，教师是主导，这是微课在设计时值得注意的地方。

2.微课开发注意要点

微课最后是以视频的形式展现的，通常需要注意以下几方面的内容。

（1）声音清晰

从微课的主要元素（即教师与教学内容）来讲，优秀的微课在“教师声音的清晰度与感染力”“教师体态的语言丰富性、恰当性”“教育内容的清晰完整性”“整体教学效果”方面都较好。其中，教师的声音是否清晰且具有感染力，不仅与教师本身有关，也与录制的环境有关。在体态语言方面，教师不必过于拘谨，但也不要过于懒散。

（2）教学内容的呈现画面清晰

在教学内容的呈现方面，优秀的微课能够清晰地呈现教师所讲的教学内容，如PPT、动画、视频、教师的操作演示等。整体教学效果则是在前几个要素的基础上体现出来的。

此外，混合录制的方式比摄像机录制的整体效果要好，全部添加字幕比部分添加字幕，或者没有字幕的整体效果要好，字幕能够保证观看者在嘈杂的环境（公交车、地铁）里浏览视频，也可以补充微课程不容易说清楚的部分。

（3）片头设计简洁清晰

从视频的设计与录制的角度来讲，优秀的微课在“片头设计”“背景声音的纯净度”方面都较好。其中，片头具有“第一印象”的作用，优秀微课的片头大都较为简洁美观。背景声音效果较为嘈杂，如汽车、鸣笛声、教室的回音，会影响教学内容的传播质量，因此优秀的微课在背景音方面较为纯净。

（4）镜头组接的逻辑性好

镜头组接的逻辑性也是整个微课教学内容是否具有逻辑性的一个重要影响因素。比如，根据教师的教学流程，画面中应该出现的是教学内容，那么当前画面就应该展示相应的教学内容，而非停留在教师讲授的画面。

（5）混合式录制

在众多微课的形式中，混合式录制的视频质量相对较高，可以多次使用。

3. 微课教学设计需避免的问题

从教学设计的角度，针对微课选题、表现形式、教学逻辑、微课定位及教学表达等方面提出建议。

（1）命题不得当

微课选题是微课开发的第一步，是从总体上考虑微课“做什么”“为什么做”的问题。“做什么”就是要通过对教学内容和学习对象的分析，确定微课教学内容的侧重点；“为什么做”就是要考虑微课的应用模式，在此基础上确定微课的题目。

在微课命名方面，微课名字最好不要以课程名字作为微课的名字，如“法律基础”“思想道德”“体育”等。这些主题所包含的内容都太大，不可能在15分钟内全部讲述清楚，因此很容易导致标题与内容的偏离，造成题大而内容少的情况。

在内容选取上，不能在15 ~ 20分钟内谈及多个知识点，并且教学方法单调、平铺直叙、很难将众多的知识展示清楚，也很难保持学习者的学习兴趣与注意力。

另外，针对一些概念与理论性的陈述也不建议制作微课。这些概念本身并不虽能引起学生认知冲突的内容，也没有对概念之间的关系进行辨析，这样的教学内容与其做成微课，倒不如让学生看书、查文献，那样可能收获得更多。有些微课并非重点、难点或疑点，内容一般，没有必要制作成微课。

微课选题不仅要“小而精”，还要“微而全”。这里的“全”并不是指教师需要在单一的微课里把知识点的“前世今生”说得一清二楚，而是指微课的内容也要自成体系，教学过程完整，逻辑性强，符合学习认知的规律，不宜跳跃教学步骤，以免使学习者产生思维跳跃，影响对知识点的完整理解，也就是所谓的“麻雀虽小，五脏俱全”。

（2）表现形式单一

美国著名的视听教育家戴尔提出了“经验之塔”理论，如图 4-1 所示。

戴尔强调学习经验从直接经验向抽象经验过渡，其中也包括从观察的经验向抽象的经验过渡。在学校教师所做的微课中，有部分理论性的教学内容的表现形式主要采用了文字配以教师的讲解，而非采用一些相关的图片、视频、音频、动画或者对操作的演示来辅助教学。这些内容本身是较为枯燥的，如果能用多样化的媒体形式展现来加深学习者对其的理解，将有利于提升学生观看视频的兴趣与教学效果。教学内容表现形式是否恰当，也是微课成败的一个重要影响因素。尤其是在微课中如何使用多媒体元素十分重要。

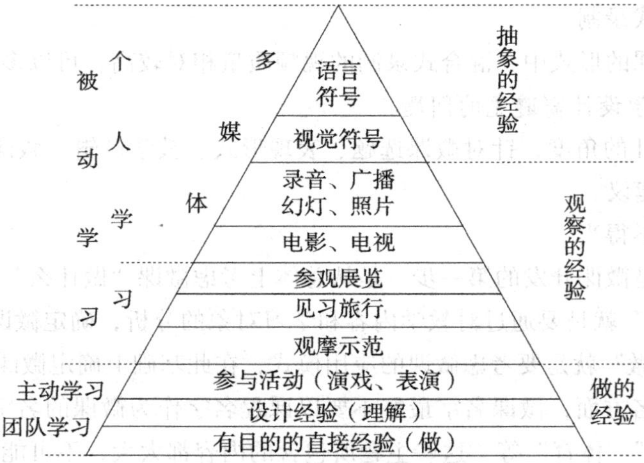

图 4-1 戴尔的经验之塔

（3）教学逻辑含糊

除了要丰富教学内容的表现形式以外，教学内容的逻辑性也非常重要。

微课在教学内容的组织与表达方面逻辑性差，导致学习者学习完毕不知其教学的主线是什么，主要想讲授、解决的重点是什么，媒体素材的组织与教学内容之间的关系是什么。例如，在讲解过程中，对于主要的内容没有在视频中清晰地呈现；讲到另一个知识点时，没有明确的语言说明与前一知识点的关系以及本知识点的主题，并配以相应的语调加以强调；在利用媒体素材来引入、补充说明教学内容、案例分析时，没有加入过渡性的话语，或者是对于这个视频的简单介绍，或者是解释在观看视频时的学习活动安排。最终给观者的感觉就是视频素材的简单罗列。

因此，建议老师在利用多媒体素材时，要先对素材进行一个简单地引入、说明，并对学生的学习活动进行指导；或者在一个视频演示完毕后，配以教师的讲解。在整个教学过程中，也要注意通过讲授的语音、语调、PPT 中重点内容的标注、字幕等方式突出所讲的内容的重点与主线。

（4）定位错误

微课作品不是面授，一般不需要有学生集体站起来向老师问好。还有的错将微课当作“说课”，展示并解说整堂课的教学阶段。

微课虽然时间较短，但是必要的教学环节还是不可或缺的。其中，微课的引入就非常重要，它是能否吸引学习者进行学习与思考的一个重要环节。一节微课的引入方式有很多种，通常采用动画引入、开门见山、游戏引入等。

（5）教学平铺直叙

教学策略是否运用恰当决定了一节微课的整体教学效果。实践证明，有效的教学策略能提升学生的学习兴趣，教学过程平铺直叙，课堂学习氛围沉闷，缺少案例，没有起伏与高潮，将难以吸引学生。

（6）教学表达欠佳

教学表达是教师利用口语和肢体语言将教学内容传达给学生的过程。教学表达内容是否准确，方式是否恰当，形式是否具有艺术性，直接影响到教学内容的传播。从以往经验来看，学校教师在教学表达方式方面主要存在以下问题。

① 口语表达

第一，表达的规范性。口语表达中，虽然大部分教师能意识到用普通话讲解，可是普通话的标准程度还有待提高。建议教师在录制微课时，争取讲比较标准的普通话，除非是作为剖析的案例，方言词汇并不适宜出现在微课中（当然用于校本或区域的微课除外）。其次要使用专业术语，力求做到简单明了，通俗易懂，尽量少使用古板、枯燥的书面语。

第二，语调的适合性。口语表达的语调是否合适也很关键。鉴于学校微课教学内容中理论话题较多，教师的讲授语调很容易偏向平淡，在重难点处也没有跌宕起伏。通过观察发现，教师讲课的语调还有几种现象。例如，部分男教师的讲授从头至尾铿锵有力，激情饱满，甚至有爆音的现象，让观看者感觉到有压迫感，紧张感；有的女教师讲课非常和蔼，像是对待幼儿园的小朋友一样，这对学生来说则显得并不合适；还有的老师在讲课时，语调过于丰富，像诗歌朗诵一般。

第三，表达的节奏性。语调不能一直很平缓，要有停顿，让学习者能分清讲授内容的主线与层次。

第四，形式的丰富性。在口语表达的形式中，不少教师以讲授为主，对于重复、提问、补充、悬念等技巧运用得不够多。

总而言之，教师在口语表达时，要清晰有力，发音标准，语调要根据教学环节和内容的不同有起伏变化，有节奏感，音量与语速适度，以确保观看者有足够的时间对教学内容进行理解和消化。表达形式多样，表达内容通俗易懂。如果有可能，教师的表达还应做到逻辑性与感染力并举，不拘谨，不做作，不夸张，不拖泥带水，用生动幽默的语言和精心安排的教学内容来吸引学生，把自己的人格魅力与说话艺术充分展现出来。

② 肢体语言表达

肢体语言的表达有面部表情、眼神、肢体动作等。学校教师由于没有经常录制课程的经历，镜头感较差。具体表现为：在教学时，很少看镜头，在镜头面前较为拘束，如从开始到结束，都是一个动作站在讲台后面。在讲授时，面部表情不自然，缺乏亲和力。也有的教师面对镜头时，依旧非常随意，如一只手插着裤兜，另一只手操作计算机，身体侧弯，或者在讲台上看着地面边踱步边讲解，这样有时会给学习者造成老师对教学不严谨、整体节奏慢的印象。建议教师在讲解时，注意看镜头，同时，不要过于拘束，面部表情要有亲和力。

总之，教学表达的效果直接影响到本节课的教学氛围，有的微课课堂死气沉沉，有的则非常散漫，有的整体像在表演一样。究其原因，与教师在讲授时口语表达与肢体语言的影响有关。

因此，教学表达对于微课的整体效果至关重要。

五、微课开发策略

1. 开发流程规范性策略

微课的开发是一个系统的工程，它不同于传统的一节公开课、示范课的视频拍摄和录像，也不同于一个多媒体课件的制作。一节完整微课的开发，包含着多个环节，既包括微课的设计与开发，同时也包含着微课的制作与应用，每一个过程都有其自身的规范化流程，只有把微课的设计、开发、应用等环节有机结合起来，才能开发出具有真正应用价值的微课。

2. 资源完整策略

教师对微课内容组成的核心要素的认识将直接影响到教师设计微课的理念以及开发微课的质量，因此，只有更加关注微课资源的完整性，形成统一的认识，才能提高微课资源的质量。

微课全称为微型视频教学课例，它是根据新课程标准和中小学教学实际，由一线教师创建共享的，以教学视频为主要载体，围绕学科知识点（重点、难点、疑点、考点）、例题习题、实验操作、班级活动等进行的教学过程及相关资源之有机结合体。微课的核心资源是教学视频片段（即微视频，一般是5～10分钟），同时还必须包含与该教学视频内容主题相对应的教学设计（微教案）、素材课件（微课件）、练习测试（微练习）、专家点评（微点评）、教学反思（微反思）、学生反馈（微反馈）等辅助性教与学内容，即微课组成具有"6+1"特性。

微课有别于传统单一的教学课例、教学课件、教学设计、教学反思等资源类型，是针对传统单一资源类型的局限性而发展起来的一种新型教学资源，它是在前者的基础上继承和发展起来的。单一的微教学视频不是完整的微课，在对教师专业发展的作用上，缺少相应配套资源的微课在应用过程中将会大打折扣。

3.由"单一"到"专题"的发展策略

微课发展到一定阶段，需要改变其建设思路和模式，要更加注意微课的单元整体设计，即从单个的微课设计与开发走向专题微课程的设计开发。专题微课程是基于一门学科课程的某个重要的专题（或某个单元、主题等）而设计开发的一种微型化的在线视频网络课程。微课程是指由基于某个专题的系列化、连续性、层次化的微课构成。某个专题的微课程一般由5～10节微课组成（具体学科、学习对象、专题内容等而定），这些微课可以向学生传授一个相对完整的知识专题或总结复习，非常适合学生的自主学习、意义建构及成绩提升。

教师不仅要掌握单个知识点微课的设计方法，更要掌握基于一个单元、一个专题、一个学科的微课设计方法和策略，因为只有系列化、连续性、层次化、体系化的专题微课程才能给学生提供完整有效的知识技能。当前重点要把微课资源的建设方向从"单一微课建设"转向"专题微课程的建设"。系列化、专题式、完整性的微课程开发是当前微课开发的重点领域。

4.以"用、研"促"建"的策略

微课资源开发的最终目的是其实际应用，因此在微课设计开发之初就应充分考虑到微课的应用。从传统的大单元的教学设计转向小颗度的微观设计过程中，亦涉及学习理论、制作技术以及关于设计评价的转换。

每一位参与微课资源开发建设的老师都应该思考并搞清楚以下几个问题：（1）为什么要开发微课？（2）所开发的微课与传统的网格视频课程有何不同？（3）开发微课的目的是什么？（4）所开发的微课资源的使用对象（学习者）是谁？（5）这些学习者有哪些特征？（6）达到何种学习目标？（7）适合何种学习方式？（8）开发哪种类型的微课？（9）采用哪种形式开发微课？（10）适合学习者什么时间学习？如在开设微课时，要清楚地告诉学生课程的学习方式、评价方式，这些都需要开发者提供必要的说明或引导。这些问题都理解了，按照这种思路开发出来的微课才可能是一节优秀的微课，其应用价值才会更大。

理论源于实践又高于实践，理论指导实践。通过微课课题的研究，可以从理论的高度和实践的层面两个维度引领微课的建设和可持续发展。2012 年，佛山市教育局申报了全国教育信息技术研究“十二五”规划重点课题“中小学微课学习资源的设计开发与应用研究”并获立项，该课题在全国范围内开展了子课题申报活动，目前全国各地包括高校、中小学、特殊教育、幼儿园在内共申报立项了20多项子课题，涵盖了微课的设计、开发与应用研究的各个方面，有力地推进了微课建设与应用的深入发展。

5. 微课教学设计的创新策略

微课发展至今，很有必要回到微课的原点，微课的原点是教学而非技术。微课制作的关键技术环节有两个，如课件的制作、微教学视频的拍摄或录制。如今，随着计算机技术和教师教育技术能力的普及，课件制作已经不是难点，而广受中小学一线教师喜爱的录屏软件在操作上也非常简单，而且功能强大，比如 Camtasia Studio 录屏软件不仅可以录制教师在电脑屏幕上所展现的教学过程、声音和图像，而且可以对录制后的视频文件进行多方面的编辑，传统使用复杂软件（如 Premier、PE）才能完成的视频编辑在这款免费的录屏软件里也可以完成，最关键的地方是它的使用简单。另外，随着智能手机的普及，常规的视频拍摄工具也进入寻常百姓家，这也为一线教师拍摄微课教学视频提供了帮助。

总体来说，制作微课的技术门槛已经不是很高了，现在急需关注的是微课的创新设计和教师在微课中展现的教学水平，这些才是微课最有价值的地方，也是微课最吸引学习者的地方。那么，怎样才能做出高品质的微课呢？具体可从以下几个方面考虑：（1）微课的教学过程中，在适当的位置应该设置暂停或者后续活动的提示，便于学生浏览微课程时转入相关的学习活动，让学生在学习单的统一调度下学习微课程；（2）微课讲解应该有恰当的提问、实时的质疑，问题的设计要恰当，最好是设计安排那些最基本的问题、最核心问题、最能引起学习者兴趣的问题，灵活使用多样化的提问策略来促进学习者的思考；（3）每一节微课讲解结束时都需要有一个简短的总结，这个总结主要是概括学习要点，帮助学习者梳理思路，强调重点、难点和考点；（4）平时要留心学习其他领域的设计经验和方法，注意借鉴、模仿与再创造，例如从电影、电视、广告等大众媒体中找到可以借鉴的创意；（5）微课设计要体现“任务驱动、问题导向、反馈互动”的原则，课程设计要创设情境、引入有趣、逐步推进、层次分明、适当总结。让学习者在最短的时间内学到最关键的知识，在这个方面可以重点借鉴可汗学院微课的教学方式、方法、理念和策略。

6. 开放性策略

微课资源的建设要采用多种方式、多种途径，要吸引不同角色的人群参与，而

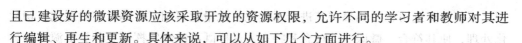

且已建设好的微课资源应该采取开放的资源权限，允许不同的学习者和教师对其进行编辑、再生和更新。具体来说，可以从如下几个方面进行。

（1）多种方式开发微课资源

可以采取“加工改造原有的课堂教学视频录像”“重新选择教学内容，采用摄像机、手机等工具重新拍摄”“使用录屏软件录制（如 Camtasia Studio）”“使用 PPT、Flash 等软件工具合成”“可汗学院的微课录制模式（配备手写板）”等多种途径开发微课资源。不同的方式有其不同的资源开发特色，在丰富微课资源的同时，也增加了微课特色和类型。

（2）采取征集评审式和专业拍摄式相结合的策略开发微课资源

征集评审式是指教育行政单位（如学校、教育局等）定期开展微课竞赛、活动等多种形式，从基层中小学教师中征集微课作品到微课资源库平台。这种方式的优势是征集的微课资源数量较多，涉及教师和学科的面较广，但存在制作质量不高、微课资源不成体系等问题。为了制作一批精品优质示范课，教育行政单位可以以项目的形式外包，聘请视频拍摄制作公司和教育教学专家，从全市范围内挑选各年级各学科的名教师、学科骨干教师到专业演播室拍摄，专业公司对教师微课的设计、资源准备、现场拍摄、后期加工、共享发布等环节进行专业指导和操作。为鼓励名师积极拍摄，教育行政单位可以为拍摄教师提供继续教育学时学分、免费赠送自己教学的精美 DVD 光盘，并对所拍摄的微课进行评比评奖，提高教师的积极性。

（3）开放微课的编辑权限

已经建设好的微课资源应该采取开放的资源权限，允许世界各地不同的学习者和教师对其进行编辑、再生和更新，当然为了不造成微课资源的混乱，每次编辑之后均需要管理者或者是资源的所有者去确认。百度百科采用的就是这种资源更新模式，效果良好。在教育领域，美国的 TED 课程就将视频、字幕、交互式问答系统融为一体，允许世界各地的教师与学生自由编辑视频，得到了学习者和资源建设者的一致认同。

7. 切片化处理策略

传统的课堂实录式的视频资源，不仅无法顺应互联网时代用户的“注意力模式”，难以满足一线教师和学生的实际需求，而且因为宽带和网速的原因，造成了教育资源建设与应用中的浪费。比如，教师在平时的课堂教学实践中，常常需要一些“短小精悍”的教学视频用于课堂教学过程中的环境创设、新课导入或德育情感教育等。以往的课程视频一般都是以课时 45 分钟甚至一个小时为单位的，这显然很不合适，教师经常需要先对它们进行再加工，然后才能使用。加工的过程，不仅增加了教师使用这些视频资源的难度，而且浪费了教师宝贵的时间。但是传统的精品课程、农远工程等课程资源都是名师、学科骨干教师参与录制，教学质量非常优秀，用之不便，弃之可惜，如果将其进行系统化、批量化再加工、编辑，微课化、切片化处理，使其符合“微课”的理念和特点，这样既可继续发挥原有各类资源库的教学价值，同时还可在短时间里形成一定规模数量的微课资源库。

8. 评审标准的引导策略

学习者最关注的是微课的质量和使用价值，只有建立并引导科学的微课评审指标体系，才能建设高质量的微课资源。

目前，微课的评价标准并没有统一，各种微课大赛中所使用的微课评审标准都是在以前的网络课程、多媒体课件的评审标准的基础上修改完善的。微课与传统的网络视频课程既有区别又有联系，从传统的网络课程的评价标准中吸收而来的微课评价标准是否成熟、科学、可行，是值得研究者去深入研究的。也只有发布了科学准确的微课评审标准方案，广大微课资源建设者才能有据可依，他们才能在设计开发微课时对选题依据、技术规范、资源结构和评审指标有全面的了解，做到有针对性、有目的性地开发微课。

六、特殊形式的微课开发流程

1. 可汗学院式微课开发流程

工具与软件：屏幕录像软件（如视频录像软件 Camtasia Studio、KK 录像机、超级捕快、QQ 视频录像机等）、手写板（数位板）、麦克风、画图工具（如 Windows 自带绘图工具）。

方法：通过手写板（数位板）、数位屏、画图工具对教学过程进行讲解演示，并使用屏幕录像软件录制，或者使用白纸书写，使用手机录制。开发流程如图 4-2 所示。

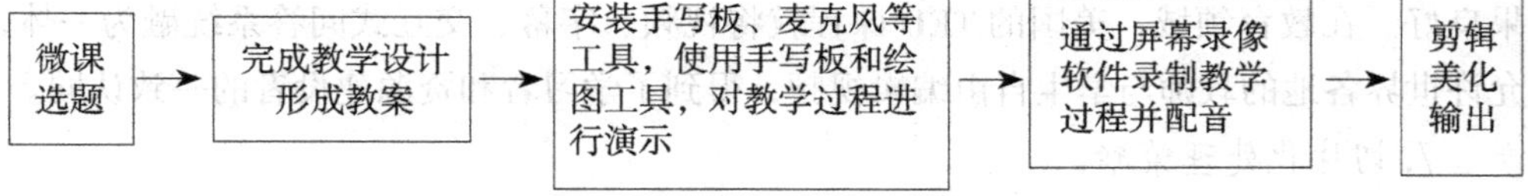

图 4-2 可汗学院式微课开发流程图

2. 录屏式微课开发流程

工具与软件：计算机、耳麦（附带话筒）、视频录像软件（Camtasia Studio、KK 录像机、屏幕录像专家、超级捕快、QQ 视频录像机等）、PPT、Prezi、其他专业软件。

方法：对 PPT 演示、Prezi 演示、其他软件的操作演示进行屏幕录制，辅以录音和字幕。

过程简述：制作录屏式微课首先需要进行选题，完成教学设计，然后根据教学的场景收集相应的文本、图片、音乐、视频等资源，最后制作 PPT 演示文稿或 Prezi 演示文稿。课件调试完成后可以进行计算机屏幕的录制。视频录制完成后可以添加字幕，视频测试后即可输出，开发过程如图 4-3 所示。

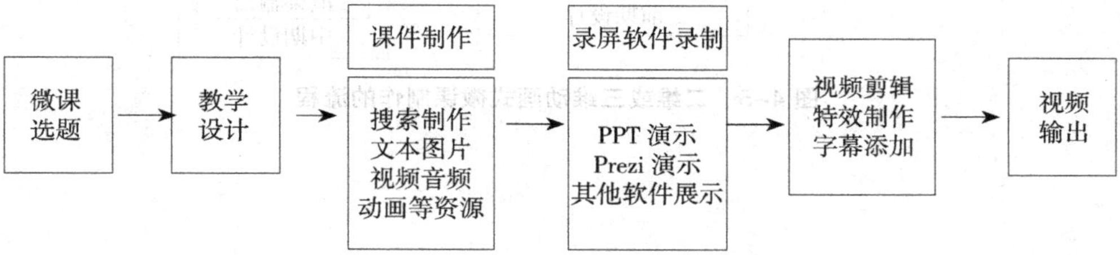

图 4-3 录屏式微课开发流程

3. 实拍式微课开发流程

软件：摄像机、黑板或电子白板、投影仪或一体机、会声会影或 Edius 视频编辑软件、其他教学演示工具。

方法：对教学过程摄像记录。

过程简述：首先，针对微课主题，进行详细的教学设计，形成教案；然后，利用黑板、电子白板、投影仪或者一体机展开教学过程，利用摄像机将整个过程拍摄下来；最后，对视频进行简单的后期制作，可以进行必要的编辑和美化，开发过程如图 4-4 所示。

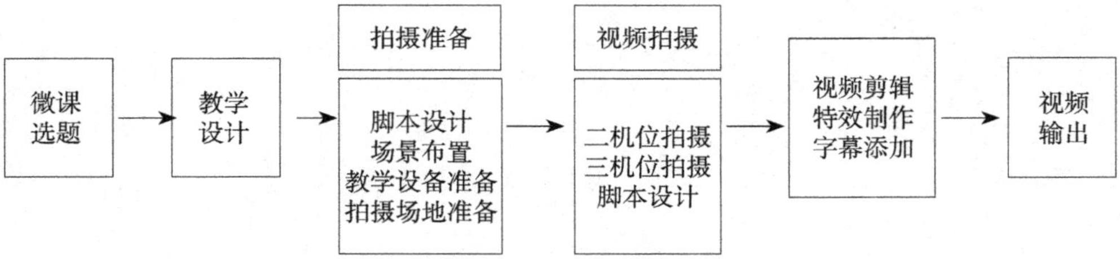

图 4-4 实拍式微课开发的基本流程

4. 二维或三维动画式微课开发流程

工具与软件：Flash、Maya 或者 3ds Max 软件。

方法：专业人员绘制。

具体开发过程如图 4-5 所示。

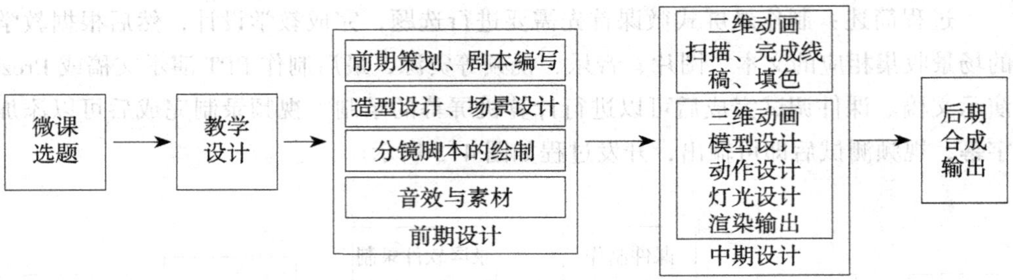

图 4-5　二维或三维动画式微课制作的流程

第五章 微课的制作

第一节 “可汗学院”模式微课的开发制作

一、可汗学院简介

可汗学院（Khan Academy）是由孟加拉裔美国人萨尔曼·可汗（Salman Khan）创立的一家教育性非营利组织，旨在向世界各地的网络学习者提供免费的高品质学习服务。可汗学院最大的特色和成功之处在于应用微视频和相应的一整套新型组织管理模式，利用由易到难的进阶方式将相应的“微视频课程”衔接起来，并设计和配置了相应的练习。

可汗学院的教学微课视频数量已超过3500部，主要包括数学、科学与经济学、计算机科学、人文学、医学、实验等，理科课程较为完整和系统，采用电子黑板和教师旁白讲授的方式，以例题讲解为主。

可汗学院不仅记录每个学生的学习历程，还对学习及测试情况进行数据统计，让学生知道自己存在的不足，及时调整学习计划。这也让教师清晰地看到学生存在的困难，便于教师帮助学生解决学习问题，并适当调整自己的教学内容。在学习测试结束时，网站还为学生制定了一套“成就”制度，它根据学生的学习情况，为其颁发“勋章”，以激发学生的学习兴趣，鼓励学生努力学习。

二、可汗学院的“教”与“学”

1. 可汗学院的“教”

可汗学院的“教”主要包括教育者、教学内容设计和教学指导三部分。

可汗学院的教育者可概括为两类人：一类是可汗学院的教学视频制作者，即以萨尔曼·可汗为首的可汗学院教师，他们的工作内容是依据团队智慧和现行知识体系，确定视频教学内容、教学方式和录制教学视频，并在交流板块回答学习者提出的问题；另一类是与可汗学院合作的各学校的教师，他们的任务是作为学习者的监督者、促进者和指导者，与学生进行交流沟通。

可汗学院的教学内容设计主要包括教学视频制作和设计练习两部分。教学指导是通过社区指导（Coach）和志愿服务（Volunteer）实现的。

2. 可汗学院的“学”

可汗学院的“学”主要包括“学习过程”和“教学指导”两个部分。在可汗学院的首页，学习者主要运用社区的两个功能：观看视频（Watch）和做练习

（Practice）。观看视频和做练习是可汗学院提供给学习者的核心功能，它们是学生群体参与学习的核心手段。视频主要是在一块电子黑板上对教学内容进行讲解，讲解时用彩色画笔在黑板上“板书”。教学指导部分可保存学习者自行设定的学习目标，并为学习者提供统计数据，例如，学习者各板块学习时长、练习测试正确率、参与学习活动活跃度以及总的学习进度。

三、可汗学院教学模式

可汗学院教学模式主要由教学设计者模块、教师模块和学生模块三部分组成。在这3个模块中，信息技术和学习活动（包括课堂学习、实践活动和户外学习等）是可汗学院学习环境创设的两个有力杠杆。信息技术的支持和学习活动的顺利开展保证了个性化协作式学习环境的构建与生成。

可汗学院的教学设计者模块、教师模块和学生模块三部分相辅相成。教学设计者保证了教学内容的科学合理以及学习者学习过程的流畅；教师起到学习监督者和指导者的重要作用；学生是整个学习过程的主体，教学设计者和教师的最终目标就是促进学习者知识的获得与能力的提升。同时，强大的信息技术与合理的学习活动保证了可汗学院内部与内部之间和内部与外部之间信息反馈的畅通。

四、可汗学院模式的制作

可汗学院模式就是使用“录屏录制软件 + 手写板 + 画图工具”等工具进行微课制作。具体来说，可汗学院微课制作有如下步骤。

1. 工具与软件：屏幕录像软件，如camtasia studio、snagit或cyberlink youcam等，手写板、麦克风、画图工具，如windows自带绘图工具。

2. 方法：通过手写板和画图工具对教学过程进行讲解演示，并使用屏幕录像软件录制。

3. 制作过程：第一步，针对微课主题，进行详细的教学设计，形成教案；第二步，安装手写板、麦克风等工具，使用手写板和绘图工具，对教学过程进行演示；第三步，通过屏幕录像软件录制教学过程并配音；第四步，可以进行必要的编辑和美化。

五、可汗学院评价

虽然可汗学院已经获得巨大成功，但可汗学院也具有其自身无法克服的局限性，其最大的局限性在于只能给学生提供“智育”，而在“德育”“体育”等重要方面几乎没有教育作用。所以，我们既要学习可汗学院的优点，也要看到可汗学院的不足，在实际教学改革中不应该完全照搬可汗学院的教学模式，而应将其作为改善传统课堂教学模式的方法与途径加以学习。学者认为，我国传统课堂教学需从教师的“教”、学生的“学”和教学信息反馈三方面吸取可汗学院的优点。

1. 对教师“教”的启示

可汗学院的视频教学让教师从一个站在讲台上讲完课就走人的角色转变为可以与学生互动的良师益友。另外，由于可汗学院采取循序渐进的教学方法，每一门课程都只有10分钟，所设置的内容都是单一的概念，所以教师可以更加精确地掌握学生到底在哪一个问题上出现了困难，就可以有针对性地对学生进行一对一的辅导，这样一来，教师与学生之间的距离自然会缩短，可以与学生进行更多的互动。我国各级各类教师，特别是中小学教师，应该重新定位教师的角色，努力从现在的知识传授者变为学习的引导者和辅助者，加强与学生的沟通与交流，充分了解学生的学习情况并给予及时的帮助。此外，教育研究者可重新考虑最适合的课堂时间，采用既有利于学生吸取知识最大化也有利于学生集中注意力的课堂时间。最后，教师应顺应时代的进步，利用科学技术的发展成果，将现有的各种教学资源运用到课堂之中。例如，目前美国的洛斯拉图斯学院已主动与可汗学院进行合作，将视频教学插入到五年级和七年级学生的课程设置中。在这里，教师能获得每一个学生对课程内容的掌握程度、学习时间等数据。

2. 对学生“学”的启示

传统教学中，学生是被动的受教育者。随着技术的发展，教育进入到一个新的时代，一个学生可以进行自我知识延伸的时代。在新的环境下，学生应充满活力、高度积极地参与到课堂教学中去。在技术支持下的协作学习环境中，学生需要根据学习内容反复地与同学、教师进行交互，以扩展和创造深度的知识；在一个构建深度知识的课堂中，学生应成为课堂的主角。

3. 对教学信息反馈的启示

所谓信息反馈，是指教师输出知识信息后，把学生的接收情况和反映回送给教师的这一过程。及时、准确的教学信息反馈对教师调整教学和学生优化学习有重要作用。在传统教学模式下，教师通常只是通过课堂观察、课堂提问、检查作业、课下座谈、课外家访五种途径了解学生的学习情况，而想获得及时且准确的教学反馈信息，单靠以上五种方法远远不够，教师可通过课前制定合理的反馈计划来调控课堂教学反馈信息。在看到可汗学院的优势和潜力的同时，广大教师也要清楚认识到其不足，意识到可汗学院和传统课堂教学是互补的，它并不能取代课堂教学，只是课堂教学很好的补充。我国教育应从可汗学院的教学模式中学习有利于改善传统教学模式的方法与途径，从而改善我国教学质量，高效培养优秀学生。

第二节　其他模式的开发制作

一、微课的开发制作过程

微课的制作过程是一个较为复杂的系统工程，制作之前一般要经过前期的可行性分析、分析知识单元、确定序列结构、设计教学内容、设计教学交互、脚本编写、视频开发与制作、微课实施设计、反馈与优化等几个基本环节。

（一）可行性分析

微课的可行性研究是对微课开发进行技术性、科学性和实用性的论证。其基本任务是通过调查研究，综合论证一节微课在教学上是否实用和可靠，在学生学习上是否有需求，在经济上是否合理（制作成本和利用率），在开发过程中是否有技术和人才的保证。主要考查点有以下几个方面。

1. 微课开发在课程中的必要性

微课开发者需要对课程有全面的掌控，包括微课开发的内容和可利用性。合理确定哪些知识点必须开发微课，哪些知识点不宜开发微课。应选择有代表性、普遍性及关键知识作为微课的开发对象。

2. 微课对学习者的作用

分析学生的思维和认知特点，回答为什么该知识点会成为学生学习的难点或重点，分析微课表现什么内容和采用什么形式能更适合学生的微学习方式。

3. 微课开发的人才和技术保证

微课主要格式有视频、动画和音频。对于视频制作，需要有视频拍摄和后期制作，涉及的软件有 Adobe Premicre 或会声会影，复杂的还可以使用 Autodesk Maya。动画分为三维动画和二维动画，涉及如 Autodesk 3DS Max，或 Macromedia Flash 等软件的使用。对于音频，需要音频制作和素材整合。因此，微课开发需要掌握一定的视音频制作技术的人才。

4. 微课的后期利用率预期

可行性研究还要考虑后期的利用率，要分析学生对该知识点的学习是否有较大的需求，明确需求量不大的知识点不适合制作微课。要考虑开发后微课是否具有较高的使用访问量，在课程教学中的地位是否举足轻重。要根据以往的教学经验给出预期的利用率，也可以通过网上问卷形式得出结论。

5. 微课开发的成本分析

微课开发的成本主要有脚本编写、视频拍摄、视频制作、3D 制作、字幕制作、配音配乐、服务器租用等。但是，微课一般不应使用高分辨率的视频格式，其目的是方便网络传输。所以，对计算机等硬件要求不高，主要还是软件技术的制作成本和人工费。

（二）分析知识单元

知识单元是每节微课向学生展示的知识内容，分析知识单元是微课程设计的首要任务。知识单元的设计要符合教学目标，所以分析知识单元分为两个过程：分析教学目标和建立知识单元。

1. 分析教学目标

微课程的教学目标有两个层级：一般性目标和一般性目标指导下的详细目标。一般目标分为三个维度：认知目标、情感目标、技能目标。这三个维度为指导性目标，用于指导微课程类型。微课程可以按照目标的不同维度，分为认知型微课程、情感型微课程、技能型微课程。

认知型微课程对应认知领域目标，该目标主要包括学科基本知识，是课堂教学的出发点和归宿。这类微课程是日常教学微课程的主要部分，以学科的陈述性知识习得为主题。认知型微课程目标的设计可以参考教材大纲，按照大纲的知识点的层次与结构来形成微课程目标的层次结构。

情感型微课程对应情感、态度和价值观的培养。虽然情感、态度和价值观的培养可以作为课程目标，但是并不能让教师像讲解知识要点一样将其“灌输”给学生。所以以此为目标的微课程应该采用更为灵活的方式，例如，可以将人的情感、态度、价值观的培养与和生活联系密切的学习活动相结合，让学生产生情感体验。该目标的微课程应坚持人本主义，让外在价值观念内化为个体价值观念，形成个性化价值体系。

技能型微课程对应操作技能的培养。在实际的教学过程中，虚拟实验演示，虚拟实验操作、实践活动等方式，都可以被设计入微课程，用来培养学生的动作技能。一般目标是指导性目标，在微课程目标体系确立时必不可少。详细目标是一般目标的子目标，用于具体一步步实现一般目标。由于微课程的每个知识单元粒度不大，目标也不宜复杂。每节微课程的目标应该少而精，以单一目标为主，不要超过两三个目标。

2. 建立知识单元

建立知识单元包括两方面的含义。其一是要梳理目标和知识单元的关系。知识单元的微小和单一的特点，决定了知识单元所能承载的目标不能太多、太复杂。其二，我们通过分析教学目标，将教学目标组织成知识单元目标，其中不仅要有知识单元体量、难度上的考虑，也要考虑到是否需要设置成独立的知识单元，是否需要补充额外的知识单元。如果微课程作为课堂教学的辅助性资源，则不必每个知识单元都设计成微课。如果当前微课作为开放的课程补充，则要按需求增加大纲以外的内容。由此可见，从课程目标到微课程知识单元的过渡，同样需要按需设计和筛选。

同时，设计知识单元也需要坚持一定的理念。教材中的单元（unit）之间有很强的逻辑性和连续性，单元之间层层推进。但微课程里的知识单元不同于教材的单元，具有体量小、相对独立、半结构化、开放性、生成性的特点。相对独立的特点使微课程中的每一节课都可以被单独拿来学习，用以深化或拓展学生某一方面的知识、能力或情感。半结构化可以让微课更加灵活地适应教学内容，类型丰富多样。开放性让微课作为相对独立的单元，可以通过适当的接口，与其他微课形成或纵向或横向的联系。生成性则让微课不断优化、更新或维护，以适应日新月异的新知识环境。

（三）确立序列结构

将知识单元分析出来后，需要组织成一定的序列结构。此处的结构化与微课程的半结构化所指不同，并不矛盾。微课程内部半结构化是指媒介微课程的结构不必拘泥，知识单元间的结构化能够更好地与教材知识体系相结合，让微课程更系统地为课程教学提供服务。同时确立序列结构时也要尽量保持完整性和灵活性相结合。完整性使得微课程具有完整的培养体系、照顾到大多数具有普通水平的学生，能够让普通学生通过连续学习，完成教学目标的要求。同时，灵活性也兼顾学生的个性化差异，在“完成微课程学习即达到相同水平”的前提下，让不同能力背景的学生可以有选择性、有主次地学习。

一般依托教材开发微课程，知识单元的序列化比较简单，在分析出知识单元后，按照教材目标体系即可确立知识单元的序列结构。序列化过程可以自上向下逐步细化，从抽象到具体形成学习目标树，目标树的最底层子叶为拥有具体目标的知识单元。

一些微课程整体或局部针对的教学内容并非教材内容，内容中各知识单元之间的关系复杂、凌乱或不清晰。当分析的各级教学目标不具有简单的分类学特征，或者其中的概念从属关系不太明确，也不属于某个操作过程或某个问题求解过程时，使用 ISM 解释结构模型分析法比较合适，包括以下几个操作步骤：抽取知识元素，确定教学子目标；确定各个子目标之间的直接关系，做出邻接矩阵；利用邻接矩阵求出教学目标形成关系图；利用关系图拆分成关系树；对关系树进行后续整理并取消重复项，以此来生成目标序列。求出的关系图即可以用来完成知识单元序列化。

（四）设计教学内容

设计教学内容主要包括课本内容设计、辅助内容设计，目的是形成微课程资源包。从教材分析中得到的知识单元内容，是单节微课的主题。教材内容的主要呈现方式是微视频，微视频依据不同的微课程类型，也会有一些不同的特点。微视频的设计主要有以下几个方面。

1. 主题设计

首先，微视频要依照知识单元的内容设计重难点。因为知识单元本身就是粒度比较小的知识点。一般情况下，一个知识单元只会包含一到两个重难点。其次，对于以知识掌握为主题的认知型微课程，微视频的重点就在于理解基本概念、基本原理，难点就在于对复杂概念和原理的掌握。以情感、态度和价值观培养为主题的情感型微课程，微视频应以学生情感体验为主，主题应该是与生活结合紧密的案例。通过对案例的展示和讲解，体现出教师对案例本身的情绪、态度、价值判断、理性思考，从而将价值观传达给学习者。技能型微课程的主题是展示技术动作、技术流程、操作标准、操作判断、应急处理等技能。例如，体操教学中的分动作讲解、实验课的操作流程和注意事项、防火防震技巧讲解等。

多数时候一节微课程不会只包含一种维度的培养目标，可能包含两种或三种维度，我们称之为混合型微课。这种微课的主题设计，首先要分清培养目标的主次，再次要依据主次，对微课进行灵活的混合式设计。

2. 过程设计

微视频是课堂教学的浓缩再现，其过程简洁而完整，整体时间约为10分钟，最长不宜超过15分钟。在这简短的时间内，要完成课题引入、内容讲解、总结收尾等过程，必须要求节奏适宜、不拖泥带水。

（1）快速引入课题。迅速地接入主题内容，给学习者搭建环境或脚手架，可以更好地开展课程学习。课程可以以开门见山的方式，或者以一个有趣故事、一道问题求解、一段悬念入手，让学习者迅速产生兴趣、了解本课程所授知识点的内容。微课的导引部分要求切入主题的方式力求新颖和引人注目。此部分时间不宜过长，半分钟到一分半钟之间即可。

（2）内容讲解主干清晰，立论简而精。引入部分之后便是内容讲解，依照知识单元的内容要求、课程培养目标、微课类型特点展开主题讲解。讲解时主线要明确，主干突出且逻辑严谨，学习者不产生新的疑问。去掉可有可无的举例、证明，案例尽量精且简，力求论据准确和有力。内容主干的讲解形式应该多样，依据课程知识点的特点，可以用问题启发式、案例讲解式、故事隐喻、正反对比等技巧。在短短几分钟的讲解中，吸引学生保持注意力。

（3）总结收尾快捷。总结作为内容讲解后迅速开展的一项重要工作，可以帮助学生梳理脉络、查缺补漏、加深记忆，也给学生一定的时间吸收新知识，与已有的知识经验相结合。好的总结往往一针见血、富有特色、简洁新颖，在课程中起到画龙点睛的功效。

（4）提供测试题和布置作业。总结后提供经典例题的讲解，抽象的理论需要实践经验的基础。这一部分，可以让学生在解决问题的过程中，将内容讲解和总结过程中不能完全消化的部分再次加工和认知。这部分是否存在、具体比重，可以根据实际情况而定。教师可以通过布置作业，让学生课下练习。利用云端一体化平台，师生的作业检查、讲解、答疑等过程均可以延续。

3. 教学语言设计

在微视频的拍摄过程中，由于节奏较快，教师往往不能很好地控制讲解时间。所以提前设计好解说词、讲解结构就尤其必要。教学语言力求精简、明确，富有感染力，最好多用手势、表情。对于重点和难点内容，将关键词提取出来，在实际讲解中要紧密联系关键词逐条展开。

在认知型微课程的教学中，教学语言要注重对关键词、关键原理的复述。依照认知心理学原理，短时记忆经过精细复述可以转化为比较牢靠的长时记忆。在情感型微课程的教学中，要注意用词恰当，将语言的情感与课程情感态度培养方向调整一致，用富有感染力的语言向学习者传达思想和价值观。在技能型微课程中，教师的操作动作与语言紧密结合，教学语言要客观明确，准确客观地描述每一个动作和步骤。

4. 辅助内容设计

微视频是微课程的核心资源，除此之外还应有辅助性内容资源支撑和完善课程。辅助内容从微视频的内容关系上可分为支持性内容、外延性内容、平行性内容。这些辅助性资源，可以以视频、图文、链接等方式给出。

支持性内容就是对课程内容本身的知识点进行逻辑支持、例证支持、基础理论支持、经典问题解决过程支持的支撑性材料。因为微视频时间较短，例证部分、例题讲解部分也力求精简，所以有些内容可以作为支持性内容存放在微课程资源包内。

外延性内容是与课程内容紧密相关的延展性知识。依照最近发展区理论和个性化学习理论，学生在完成课程内容主题学习以后，可以对自己感兴趣的知识进行广度和深度上的进一步探寻。这种探寻基于兴趣、情感等内驱力，效果极佳。同时，通过外延性内容提供的接口，微课可以以超过课程结构的方式与其他微课产生联结。这种联结不同于课程结构，是一种弱联结，但是能增加课程的自由性与活力。

平行性内容主要是与课程在逻辑深度上平行的知识点。这些知识点不存在于课本教材，也不是根植于本微课内容的知识拓展或实践拓展，而是保有更强的独立性和开放性。平行性内容可有可无，依需求而定。

（五）设计教学交互

基于云平台的微课程，可以依托平台一体化的优势构建便捷、强大的师生交互。

微课程建设的主题不应仅仅是资源建设，更应该将微课程的建设与平台建设相结合。

1. 学习专题设计

研究性学习是素质教育的一项重要内容，主要以学习专题的形式开展，培养学生创新意识和能力、学科间相互渗透的能力、合作的意识与能力。微课程的知识单元目标比较单一，在微课程实施过程中，可以以一节或几节微课程的主题为基础，提炼出一项研究性学习专题。微课平台提供了学习专题模块，该模块可以很好地承载学习专题的开展。

设计专题可以通过云平台通知模块发布专题任务通知，包括专题题目、专题目标、专题实施计划、学习小组分配、专题时间表、专题成果展示及验收评价等。专题题目基于一节微课程或几节围绕一个主题展开的微课程，具体表现形式为一个实际待解决的问题、一篇文献综述的要求、一次实验的设计等。

专题可以设计实施在教材某个章节前，作为章节学习的脚手架。这类专题体量应该小，应以章节知识入门为目标，达到引起学生学习兴趣、尽量消除学生不同学习基础和学习背景差异的效果。同时，教师也可以通过此类专题了解学生目前的知识储备水平和学习风格。此类专题可以设置为资料收集、文献综述、设计预案等。

专题可以设计实施在章节学习过程中，与学生学习的章节知识同步进行。这类专题追求学生学习成果的生成性，学生在教师的指导下逐步完成专题研究。这类专题多是基于实物成果的设计、报告撰写、调查取证、实验实施等。

专题可以设计实施在章节学习结束后，对学生学习成果进行检验和评测。这类专题可以作为教师对学生评测的依据和学生深入学习查缺补漏的手段。

2. 教学问答设计

微课程教学方式以学生为中心构建资源环境，突出学生主体性、培养学生自主学习能力。但是就目前微课程实施状况看来，微课程师生互动存在不足。微课程可以利用云平台的教学问答系统，增强师生之间的互动。同时，针对问答系统出现人气不旺、提问积极性不高的情况，师生都要有意识地加强问答系统的使用积极性，发挥问答系统的价值。

教师在微课程中使用问答系统辅助教学，需要注意以下几点。

（1）问题设计要结合教材，合目的、合教材的主题。

（2）注意趣味性提问，多用经典案例、典故。引人入胜的情境搭建往往事半功倍，贴近生活的问题往往更能引起共鸣。

（3）问题难度逐步深入，层层推进。教师应让问题诱导学生开放性思考，而不是简单地用对错回答。

（4）问题难度设置考虑学生平均水平，让问题能引起广泛讨论。过易和过难的问题要利用课堂或其他机会当面解决。

（5）及时反馈、及时调整、灵活回答学生问题。在问题讨论中，教师需要引导学生的话题中心不要跑题，问题是生成性的，可以随着讨论逐渐深入。答案也是生成性的，可以随着讨论逐步完善。

（6）评价客观公正，包容不同观点。教师对比较独特的观点进行评述、扬弃，对学生的观点进行点评也是一种隐性知识的传播。

（7）引入奖惩机制，好问题、好回答要及时给予奖励，将问答系统中学生的累计表现计入学业评价体系。这种做法，可以极大地调动学生的积极性和主动性。

3. 实践活动设计

微课程通常以微视频为核心，但其半结构化的特点，使单节微课也可以有其他的组织形式。例如，有些以实践为目标的课程单元，需要开展教学活动才能更好地达成目标。微课程可以采用两种策略，一种是实践演示法、虚拟实践法，通过微视频对标准实践步骤、实践现象、实践要点、实践细节、评价标准等进行讲解或示范，或通过虚拟软件及课件让学生在虚拟环境下实践操作，例如用 Flash 软件做虚拟化学实验。第二种是将微视频作为辅助资源，将活动方案作为当前微课的核心资源，微视频只作为活动范例展示活动要点。解释活动原理和合理性活动方案设计则要尽量精简，直指当前微课的目标。

（六）视频开发与制作

微视频开发制作方式灵活多样且技术入门门槛低，教师可以利用身边的工具进行微视频的制作。常见的微视频制作基本方式主要有利用电脑录屏软件录课、利用录像设备录课。

1. PPT+ 解说词 + 录课软件

第一步，准备课程 PPT 和解说词。PPT 为画面的主要呈现方式，为教师提供授课逻辑与音画展示。PPT 要求尽量简洁、美观，切忌华而不实。PPT 设计应合理，单页内容不宜过多。微课程讲解时间短，PPT 单页内容如果过多且切换频繁，容易使学生产生眼花缭乱的感觉，极大地增加学生单位时间的认知负荷。学生在读取较难或内容较多的 PPT 时，如果需要经常暂停视频，那么虽然微课程时间长度被限制在 10 分钟左右，学生实际花费时间更长，这背离了微课程的初衷。教师不能直接把课堂 PPT 拿来用，需要适当修改。解说词最好提前做设计，不一定逐字逐句地设计，但一定要列好提纲、把握好重难点和分配一下时长。

第二步，准备录课软件。电脑端录课软件常见的有 Camtasia Studio、屏幕录像大师、BB Flashback 等。这些软件功能强大，且操作简单，教师经过简单培训即可上手。录制视频的常见分辨率一般有 720×576、1024×768、1280×800，帧速率不超过

25FPS，录制颜色最好设置为 16 位（bit），保存格式为常见的 mpg、wmv、avi 等为宜。

第三步，后期剪辑。常见的剪辑软件有 premiere、edius、大洋等。后期剪辑目的主要是去掉录制时的错误内容、删掉重复内容及语病、修饰不清晰的音频、适当的特效包装技术等。微课程的剪辑区别于电影电视的节目剪辑，主要剪辑目标是清晰、完整地呈现教学内容。所以微视频在画面取舍上，不过分拘束于画面的连续与完美衔接，但要尽量保证授课过程流畅，不产生歧义。

2. 绘图板 + 电子白板软件 + 解说词 + 录课软件

该方案在录课软件和后期剪辑环节要求与方案基本一致，其特点是主要呈现工具为绘图板。绘图板结合电脑端的绘图软件或电子白板软件，教师可以实现手写教学板书的功能。常见的绘图软件或电子白板软件有 photoshop，painter，EduOffice 等，教师可以经过短期培训，快速掌握与课程相关的软件操作技巧。这种方案非常有利于推理证明过程、复杂关系的呈现，教师自由度高且类似于课堂黑板板书。一些图片、音频、视频、实物等教学元素，可以在录课过程中借助其他软件呈现，也可以放置到后期进行剪辑。

3. 纸笔 / 电子白板 / 液晶屏幕 / 抠像技术 + 摄像机

这种方案成本较高，制作周期也较长，适合在学校有计划、有目的微课程建设中开展。电子白板、交互式液晶屏有极强的交互特性，可以直接持笔书写，展示多媒体文件，是比较理想的展示平台，但是成本比较高。投影仪和液晶屏幕可以用来呈现 PPS、多媒体文件，成本相对低廉。也可以利用抠像技术，制作人员在绿背景或蓝背景下先前期采集，然后利用后期软件去掉背景色，添加动态背景、知识要点、音画资源。摄像机采用单机位即可，拍摄过程由专门的拍摄人员负责，教师可以不用理会具体参数细节。

4. 课堂实录 + 双机位

课堂实录一般有很强的即视感，师生互动比较多，容易让观看微视频的学生产生身临其境的体验。同时，真实课堂上教师细小的肢体语言和表情都被记录下来，现场录制可以让学生获得更多隐性信息。课堂实录的优势在于记录了师生互动，所以如果只有单机位的话很难操控，建议采用双机位录制，同步录制教师讲解和学生学习提问。同时这种微视频制作方式可以是录制现实的课堂环境，也可以是录制专门搭建的微课程环境。

5. 对已有视频资源后期剪辑改造

这种方案成本低，教师也可以快速掌握。早期的视频资源建设往往时间长，并没有按照微课程的设计思路来建设。但是早期的视频资源经过多年积累，已经具备相当的规模，通过重新设计、后期改造，可以快速修改成微视频，从而避免微课程重复建设造成的资源浪费。

微视频的制作方案多种多样，这里只是列举了几个比较有代表性的方案。在实际微视频录制过程中，微视频建设者可以综合考虑时间效率、经济可行性、技术可行性，采用多种方式灵活建设微课程。

（七）微课实施设计

1.与翻转课堂相结合

微课程在教学实施过程中多与翻转课堂结合。翻转课堂是将知识传授和知识内化两个过程发生的地点翻转过来，简单来说，就是学生在上课前对课程内容进行学习，教师在课堂正式上课时间帮助学生解决疑难问题。从认知负荷的角度来说，学生课前接受学习和训练，在翻转课堂教学模式的知识内化阶段，也就是在教师对学生进行第二次知识传递时，可以有效降低内在认知负荷，达到更好的学习绩效。翻转课堂的教学模式起源于2007年，由于教学效果很好，被迅速推广开来。高校实施翻转课堂教学模式时，主要会给学生提供以视频资源为主的学习资料。考虑到翻转课堂将课程内容学习放置在课下时间，学生不一定能够保持长时间的学习，所以教师将课下学习资源以微课程的方式创建，将非常有利于学生利用零碎的课余时间学习。另外，教师采用这种方式进行教学也会降低教学负担，因为微视频可以反复使用，只要平时做好维护和学生问答反馈就可以了。

2.与移动学习相结合

移动学习是指在数字化学习基础上通过有效结合移动计算技术，带给学习者随时随地学习的全新感受。移动学习被认为是一种未来的学习模式。当前网络技术的发展可以使网络具有更高的流量吞吐能力。越来越流行的智能平台，利用Web技术与app应用软件技术可以让移动终端具备强大的资源展示、交流互动的能力。以云平台为例，其不仅有海量的网盘空间可以扩展掌上设备的容量，还可以通过强大的多媒体在线浏览功能，集成常见的文本、图片、音视频格式的在线浏览。同时云平台也提供交互系统，可以提问和针对资源评价。所以将微课程的实施与移动学习相结合，极大地为学习者提供便利。微课程的轻体量、开放性等特点，也可以在移动学习中得以体现，促进学生逐步养成随时随地利用零碎时间学习的习惯。

（八）反馈与优化

微课程具有生成性的特点，就是表明微课的内容会随着时间的变化而不断更新、优化。教师在实施微课程教学时，不只是将微课程发布给学生，让学生自主学习就可以了，教师还要不断地对学生学习进行追踪和监测。教师可以通过日常观察、作业完成情况、测验成绩、问卷调查、访谈法等手段，搜集学生的反馈信息，从而确定微课程资源存在的问题和优化的方向。开发者在创建微课程之初和过程中就做好各种信息脚本的创建，将会非常有利于日后的修改和维护。可以说，前期投入时间和精力完善脚本，后期优化就会事半功倍。

二、录屏微课

（一）录屏的含义

录屏就是利用数字方式录制计算机屏幕输出，可以同时录下音频和旁白，也被称为屏幕录制、屏幕录像或视频屏幕捕获。

在计算机上录屏一般有两种方式，一种是在安装了录屏软件的计算机上进行录制；另一种是通过安装在计算机上的视频采集卡录制。

屏幕录制软件是一种用于实时捕获屏幕画面并创建演示过程的工具软件，广泛应用于常规的课堂教学、培训和网络远程教育等领域，尤其是在计算机软件操作使用的讲解中。屏幕录制除了录制计算机桌面操作以外，还能够录制计算机视窗环境中运行的视频内容，比如用播放器播放的视频、网络游戏等。使用屏幕录制软件，可将复杂的技能操作过程，通过教师的直接操作演示录制下来，直观地展示教学内容，减少了制作课件的工作量。

移动设备上的录屏一般是通过录屏 APP 进行录制的。利用屏幕录制的方法进行微课制作是比较常见且简便的方式。

（二）录屏型微课及其特点

录屏型微课就是采用屏幕录制的方法制作的微课，它对软硬件的要求非常简单，只需一部能够录音的计算机或者移动设备即可。教师根据需要选择相应的屏幕录像软件，制作时只要把准备好的教学内容在屏幕上进行演示，选择好录制的视频、音频格式，屏幕录像软件就会自动将教师的屏幕操作与讲解录制下来，整个过程操作简单，非常适合非计算机专业的教师使用。

录屏型微课具有如下几个特点。

1. 录制工具简单化。录屏型微课的制作工具非常简单，既不需要高清的摄像机，也不需要熟练的动画制作技术，只要有一台能够录音和安装录屏软件的计算机或移动设备即可。

2. 录制过程实时化。录屏型微课采用屏幕录制软件对教师的操作及窗口播放的视频进行记录，记录过程具有实时性。

3. 操作录制同步化。录屏型微课在录制教师操作过程的同时，还通过声音拾取设备记录教师的讲解过程，实现操作过程与讲解过程同步。

4. 后期编辑便捷化。录屏型微课在录制结束以后可以通过后期编辑软件进行修改和完善。后期编辑既可以使用屏幕录像软件自带的编辑功能，进行简单的修改和完善，也可以采用专门的后期编辑软件，进行更细微、精致的修改。

5. 适用类型多样化。录屏型微课在展现知识的过程及操作步骤上具有较大的优势，且对多种类型的教学内容均比较适用。尤其在内容讲解、习题演算、图片展示、操作演示等方面，非常方便有效。

（三）录屏的技术指标

1. 视频信号

（1）画面清晰。分辨率的设置直接影响录屏画面的质量，设置合适的屏幕分辨率十分重要，建议将屏幕分辨率设置为800像素×600像素、1024像素×768像素、1280像素×720像素（宽屏）。动态码流率一般不高于2500 kb/s，不低于800 kb/s。

（2）画面稳定。在录制过程中要保证图像同步稳定且连贯，无跳帧。可以通过调整录制频率来进行调整，录制频率越大画面越流畅，但文件所占容量也会增加。

（3）色调正常。进行屏幕录制时，要调整好录制设备的色调和明暗度，保证正常的色彩还原和画面亮度。

2. 音频技术

（1）声道。采用立体双声道的方式进行声音的收录，一般采用的声音采样位数为16或32，采样频率为44.1 kHz/s。

（2）动态范围。动态范围是指音响系统重放时最大不失真输出功率与静态时系统噪声输出功率之比的对数值，单位为分贝（dB）。

（3）信噪比。信噪比（Signal to Noise Ratio，SNR）常用分贝数表示，设备的信噪比越高表明其产生的杂音越少。一般来说，信噪比一般不应低于70 dB，所以要采用较好的拾音设备，在安静的环境中进行录制。

（四）录屏型微课的制作步骤

1. 硬件准备。一台普通配置的家用级别多媒体计算机即可。录制环境应安排在一个安静的录制空间内，以减少噪音干扰，并保证拾音设备能够正常使用。

2. 软件准备。Window7及以上操作系统、PowerPoint等教学演示软件、屏幕录制软件等，如果需要可以配手写板或手写笔。

3. 资料整合。教师根据微课的教学内容以及教学需要，收集并制作相关教学材料和媒体素材，进行教学材料的整合，形成教学演示课件或者授课方案。

4. 进行预演。为了保证录屏型微课的质量，在正式进行录屏型微课的制作之前，应该进行多次演练，以保证微课录制过程的流畅性，要做到语言表达流畅，鼠标操作准确。

5. 进行录制。采用屏幕录像软件或屏幕录像APP进行微课的录制。

6. 修改编辑。对录制好的微课进行后期编辑，可以采用屏幕录制软件自带的编辑功能，也可以使用专门的后期编辑软件。

7. 视频发布。根据需要，将制作完成的微课进行发布。

（五）录屏的设备及环境布置

1. 录屏设备的准备

（1）计算机或移动设备。计算机或移动设备配置不需要太高，但内存尽量大一些。如果制作量较大，建议硬盘存储空间要大些。

（2）拾音设备。一般建议用性能较好的高指向性话筒。如果是移动设备，最好使用外接话筒，这样可以获得较好的声音效果。

（3）软件系统。选择适合的软件系统进行录制，包括操作系统、录屏软件、演示文稿、PDF阅读器等。

（4）其他设备。可根据需要选择其他的硬件设备，如摄像头、手写笔等。

2. 录屏型微课制作的环境布置

进行录屏型微课的制作时，环境条件要求不高，在任何办公室、家里、演播厅等都可以实现录制。但要注意环境要安静，门窗要隔声，室外的声音不能传进来。录制时声音的混响不能太大，不宜在空旷的教室里录制。

（六）录屏型微课制作注意事项

1. 讲究教学方法。录屏型微课制作时切忌“黑板搬家”，把微课等同于常规教学，只是截取常规教学的一部分作为微课来处理。

2. 熟悉教学内容。录课前，一定要仔细观看微课课件，熟悉各部分教学内容的表达方式，必要时可在录课前简单记录讲课的大纲或讲稿。这样，课程录制过程会比较连贯，内容转换更加自然合理，语言也会更加精练准确。

3. 设置录音参数。录制前要对录音效果进行设置，保证声音的音量适宜，关闭不必要的提示声或警告声，确保无噪音干扰。

4. 注意讲解语音。在微课录制过程中，教师的语速要适中，声音要响亮，富有激情，语调要有起伏，以带动学生的情绪，激发学生的思考。

5. 准确使用鼠标。讲课时可以利用鼠标的拖、击，PPT的画笔等功能来配合解说，但切忌鼠标到处乱晃，影响学生的注意力与思考。

6. 把握演示节奏，画面不要频繁切换。在录屏型微课中，很多教师都会选择演示文稿作为内容展示的载体，这时就要注意，画面切换不可太频繁，要有一定的停顿时间。因此，教师在设计之初应注意对教学内容的把握，合理设计演示文稿的呈现内容。

7. 设置显示参数，注意录屏分辨率的设定。为保证视频能在MP4、PAD等便携电子设备上播放，应设置主流支持的分辨率为800像素 ×480像素，这样可实现录屏型微课在较多的设备上正常播放，方便学生使用。

（七）常用的录屏软件

1.Camtasia Studio

Camtasia Studio 是美国 TechSmith 公司出品的一款专业屏幕录制工具软件。它的功能简单而强大，能在任何颜色模式下轻松地记录屏幕动作，包括影像、音效、鼠标移动的轨迹、解说词等，并且可以对视频片段进行简单的后期剪辑。它的操作界面简单，容易上手，图像清晰，声音还原效果好，相应的缺点则是生成文件所占容量较大。Camtasia Studio 总共包括五大组件：Camtasia 录像器、Camtasia 菜单制作器、Camtasia 音频编辑器、Camtasia 剧场及 Camtasia 播放器。录制的影片格式可以是 MP4、AVI、GIF、RM、WMV、MOV、SWF、GIF 共 8 种文件格式。

2.屏幕录像专家

屏幕录像专家是一款专门的屏幕录像软件，其功能强大，操作简单，具有极强的实用性。使用屏幕录像专家可以轻松录制计算机屏幕以及 Flash 动画、WMV 动画、AVI 动画或自动播放的 EXE 动画。该软件在录像时可以进行多项设置，如设置录像范围（全屏或指定区域）、是否同时录制声音及鼠标轨迹、录音的播放质量、最佳动画帧数、播放时的各种参数等。它还支持多种压缩方式，可以实现录像文件的高度压缩，方便文件在网络上的在线播放。屏幕录像专家软件还具有长时间录像并保证声音完全同步的能力，是制作各种屏幕录像和软件教学动画的不错选择。

3.WebEx Recorder

WebEx Recorder（WebEx 录制器）也是一款优秀的录屏软件，是 WebEx 公司设计的一款小巧的录屏软件。此软件录制效率高，稳定性好，界面简洁，容易上手，可以录制全屏或指定窗口的内容，可以设定是否录制声音等，其生成的文件所占容量极小且较为清晰。录制完成后，可以使用其自带的 Editor 功能，进行后期的完善和编辑处理，可以删除多余部分、重新录制一部分进行替换、转换为 WMV 格式等。但用 Editor 打开文件和进行文件的格式转换时，耗时会比较长，并且转换为 WMV 格式后文件所占的容量会增大，质量也会有所下降。

4.Screen2Exe

Screen2Exe 是一款具有独到压缩算法的屏幕录制软件，其生成的文件为不需播放器即可观看的 EXE 可执行文件。软件使用独创的压缩算法，可以获得最小的文件体积，方便传输和保存，生成的演示影片拥有接近无损的画质。Screen2Exe 使用简便，占用资源极低，录制过程流畅，但是后期编辑功能较弱。

除了以上介绍的几款屏幕录像软件之外，市面上流行的还有 Adobe Captivate、Wink 等软件，但都存在文件所占容量过大、文件格式不够丰富、资源占用高等缺陷。表 5-1 对这些屏幕录像软件进行了简单的比较。

表 5-1 屏幕录像软件的比较

软件名称	软件类型	输出文件大小	资源占用	后期编辑
Camtasia Studio	企业级软件	适中	较高	强大
屏幕录像专家	企业级软件	适中	一般	较弱
WebEx Recorder	企业软件中的小工具	非常小	较低	较弱
Screen2Exe	免费	非常小	低	较弱

三、动效微课

（一）PPT 微课

1.PPT 工作界面

PPT（PowerPoint）是大家较为熟知的应用软件，除了图文展示外，还可以通过录屏软件将演示文稿录制下来，编辑成视频，作为微课使用。

PPT 的工作界面由标题栏、菜单栏、快速访问工具栏、功能区、幻灯片—大纲窗格、编辑区、备注窗格、状态栏等部分构成。

（1）标题栏。位于 PPT 工作界面的顶部，用于显示演示文稿名称和程序名称，右侧的三个按钮分别用于对窗口执行最小化、最大化和关闭操作。

（2）菜单栏。包括文件、开始、插入、设计、切换、动画、幻灯片放映、审阅、视图 9 个功能选项卡，各选项卡中集成了各项相关命令，选择某个功能选项卡能够切换到相应的功能区。其中，文件选项卡用于 PPT 程序的新建、打开、保存和退出等操作。

（3）快速访问工具栏。该工具栏为用户提供了几种最常用功能，如保存、撤销、恢复等。单击各按钮可执行相应的操作。用户如需在该工具栏中添加其他按钮，可单击其后的倒三角按钮，再在弹出的菜单中选择所需的命令即可。

（4）功能区。包含菜单栏各选项卡对应的自适应窗口大小的工具栏，不同的工具栏中具有与此相关的命令按钮或列表框。

（5）幻灯片—大纲窗格。该窗格以幻灯片和大纲两种形式显示演示文稿的幻灯片数量、位置和结构。通过幻灯片窗格可以看到整个演示文稿中的幻灯片编号及缩略图，通过大纲窗格可以看到整个演示文稿中各张幻灯片的文本内容。两个窗格可以随时相互切换。

（6）编辑区。该区域是 PPT 制作演示文稿的操作平台，在此可以显示和编辑幻灯片，包括文字内容输入、图片插入和动画效果设置等，是 PPT 工作界面的核心区域。

（7）备注窗格。该窗格位于 PPT 编辑区的正下方，用户在此可以添加说明和注释，以方便幻灯片制作者或演讲者查阅该幻灯片的相关信息。

（8）状态栏。该栏位于 PPT 工作界面最下方，在此显示演示文稿中当前幻灯片的页码、幻灯片总页数、幻灯片采用的模板类型、视图切换按钮以及页面显示比例等。

2. PPT 微课制作步骤

（1）启动 PPT。PPT 的启动与一般程序软件类似，通过双击图标等方式即可启动。

（2）新建幻灯片。启动 PPT 后，系统会自动新建一个空白演示文稿。除此之外，用户还可通过命令或快捷菜单创建空白演示文稿或模板式的演示文稿。

（3）选择模板和主题。根据需要可以设置主题样式或选择模板来快速统一演示文稿的外观。

（4）应用版式。应用版式可以对幻灯片内的文字、图片等进行更加合理、简洁的布局。

（5）编辑。制作和编辑 PPT。

（6）生成视频。PPT 动效型微课在形式上有别于录屏式微课最关键的一点即是否将 PPT 保存为播放模式，2003 版本以下是扩展名为 pps 的放映文件，2003 版本以上是扩展名为 wmv 的视频文件。单击菜单“文件”→“另存为”，在“保存类型”下拉列表中选择“Windows Media 视频（.wmv）”或“PowerPoint 97–2003 放映（.pps）”即可。

3. PPT 微课的原则

（1）条理性。在 PPT 微课中，为了充分体现教学内容的逻辑关系，最好在 PPT 微课中设置清晰的目录导航，并将不同幻灯片之间的层次关系用标题、项目符号、序号或者缩进等方式表示出来。

（2）简洁性。在 PPT 微课中，每张幻灯片上的内容要精简，做到言简意赅。一般应做到文字大小在 24 号及以上，行间距大于或等于 1.5 倍。

（3）一致性。PPT 课件的风格应统一，即界面的结构要一致、清晰，不同界面中表示相同性质的内容应使用同样的图标，并尽量保持形态、位置、大小等一致。

（4）动态性。PPT 微课中涉及大量的动画效果，动态的视觉感受对表达某些教学内容、吸引学生注意力等有重要作用。因此，在 PPT 微课设计过程中应做到动静结合。

（5）多媒体性。PPT 微课中可以包含文字、声音、图形、图像、艺术字、视频、动画等，这些丰富的表达形式可以对教学产生有效的学习刺激，帮助学生理解知识。

（6）结构性。PPT 微课中涉及的每一个小的教学模块应该是相互联系的，但关系符合一定逻辑，并不混乱，即在制作 PPT 微课前应考虑好其结构和模块的划分，保证制作的 PPT 微课符合结构化的课件设计。

4. 制作 PPT 微课

PPT 可以图文声并茂、形象直观地呈现教学内容，易于学生接受。因此，对 PPT 中文字、图片、声音等元素必须精心设计与编辑。

（1）PPT 的模板

PPT 的模板决定了 PPT 的基本形式和外观，也会直接影响美观和效果。

① 模板。PPT 软件中虽然提供了较多的预设模板，但有时还需要自己设计模板，方法是：

打开编辑窗口。单击“视图”菜单，选择“幻灯片母版”命令，出现母版的编辑窗口。

设置母版主题。单击“主题”按钮，从中选择母版的主题样式。

设置母版背景。选择“背景”选项，设置背景的颜色、字体、背景样式和效果。

设置幻灯片大小。单击“幻灯片大小”按钮，可以选择标准（4 ∶ 3）或者宽屏（16 ∶ 9），也可以自定义幻灯片大小。

② 版式。制作 PPT 时，如果需要在每一张幻灯片上有规律地输入一些文字或插入一些图片，可以使用幻灯片版式来简化重复工作。

选择版式类型。打开 PPT，新建一张幻灯片，选中后右键选择“版式”，在弹出的窗口中选择合适的版式样式。

自定义设置版式。选中新建的幻灯片右键，选择“自定义设计方案”，然后对版式做相应的修改和设置。

应用版式效果。设置好版式效果后，单击“全部应用”按钮，再添加一张新的幻灯片，即可将该版式应用于该幻灯片。

保存版式设置。选“文件”菜单下的“另存为”命令，选择“工具”→“保存选项”，弹出“PowerPoint 选项”窗口，单击“版式”，单击“确认”按钮即可。

③ 背景图。背景图一般选择稍暗、柔和、单一色调的图片，文字颜色要能够从背景中突出出来。如果背景图选用饱和度或亮度较高的图片，则容易引起视觉疲劳。一般来说，白底衬黑、红、蓝字等，黑底衬白、黄、浅蓝字等。通常，理工类的 PPT 多体现科学、智慧、理性，故多采用蓝色、黑色、青色等冷色调的背景图；人文类的 PPT 多体现想象、浪漫、感性，宜多采用粉色、橘黄色、紫红色等暖色调背景图。

（2）PPT 文字

文字是 PPT 最基本、最重要的元素之一，在设计制作时要特别注意，PPT 文字编辑与处理最核心的要求是精简有效，具体表现如下。

① 字体的选用。不同字体给人不一样的视觉效果。微软 PPT 软件中配备了几

十种基本字体，经常用到的大约只有十几种。常用字体有宋体、楷体、黑体、仿宋、幼圆、行楷、隶书、姚体、华文新魏、微软雅黑、Arial、Verdana、Times New Roman 等。中文字体中，宋体比较严谨，显示清晰，适合正文；黑体比较端庄严肃，醒目突出，适合标题或强调区；隶书和楷体艺术性较强，但投影效果差，所以要慎用。英文字体 Arial，端庄大方，间距合适，放大后没有毛边现象，宜用作文件标题和正文标题；Times New Roman 中规中矩、四平八稳，适合于段落文本，方便阅读；Comic Sans MS 轻快活泼，有手写的感觉，适合制作类似签名、黑板手书的效果。

② 字号的选用。正文字号一般控制在 28 ± 4；需要重点强调的字或句，可重点突出；如果同页出现大小不同的字，反差应控制在 ± 20。

③ 行距的调整。PPT 默认行间距是单倍行距，可以根据文字多少和大小将其设置成 1.2 ~ 2.0 倍行距，这样看起来比较清爽，不会给人以密密麻麻的感觉。

④ 字体的安装。有时需要用到一些特殊字体，以增加 PPT 的表现效果，这时就需要在计算机中安装这些特殊字体。具体方法：先从网上下载特殊字体安装包，然后解压，把扩展名为 .ttf 的文件复制到 C：\Windows\Fonts 目录下，重启 PPT 软件即可看到所需字体已出现在字体下拉列表中。

⑤ 字体的嵌入。当使用一些特殊字体时，其他的计算机或许并没有这些字体，这时，PPT 放到其他计算机播放就可能出现排版混乱的状况。为避免这种情况的发生，可以在保存 PPT 时将所用字体嵌入。具体方法：单击菜单“文件”→“另存为”，出现“另存为”对话框，单击“工具”→“保存选项”，出现保存选项框，勾选“将字体嵌入文件”，再单击“确定”按钮即可。

（3）PPT 的图像

PPT 微课中的图片制作也非常重要。图片一般包括图形与图像两类，在处理时要注意以下四个方面。

① 图形。图形即矢量图，一般是计算机绘制的直线、圆、矩形、曲线、图表等。其具有任意放大、缩小不失真的特点。在 PPT 微课中可以使用一些图形来表示工程图、美术字等。

② 图像。图像即位图，是由像素点阵构成的。它的色彩和所显示的细节相比更为丰富，但将位图进行缩放容易失真。一般可进行加边框、阴影来修饰，或者添加一些小饰物（如小按钮、图标等）。PPT 中的图像可根据需要进行放大、缩小、旋转等处理，也可以利用椭圆、五角星或不规则的形状来裁剪图像。

③ 结构图。结构图介于文字和图片之间，兼具文字的抽象性与图形的具体性，是信息和观点的视觉表示形式，比如思维导图、概念图等。善于使用结构图不仅能够有效简化 PPT 中的文字数量，而且能够将文字之间的相互关系用图形方式呈现出

来，使观看者或学习者一目了然，并在头脑中留下鲜明的印象。

④ 点缀图。PPT 中的点缀图分为说明式和美化式。说明式点缀图是指图片能够对内容起到一定的辅助说明作用，如在讲解化学仪器的 PPT 中插入试管、烧杯等的图片；美化式点缀图是指对内容不起说明作用，但能美化整张 PPT 的图片，如在文字段落呈倒三角的 PPT 左下角或右下角插入一张图片，使整张 PPT 看起来不至于头重脚轻。使用点缀图要保证画面统一，千万不能喧宾夺主。同时，可以通过更改图片形状、透明度，为图片添加边框或为图片赋予立体效果等方式使点缀图与内容或构图更自然、和谐。

（4）PPT 的对象

在 PPT 制作时可以根据需要插入各种多媒体元素，比如图片、声音和视频等。

① 图片的插入。利用 PPT 软件中的“插入”按钮，选择“图片”图标，即可插入图片。插入的图片可以对其进行个性化的设置，如加边框、阴影、发光等效果，设置图片版式等。

② 插入声音的处理。在菜单栏中选择“插入”，单击“音频”图标，选择“PC 上的音频”，选择准备好的声音文件，设置声音播放的时间，调整声音按钮的位置、大小即可。

③ 插入视频的处理。在菜单栏中选择“插入”，单击“视频”，选择“PC 上的视频”，点选视频文件，选择视频播放的时间。此外，在“格式”菜单中，可以设置视频的边框、效果、颜色以及样式等参数。

④ 插入 Flash 动画。用 PowerPoint 2013 打开演示文稿，然后单击“文件”按钮，在弹出的菜单中选择“选项”。选择“自定义功能区”项，然后在窗口右侧勾选“开发工具”，并单击“确定”按钮。返回到 PowerPoint 中，选中需要插入 Flash 文件的那张 PPT，然后切换到“开发工具”选项卡，单击“控件”组中的“其他控件”按钮。在弹出的“其他控件”对话框中选择“Shockwave Flash Object”控件，然后单击“确定”按钮。返回文稿，此时光标变成了十字状态，按下鼠标并拖动，画出 Flash 文件的播放位置。选中这个控件，右击，在弹出的快捷菜单中选择“属性表”选项。选择 Movie 项，在右侧将它的值修改为 Flash 文件的名称。然后，选择 Playing 项，单击右侧的下拉按钮，将它的值改为 True，使得 Flash 文件可以自动播放。

⑤ 插入控件。单击菜单栏中的“开发工具”，选择“控件”，单击想要插入的控件类型即可插入相应控件。单击“属性”，弹出控件属性对话框，可以设置控件的相关参数。

⑥ 插入解说。解说即旁白。首先提前录制好声音文件，单击菜单中的“切换”，选择“声音”→“其他声音”，选中已经录制好的声音文件，单击“打开”按钮即可。

PPT 微课可以加背景音乐或旁白。背景音乐是一种用于调节气氛的音乐，能够增强情感的表达。利用 PPT 制作的微课一般不需要背景音乐，如果确实需要，一定要选择合适的音乐，否则会分散学习者的注意力。旁白一般作为教学内容的讲解。旁白要使用普通话，语速适中，要配合 PPT 的播放速度，不要超前或延后。

5. 设计 PPT 动效

PPT 微课可以根据需要设置动画效果，以增加表现力。PPT 的动画效果包括对象的动画和幻灯片切换两种。

（1）PPT 的动效设置

幻灯片中的各种对象，如文本、图片、形状、表格等，都可添加进入、强调、退出、动作路径四大类型的效果，每种类型又分为"基本型""细微型""温和型""华丽型"四种。

① 进入。该效果是设置幻灯片放映时各对象显现的形式，设置方法是：选中要添加动效的对象，单击"动画"，在出现的动画效果框中选择某种进入效果。在 PPT 微课中，常对每一对象设置不同的"进入"效果，并使每个对象的进入时间有所间隔。这样可以给予学习者充足的思考时间。

② 强调。该效果是设置幻灯片放映时各对象出现后再次强调显示的动画形式。设置方法是：选中要添加动效的对象，单击"动画"，在出现的动画效果框中选择某种强调效果。PPT 微课中，常对需要突出的教学内容应用强调效果，比如"放大/缩小""下划线"等，以引起学生的注意。

③ 退出。该效果是设置幻灯片放映时各对象显现后消失的形式。设置的方法是：选中要添加动效的对象，单击"动画"，在出现的动画效果框中选择某种退出效果。

④ 路径。该效果可以设置幻灯片放映时各对象游走的形式，比如直线、弧形、形状、自定义路径等。设置的方法是：选中要添加动效的对象，单击"动画"，在出现的动画效果框中选择某种动作路径效果。根据该效果可以设置出教学中物体直线运动、曲线运动等多种效果。

上述四种动效既可以单独使用，也可以组合使用。

（2）PPT 的切换动效

PPT 中还可设置每张幻灯片之间的切换形式，以增加显示效果。

PPT 切换时幻灯片之间可添加不同的动态效果，有"细微型""华丽型""动态内容"三大类型。具体设置方法是：单击"切换"，在出现的切换效果框中选择某种切换形式，再对切换"计时"选项栏中的选项按需进行勾选或填写即可。

PPT 微课以教学为目的，效果的添加要充分考虑对教学内容的呈现和学生学习的帮助。一般 PPT 微课中，各张幻灯片切换最好使用"无"切换效果或统一使用一种切换效果，避免花哨且不实用的设置。

6. PPT 微课策略

（1）结构设计清晰明了。PPT 微课的结构设计要清晰明了，明确知识点之间的关系，便于学生把握和理解教师要讲授的内容，提高学生的学习效果。

（2）页面布局均衡一致。PPT 微课的页面布局要统一，构图要均衡，避免学生视觉上的混乱与不清晰。

（3）色彩搭配和谐统一。PPT 微课中的色彩要体现教学内容，要烘托气氛，凸显主题，在选择 PPT 设计的基调时应保证色彩搭配的和谐统一。

（4）播放节奏适中合理。PPT 微课的播放速度要符合学习者的心理特征，重点和难点可适当放慢播放的速度。

（5）内容显示简洁准确。PPT 不是书本搬家，不是内容的堆砌，PPT 展示的教学内容要简明、清晰、准确、有条理，使学生一目了然。

（6）元素使用合理恰当。PPT 微课中的图片、声音、视频、动画等媒体要合理恰当，避免滥用泛用。

7. PPT 素材网站介绍

（1）素材中国 http：//www.sccnn.com/

（2）图行天下 http：//www.photophoto.cn/

（3）昵图网 http：//www.nipic.com/index.html

（4）大图网 http：//www.daimg.com/

（5）唯美图片 http：//www.wmpic.me/

（6）PPT 学习网 http：//www.pptxx.com/index.html

（7）PPT 素材网 http：//www.51ppt.com.cn/

（8）PPT 资源之家 http：//www.ppthome.net/PPT/index.html

（9）PPT 模板网站 http：//www.pptok.com/

（10）PPT 宝藏网站 http：//www.pptbz.com/

（二）Flash 微课制作

1. Flash 微课简介

Flash 是一个二维动画制作软件，用其制作出来的微课可以具有夸张、动态、拟人、有趣的效果。

Adobe Flash 是美国 Macromedia 公司（现在已被 Adobe 公司收购）设计的一种二维动画软件。它能够以交互方式方便地将文本、图像、图形、音频、动画、视频等多种信息，经单独或合成的形态表现出来。利用 Flash 制作的微课具有动感性高、复合性好、交互性强，且文件容量小、缩放无失真、画质高等优点，对于步骤讲解、模拟实验等内容有突出的表现优势。

Flash工作界面包括标题栏、菜单栏、工具栏、时间轴、工具箱、舞台、“属性→滤镜→参数”面板组、“颜色”面板、“库”面板等。用户还可单击“窗口”，在下拉栏中选择所需项目来自定义工作界面。

（1）标题栏：位于Flash工作界面的顶部，用于显示Flash版本和文件名称，右侧的三个按钮分别用于对窗口执行最小化、最大化和关闭操作。

（2）菜单栏：包括文件、编辑、视图、插入、修改、文本、命令、控制、调试、窗口和帮助等，通过执行这些命令，可以实现不同的功能。

（3）工具栏：包含以图标按钮形式放置的一些用于文件操作和编辑操作的常用命令，如新建、打开、保存等。

（4）舞台：位于工作界面中间，可以在内绘制和编辑图形，是用户在创作时观看自己作品的场所，以及动画最终显示的区域。

（5）“属性→滤镜→参数”面板组：位于Flash工作界面底部，是由“属性”“滤镜”“参数”三个面板组成的面板组。选择相应的选项卡，可切换到对应的面板。通过“属性”面板可方便地查看场景或时间轴上当前选定项的常用属性，从而简化文档的创建过程；通过“滤镜”面板可以为文本、按钮和影片剪辑添加多种视觉效果，如投影、模糊；通过“参数”面板可设置影片剪辑的参数，如修改其外观和行为等。

（6）“颜色”面板：位于Flash工作界面的右上方，可创建和编辑纯色或渐变填充，调制大量颜色，以及设置笔触色、填充色、透明度等。

（7）“库”面板：位于Flash工作界面的右下方，可以方便快捷地查找、组织和调用库中资源，以及显示动画中数据项的信息。库中存储的元素称为元件，可反复利用。

2. Flash微课制作步骤

利用Flash软件制作微课有一些基本的方法与步骤。

制作Flash微课的基本流程包括教学设计、脚本设计、素材准备、动效设计、放映测试、生成微课等环节，如图5-1所示。

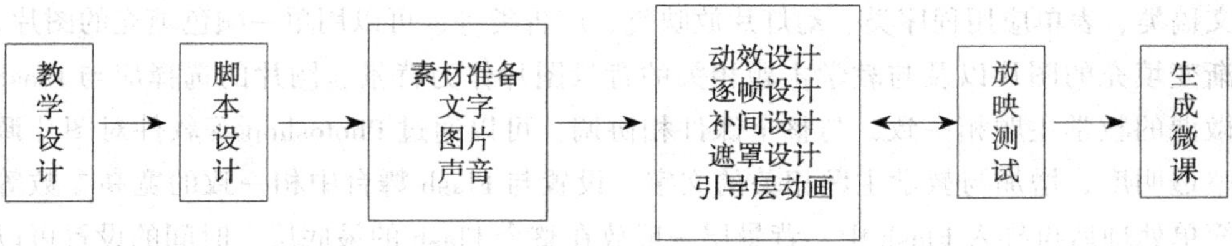

图5-1 Flash微课制作基本步骤

（1）教学设计：Flash 微课制作前要对教学内容、教学结构、教学模式和教学策略进行设计，对教学目标、教学重难点、教学方法、教学过程、教学评价等方面仔细规划与设计，以确保表现的内容符合教学需要。

（2）脚本设计：将教学设计编写成思路清晰、流程精练的制作“脚本”，如镜号、切换、长度、画面、字幕、配音等内容，清楚地描述教学活动的组织和授课过程，方便后续的制作。

（3）素材准备：根据脚本设计，搜集整理或编辑制作所需的多媒体素材，如文字、图片、声音、动画等。Flash 中的素材一般用其他的工具软件提前制作好。

（4）动效设计：将准备好的素材导入 Flash 文件中，按照制作脚本组织素材，并设置相关的效果。

（5）放映测试：在制作过程中不断进行放映测试，以检查修改制作的效果。

（6）生成微课：制作完成后，将制作好的 Flash 动画生成扩展名为 swf、html 或 exe 的文件。

3. Flash 微课的特点与效果

（1）表现力丰富。Flash 微课中的动画生动丰富，有强大的表现力。可以综合运用声音、图像、视频、动画等方式创设各种情境和效果。

（2）图形质量高。由于 Flash 是矢量图形，可以任意放大或缩小而不会影响图的清晰度，图的分辨率不会受影响。

（3）流媒体播放。Flash 软件采用流式播放技术，将声音、影像或动画由服务器向用户计算机进行连续、不断地传输，从而满足学习者边下载边观看的需求，实现移动学习。

（4）兼容性较强。Flash 微课支持多种格式的图片、音频/视频，还可以合成视频文件进行非线性编辑。

4. Flash 微课的制作

（1）Flash 的模板

Flash 的模板决定了微课的风格，需要精心设计。利用 Flash 中的模板制作微课，可以大大提升 Flash 微课制作的效率。Flash 软件中一般自带几种模板类型，如演示文稿类、表单应用程序类、幻灯片放映类、广告类等，可以用单一颜色填充的图片、渐变填充的图片以及与教学主题相关的背景图片作为背景。图片的选择应与 Flash 微课的教学主题相一致，与整个课件相协调。可以通过 Photoshop 等软件对图片调整透明度、增加与教学主题相关的文字、设置与 Flash 舞台中相一致的宽高参数等简单处理后再导入 Flash 中。背景层一般放在整个 Flash 的最底层，时间的设置可以根据微课时间的长度做相应的调整。

（2）Flash 的文字

Flash 的文字处理功能并不强大，但可以利用一些模板达到较好的效果。

① 文字静态编辑

通过添加滤镜可对 Flash 中的文字进行静态编辑处理。Flash 软件自带的滤镜有“投影”“模糊”“发光”“斜角”“渐变发光”“渐变斜角”“调整颜色”7 种。如果需要制作其他特殊的文字效果，如火焰文字、金属文字等，通常需要先在 Photoshop、CorelDRAW 等专门的软件中制作好后再导入 Flash 中。

② 文字动态编辑

利用 Flash 中的文字处理功能还可以制作个性化的动态特效，如书写显示效果、滚动字幕效果、探灯照耀效果、卡拉 OK 效果、镜面显示效果等。

（3）Flash 的图片

Flash 的绘图功能比较强大，但对图片的处理功能不够强大，一般需要通过其他软件制作好后再导入 Flash 中使用。

① 矢量图的绘制与编辑

矢量图，在数学上定义为一系列由线连接的点。每个矢量图都是一个自成一体的实体，具有颜色、形状、轮廓、大小和屏幕位置等属性。它的特点是文件占用容量小、放大后图像不失真，但难以表现色彩层次丰富的逼真图像。

Flash 绘制的图形都是矢量图，由图形的轮廓线和填充两部分组成。利用工具箱提供的绘图工具，如铅笔、刷子、线条、矩形、颜料桶工具等，以及图形之间的基本组合和运算方法，如复制、重叠等就可以绘制出各种图形。当某些图形，如化学仪器、数学几何图形等绘制要求比较精确时，可以通过显示标尺、网格和辅助线等方式来辅助绘制图形。

单击“视图”，在弹出的下拉列表框中选择所需绘图工具进行图形的绘制。绘制出的图形可以利用各种编辑工具进行编辑或修改，还可对图形的整体或局部进行移动、旋转、缩放等。

② 位图的编辑

位图是由像素经不同的排列和染色组成的图样。每个像素都具有特定的位置和颜色值。位图的特点是可以制作出色彩丰富的图像，逼真地表现自然界的景象，但缩放和旋转容易失真，同时文件容量较大。

Flash 在导入位图之前应该先用其他图形编辑软件对其进行编辑。位图导入后，若不需要很高的显示质量，可以考虑将位图转换为矢量图，这样可以使文件所占容量变小。尽量不要对位图进行 Alpha 补帧动画、形状补帧动画、渐变、蒙版等操作；否则，会严重消耗系统资源，不利于满足微课对流畅性的要求。

③ 位图转换为矢量图

Flash 提供了位图转换为矢量图的功能。具体方法：首先将位图导入工作区并选中，然后单击“修改”→“位图”→“转换位图为矢量图”，此时会弹出“转换位图为矢量图”的对话框，填写好相关参数，单击“确定”按钮即可。

“颜色阈值”的作用是两个像素相比时，颜色差低于设定的颜色阈值，则两个像素被认为是相同的，阈值越大，转换后矢量图的颜色越少；“最小区域”是指转换的时候，能辨认的最小区域，值越小，转换后的图像越逼真；“曲线拟合”决定生成矢量图的轮廓和区域的黏合程度；“角阈值”决定生成的矢量图中保留锐利边缘还是平滑处理。总之，参数的设定既要考虑图像的清晰度，又要考虑图像所占的文件大小和转换时所耗费的资源量。

（4）Flash 的声音

Flash 对声音的处理仅限于导入、绑定和剪裁等简单操作，而不能进行录制、变调和降噪等复杂操作。因此，在制作 Flash 微课时，需要提前利用 Windows 自带的录音软件、CoolEdit 等软件制作好声音后再导入 Flash 中。Flash 中使用的声音格式是 MP3 或 WMV。

① 声音的导入

Flash 中导入声音的方法：单击“文件”→“导入”→“导入到库”，在弹出的对话框中选择要导入的声音文件，单击“打开”按钮。导入的声音被加载到库中。使用该声音时再将声音文件从库中拖至舞台上即可。

② 设置声音的同步方式

在时间轴中，可以设置声音的四种同步方式。

事件：将声音和一个事件的发生过程同步起来。事件声音在显示其起始关键帧时开始播放，独立于时间轴完整播放，即使 swf 文件已停止，但声音仍然会继续播放。

开始：将声音和一个事件的发生过程同步起来，但如果声音已经播放，则新声音实例不会播放。

停止：可使指定的声音静音。

数据流：该种方式使声音与时间轴严格同步，即动画播放时声音播放，动画停止时声音停止。该方式避免了播放过程中画面与背景音或旁白脱节的情况。

③ 设置声音效果

Flash 提供了如淡入、淡出及声音播放的声道等多种效果的设置。在“属性”面板中，单击“效果”中的“编辑”按钮，弹出“编辑封套”对话框，然后根据需要选择各种声音效果，或者设置左右声道上声音的出入点或大小等，最后单击“确定”按钮即完成声音效果的设置。

（5）Flash 的视频

Flash 中还可以添加视频素材。

Flash 中仅可以播放特定格式的视频，这些视频格式包括 FLV、F4V、MOV、AVI 和 MPG、MPEG。具体导入视频的方法如下：

① 导入视频文件。选择“文件”→“导入”→“导入到舞台”，弹出“导入”对话框，选择要导入的 flv 影片文件，单击“打开”按钮，弹出“选择视频”对话框，选择对话框中的“在 swf 中嵌入 flv 并在时间轴中播放”，单击“下一步”按钮。在弹出的“完成视频导入”对话框中选择“完成”即可。

② 修改视频属性。选择要修改的视频，单击“窗口”→“属性”，弹出视频“属性”面板，可对其名称、宽高、场景中位置进行修改。

（6）Flash 的生成

① 进行测试。将制作完成的 Flash 微课进行测试预览，检查制作的效果。可以利用“控制”→“测试影片”或者“Ctrl+Enter”组合键进行测试。

② 生成发布。测试完成后，即可以进行生成发布。使用“文件”→“发布设置”命令，弹出“发布设置”对话框，在格式一栏中，选择发布的类型和文件发布的路径。如选择 SWF 格式、EXE 格式的文件等。Flash 中的发布设置相当于一个转换器，可将制作的 Flash 微课转换成不同的类型。

（7）Flash 的动画

Flash 的动画效果一般有逐帧动画、补间动画、遮罩动画、引导层动画等几种基本形式。

① Flash 的逐帧动画

逐帧动画是在每个关键帧中绘制内容，连续播放而形成动画。逐帧动画利用了视觉暂留，是动画的最基本形式。逐帧动画表现力很强，灵活性也很大，但制作的工作量较大。

逐帧动画可以在场景中一帧一帧地画出各帧内容，也可以将 JPG、PNG 等格式的静态图片连续逐帧导入，也可以直接导入 GIF 图片序列或利用第三方软件（如 Swish、Swift3D 等）产生的动画序列。

Flash 中逐帧动画制作需要花费较多的时间和精力，而 Flash 中的补间动画可以较好地弥补这一缺点，同时也能够实现基本的动画要求。

② Flash 的运动动画和变形动画

补间动画，是指建立在两个关键帧之间的渐变动画，即只需创建好起始帧和结束帧，中间动画部分由软件自动计算绘制。补间动画使用起来非常方便，是 Flash 动画的最大优点。它有运动动画和变形动画两种形式。

a. 运动动画

运动动画是对象位置或属性发生变化的动画，如物理微课中的匀变速运动、单摆运动等。制作时在一个关键帧上放置一个元件，在另一个关键帧上改变该元件的位置、角度等参数，Flash 会根据两帧的相关值自动创建动画。具体制作方法如下：

第一，在时间轴的两个位置插入空白关键帧，分别作为起始帧和结束帧。

第二，在两帧中分别绘制或导入内容，使“空白关键帧”转变为“关键帧”。

第三，右击时间轴两帧之间的区域，在弹出的列表框中选择“创建补间动画”。此时，两帧之间有一个长长的箭头，且背景色变为淡紫色。

b. 变形动画

变形动画是物体形状属性发生变化的过程，如由三角形变成正方形、立方体图形的二维展开过程、生物或化学微课中涉及变色的反应等。制作时，在一个关键帧中绘制一个形状，在另一个关键帧中更改该形状的颜色、形状、大小、位置等参数或绘制另一个形状，Flash 会根据两帧的相关值自动创建动画。具体制作方法如下：

第一，在时间轴的两个位置插入空白关键帧，分别作为起始帧和结束帧。

第二，在两帧中分别绘制或导入内容，使“空白关键帧”转变为“关键帧”。

第三，右击时间轴两帧之间的区域，在弹出的列表框中选择“创建补间形状”。此时，两帧之间有一个长长的箭头，且背景色变为淡绿色。

注意，制作运动动画的对象必须是元件或组合状态，而创作变形动画的对象则必须是打散状态。组合使用“Ctrl+G”组合键，打散使用“Ctrl+B”组合键。

③ Flash 的遮罩动画

Flash 中还有一个重要的动画类型——遮罩动画，可以实现一些特殊的显示效果。遮罩动画指通过遮罩图层中的图形或者文字等对象，透出下面图层中的内容。遮罩动画可使场景外的对象或特定区域外的对象不可见，也可用来遮罩住某一元件的一部分，从而实现一些特殊的效果。使用遮罩动画可以创造出如照片切换、背景文字、探照灯效果等。具体制作方法如下：

第一，新建两个图层并分别插入空白关键帧。

第二，在底部图层空白关键帧中绘制或导入需要显示的图像；再在顶部图层空白关键帧绘制或导入要显示的区域。

第三，右击顶部图层的图层名称区域，在弹出的下拉列表中选择“遮罩层”。此时，图层名称左侧的图标会由白色变为黑绿相间的颜色，且舞台只显示遮罩层区域下的被遮罩层图像。

④ Flash 的引导层动画

引导层动画是使一个或多个对象沿某路径运动的动画形式，如物理微课中的相遇问题、追赶问题，地理微课中的天体运动等。具体制作方法如下：

第一，在时间轴上的两个位置插入空白关键帧，分别作为起始帧和结束帧。

第二，在两帧中分别绘制或导入内容，使“空白关键帧”转变为“关键帧”；再单击图层下方的“添加运动引导层”按钮，新建引导层，并绘制路径，此时引导层图标变为虚点曲线，被引导层向右缩进。

第三，将被引导层中的起始帧和结束帧对象分别放置于路径两端，并创建运动动画。此时，拖动时间轴上的滑块会发现，被引导层上的图像将沿着引导层路径运动。

制作引导层动画的关键是要使被引导层中对象的中心点在起始帧和结束帧上一定要对准引导层路径的两个端点，且引导层中的路径不要过于陡峭，要绘制得平滑一些，否则动画不易成功。在最终的动画效果中，引导层路径不会显示出来。

（8）Flash 微课制作的技巧策略

在制作 Flash 微课时还需要掌握一些技巧与策略。

① 设计好制作流程。Flash 微课制作前要设计好制作流程，制定详细的实施步骤，以提高制作效率。

② 准备好制作素材。提前准备好所需素材，包括图片、声音和小视频等。可以从网上下载图片、声音或者 GIF 动画，也可以进行简单的手工制作，完成素材的收集。

③ 制作好元件对象。在 Flash 制作过程中要尽量使用元件，以减少重复制作，提高重用性。

④ 使用好 Flash 模板。可以利用 Flash 系统内置的模板或者从网上下载制作好的模板，快速、高效地完成 Flash 微课的制作，简化中间的制作过程。

⑤ 引用好脚本编程。在 Flash 的“行为”面板中有预先编写好的“动作脚本”，可以将其直接拖到 Flash 文档中，帮助用户编写特殊效果的代码。

⑥ 利用好帮助信息。在 Flash 的“帮助”文档中提供了较多的帮助信息和教程，在制作时有问题可以通过搜索查询关键词来获取帮助。

第六章 微课的应用

第一节 翻转课堂中微课的应用

一、翻转课堂的起源

翻转课堂（Flipped Classroom）也称反转教学（Flipped Instruction）、视频点播教学（Vod-casting Education）、教育视频点播教学（Educational Video-on-Demand）等，一般被称为反转课堂式教学模式。传统的教学模式是老师在课堂上讲课，布置家庭作业，让学生回家练习。与传统的课堂教学模式不同，在翻转课堂式教学模式下，学生在家完成知识的学习，课堂则变成了老师和学生之间以及学生与学生之间互动的场所，包括答疑解惑、知识的运用等，课堂因此变为学生消化知识的场所，从而达到更好的教育效果。

翻转课堂起源于美国科罗拉多州落基山的林地公园高中。2007 年春，该校化学教师乔纳森·伯尔曼和亚伦·萨姆斯为解决学生经常因为天气或路途遥远等原因不能按时到校上课而落下很多课程以至于跟不上教师上课步调的问题，开始使用录屏软件录制 PowerPoint 演示文稿的操作过程以及教师讲课的声音，并将视频上传到网络，借此帮助不能按时上课的学生。真正引起国内教育研究者关注翻转课堂的原因则是 2011 年可汗学院（Khan Academy）发起人萨尔曼·可汗在 TED（Technology Entertainment Design）上的一个题为“用视频重塑教育”的演讲。演讲中他提到他上传到 YouTube 上的很多免费教学视频深受学生和家长的喜欢，这些教学视频在几个实验学校使用的教学效果也很好。受此启发，许多教师尝试改变了以前的课堂教学模式，要求学生在家看视频以代替教师的课堂讲解，然后在课堂上，把精力集中在完成练习以及与教师和同学的互动交流上。这种做法颠倒了传统学校“课上教师讲授、课后学生完成作业”的教学安排，这就是日渐兴起的翻转课堂。

二、翻转课堂的概念

传统教学过程通常包括知识传授和知识内化两个阶段。知识传授是通过教师在课堂中的讲授来完成的，知识内化则需要学生在课后通过作业、操作或者实践来完成的。在翻转课堂上，这种形式受到了颠覆，知识传授通过信息技术的辅助在课后完成，知识内化则在课堂中经老师的帮助与同学的协助而完成，从而形成了翻转课堂。随着教学过程的颠倒，课堂学习过程中的各个环节也随之发生了变化。传统课堂和翻转课堂各要素对比的主要情况见表 6-1。

表 6-1　传统课堂与翻转课堂中各要素的对比表

	传统课堂	翻转课堂
教师	知识传授者、课堂管理者	学习指导者、促进者
学生	被动接受者	主动研究者
教学形式	课堂讲解 + 课后作业	课前学习 + 课堂探究
课堂内容	知识讲解传授	问题探究
技术应用	内容展示	自主学习、交流反思、协作讨论工具
评价方式	传统纸质测试	多角度、多方式

三、翻转课堂的特征

1. 教师角色发生转变

首先，教师由传统课堂上知识的传授者变成了学习的促进者和指导者。教师不再是课堂的主宰，课堂也不再是教师的一言堂，学生的主体地位在翻转课堂中得到充分体现，教师的主导地位并没有削弱，反而加强了。教师要熟练地掌握一些学习活动的组织策略，比如基于问题的学习、基于项目的学习、小组学习、游戏化学习、角色扮演等。其次，教师由教学内容的传递者转变为视频资源的设计开发者以及相关教育资源的提供者。在课前，教师需要向学生提供必要的资源，比如相关知识讲解的教学视频、教学课件、其他网络资源等，以便学生对所学知识有较充分的了解。当学生需要帮助时，教师便会向他们提供必要的支持。因此，教师成了学生便捷地获取资源、利用资源、处理信息、应用知识到真实情境中的脚手架。

2. 学生角色发生转变

在翻转课堂教学模式下的个性化学习中，学生成为自定步调的学习者，他们可以控制对学习时间、学习地点的选择，也可以控制学习内容、学习量的多少。学生是整个学习过程的主角，不再是传统课堂上被动的知识接受者。学生在课堂上通过小组学习和协作学习等形式来完成对所学知识的理解和吸收。学生由之前完全的知识消费者转变成知识生产者，掌握比较快的学生可以帮助没有掌握的学生进行学习，承担教师“教”的角色。

3. 课堂时间的重新分配

在课堂中减少教师的讲授时间，留给学生更多的学习活动时间是翻转课堂的又一核心特点。这些学习活动应该基于现实生活中的真实情境，并且能够让学生在交互协作中完成学习任务。将原先课堂讲授的内容转移到课下，在不减少基本知识展示量的基础上，增强课堂中学生的交互性。最终，该转变将提高学生对于知识的理解程度。此外，当教师进行基于绩效的评价时，课堂中的交互性就会变得更加有效。根据教师的评价反馈，学生将更加客观地了解自己的学习情况，更好地控制自己的学习。

学习是人类最有价值的活动之一，时间是所有学习活动最基本的要素。充足的时间与高效率的学习是提高学习成绩的关键因素。翻转课堂通过将“预习时间”最大化来完成对教与学时间的延长。其关键之处在于，教师需要认真考虑如何利用课堂上的时间来完成“课堂时间”的高效化。

4.“翻转”增加了学习中的互动

翻转课堂大大提升了教师和学生以及学生与学生之间在课堂上的互动。由于学生通过教学视频对要学的课程进行了一定程度的深度学习，所以课堂上主要是学生提问、教师解答和学生之间进行讨论交流等，这充分提升了学生在课堂上的主人翁意识，使其能够积极地参与到学习过程中。当教师进行评价时，课堂中的交互性就会变得更加有效。根据教师的评价反馈，学生将更加客观地了解自己的学习情况，更好地控制自己的学习。

四、翻转课堂的基本流程

第一，教师制作教学视频及相关练习并上传网络。

第二，学生课前自主学习教学视频及相关练习。

第三，课堂教学活动的实施（师生、生生之间交流难点、疑点，在课堂上共同完成作业，操作练习）。

第四，教学效果评价、反馈。

五、翻转课堂教学模式

（一）翻转课堂教学模式的发展线索

1. 早期实践

翻转课堂教学模式最早开始于高校的教学研究实践。1991 年，哈佛大学的物理教授埃里克·马祖尔创立同伴教学方式（Peer Instruction），它被认为是最早开始翻转课堂的实验。他在哈佛大学教授基础物理学时，发现学生对于基本概念带有错误性的理解，而且只是通过记忆运算法则来解题，并没有弄清楚某种概念。他认为，教育目标应该是建构一个学生能够自我学习的环境。为了改变传统的教学模式，他开创了同伴教学法，在课前把知识的传递放在课外，课堂上通过说服同伴、讨论，系统实现学生真正掌握基本概念的目标。在同伴讨论中，理解了概念的学生知道这个概念存在哪些难点，清楚地知道在给同伴讲解的过程中要着重强调什么，这样，在学生与学生的互动学习中，学生们实现了知识的内化学习。他认为同伴教学法包括概念测试、阅读小测试和概念性的考试题三个步骤，并用实验证明了同伴教学法相对于传统的课堂教学促使学生实现知识的内化和吸收，使学生做题的正确率增加一倍。几十年来，同伴教学法已被广泛应用于世界许多国家和地区的小学、中学、大专和大学，甚至研究生教育。

在2000年冬季，在美国教授“经济学入门”这一课程的莫林·拉赫、格伦·普拉特发表论文《颠倒的课堂：建立一个包容性学习环境的途径》。翻转课堂（或者颠倒课堂）的概念被首次提出来。在论文中，他们从学习风格理论的角度出发，认为，学生生活在不同的环境中，他们具有不同的学习风格。但是，学生并不能基于教师的教学风格来选择适合自己的课堂；教师也不能被希望改变自己的个性以满足所有不同的学生。因此，使用不同教学方式的课堂更容易增加学生在经济学课程中的课堂参与度，满足不同学生的差异性和兴趣。他们于1996年开始实施翻转课堂的实验。教学资料按照教材上的具体章节被分成不同的主题，学生被要求在课前阅读这些以有声的教学视频、PowerPoint文件等呈现的材料，完成知识的学习。在课堂上学生被希望针对相关的材料展开讨论。如果学生有关于课前学习材料的疑点处，教师在上课开始给予学生针对性的讲解。学生的提问环节一般是一个大约10分钟的小型讨论课。若学生没有问题，教师则不再讲解。但是学生被告知，如果学生没有在材料中发现足够的问题则明确地说明学生并没有理解分发给学生的学习材料。在实验中，他们收到了显著的效果，学生都享受在一起学习的感觉，并从同伴身上学到关于知识的不同的理解角度，因此十分欢迎这一方式。同时教师认为，课堂时间不再被浪费，课堂上将会有更多的时间用于学生一对一的个性化交流。他们通过实验也证明了教学中信息技术使用所带来的益处与翻转课堂教学的目标相一致。在这一阶段，翻转课堂教学模式更加完善，同时在这一年，J·韦斯利·贝克（J. Wesley Baker）在第11届大学教学国际会议上发表论文《课堂翻转：使用网络课程管理工具使教师成为学生身边的导师》，掀起了大学实施翻转课堂运动的浪潮。在论文中，贝克提出了实施翻转课堂教学模式的模型：教师通过使用网络工具和课程管理工具呈现教学内容并以家庭作业的形式分发给学生，课堂上的时间则被用来进行深入学生主动学习的活动。

2000年秋季开始，位于美国威斯康星州（Wisconsin）的麦迪逊大学（Madison University）使用信息化教学软件代替一直在计算机科学课程中使用的视频讲座和幻灯片等教学资源。2011年，致力于课堂创新以使学生获得学术上成功的威斯康星州的两个中心实验室着手于翻转课堂和混合学习的研究。

2004 年，萨尔曼·可汗（Salman Khan）通过视频为一个远距离的表妹辅导数学，但是小表妹觉得录制的课程可以帮助她回忆之前一直困扰她的没有掌握的内容。在表妹的请求下，萨尔曼·可汗开始录制教学视频，并上传至 YouTube 网站。现在可汗学院已经发展成为一个非营利性组织，萨尔曼·可汗已经在无意中掀起了一场轰动全世界的翻转课堂的革命，为翻转课堂的宣传起到了功不可没的作用。可汗学院的模型在本质上为学生提供了一对一的辅导。现如今，可汗学院视频已经被作为实施翻转课堂教学模式的教育者教学策略的一部分。

2007 年，杰里米·斯特雷耶发表博士论文《翻转课堂在学习环境中的效果：传统课堂和翻转课堂使用智能辅导系统开展学习活动的比较研究》。在论文中，他论述翻转课堂在俄亥俄州立大学的具体实施和研究情况。他通过对翻转的课堂和传统课堂中的学习环境和学习活动进行比较后发现，翻转的课堂更有利于学生的自我效能感的发展，更有利于学生对新信息的敏感和理解。他的研究比较了在两个大学的基础统计学课程中，实施翻转课堂和传统课堂的上课和作业结构。在翻转课堂，一个智能教学系统（ITS）被用来提供学生在课外要学习的内容，以取代教师的现场讲座。课堂上再利用在线课程系统 Blackboard 的交互技术，组织学生参与到项目工作中。

2. 乔纳森·伯格曼和亚伦·萨姆斯的传统式翻转课堂教学模式和翻转掌握式教学模式

2011 年，在多年实施翻转课堂的基础上，乔纳森·伯格曼和亚伦·萨姆斯出版了专著《翻转你的课堂：时刻惠及课堂上的每位学生》（Flip Your Classroom：Reach Every Student in Every Class Every Day）。在书中，乔纳森·伯格曼和亚伦·萨姆斯对自己的实践做出总结，为广大教育者分享了他们在实施翻转课堂过程中的经验。该书受到了国际教育技术协会（International Society for Technology in Education，简称 ISTE）和美国督导与课程开发协会（Association for Supervision and Curriculum Development，简称 ASCD）的强力推荐。在书中，乔纳森·伯格曼和亚伦·萨姆斯把翻转课堂分为两个阶段：传统式翻转课堂教学模式和翻转掌握式教学模式。在其前期实施的翻转课堂教学模式用“传统式”来限定，主要是相对于在后期实施的翻转掌握式教学模式中所做出的一些变化。它只是学校实施翻转课堂教学模式发展的两个阶段。

（1）第一阶段：传统式翻转课堂教学模式（2007 ~ 2009 年）

为了帮助因参加一些活动而落下课程学习的学生，他们在 2007 年春开始用录屏软件录制 PowerPoint 演示文稿的播放和讲课声音，并将视频上传到网络。这被认为是美国 K12 学校实施翻转课堂的起源。比起之前在大学教学中采用的翻转课堂模式，他们实施的对象是高中学生。他们录制的视频受到缺课学生的喜爱。一些在课堂上听过课的学生也会重新观看教学视频来帮助他们学习之前所学知识，为考试做准备。乔纳森·伯格曼和亚伦·萨姆斯认为，当学生遇到学习困难，真正需要教师的时候，教师却不在学生身边；学生不需要老师在教室里说教和传授给他们知识，他们可以自己接收到这些知识。在2007年~2008年，两位老师开始提前录制好一学期的化学课程。晚上，学生观看他们提前录制的作为家庭作业的视频，并在不懂的地方做笔记。课堂上可以用更多的时间做实验和进行问题解决的教学。在单元学习结束时，给予学生跟之前一样的单元测试。

（2）第二阶段：翻转掌握式教学模式（2009年至今）

两位教师从两年的翻转课堂实验总结经验，他们在2009年开始实施被他们称之为翻转掌握式教学模式（The Flipped-Mastery Model）。在书中，之所以被称为翻转掌握式教学模式，原因在于它是以掌握学习理论为依据的一种新型教学模式。

在书中，乔纳森·伯格曼和亚伦·萨姆斯认为，掌握学习理论的基本理念是让学生根据自己的步调学习，而不是所有的学生在同一时间讨论同一主题，但是，他们都为预定的目标而学习。翻转掌握式教学模式采取掌握学习理论的原则，并与现代技术相结合为学习创设一种可持续的、易于操作的环境。在翻转掌握式课堂里，所有的学生在不同的时间进行不同的学习活动。在上课伊始，他们组织学生，以清楚哪些学生需要做实验，哪些需要做测试，哪些学生需要针对某一主题给予额外的讲解。教师在课堂上走动，不断与学生交流。

乔纳森·伯格兹和亚伦·萨姆斯提出翻转掌握式教学模式主要由五个要素构成：一是确立清晰的学习目标，以专业的眼光判断和决定教师想要学生达到什么样的水平和得到什么；二是分析所确立的学习目标，明确哪些内容适合探究式学习，哪些适合直接讲授；三是确定学生可以观看的视频；四是明确和设计课堂学习活动；五是创设针对不同学生、不同学习单元的评价方法。林地公园高中所实施的翻转课堂教学模式的两个阶段，前期两位化学老师让学生按统一的步调观看教学视频，课堂上教师设置同一问题，学生相互协作、共同探究。然而在翻转掌握式教学模式下，以掌握学习理论原则为基础，学生根据自己的步调可以提前学习。在课堂上，学生根据自己的情况做相关的学习活动。两个阶段的明显不同在于，翻转掌握式更注重个性化教学。

（二）翻转课堂教学模式的步骤

翻转课堂教学模式已在美国实施数年有余。美国林地公园高中从初步探索到逐步地完善走过了漫长的实施道路。然而美国林地公园高中的翻转课堂教学模式实施的成功范式影响到美国很多其他的中小学乃至世界各地的学校。有越来越多的学校开始根据本学校的特色开创出符合本校特色的翻转课堂教学模式。所实施的翻转课堂教学模式在某些方面有些区别，但是都存在共同的地方。

1.课前准备阶段

（1）教师活动

① 分析教学目标。一谈到翻转课堂，人们的第一反应就是制作教学视频。但是在制作教学视频之前，我们需要分析教学目标。教学目标就是通过教学活动期望达到预期的结果。明确教学目标就是我们期望学生通过教学知道什么、获取什么，这是任何教学都要明确的首要的事情。只有教学前确定清晰的教学目标，我们的教学才有针对性，才能明确我们要采用的具体的教学方法，哪些内容需要探究式的教学方式，哪些内容需要直接的讲授等。实施翻转课堂教学模式之前的教学目标的分析，不仅有利于我们分析什么内容适合通过视频的方式直接讲授给学生，哪些内容适合课堂上通过师生的合作探究获得最佳的教学效果。明确教学目标，才会避免教学中的盲目性和无目的性。

② 制作教学视频。在翻转课堂中，知识的传递是通过视频来完成的。教学视频可以是教师自己录制的，也可使用其他教师制作的教学视频或者网络上优秀的视频资源。制作教学视频是翻转课堂教学模式的首要部分。乔纳森·伯格曼和亚伦·萨姆斯总结出制作教学视频的步骤：首先，做好课程安排。明确课堂教学的目标，决定视频是不是合适的教学工具来完成课堂的教育性目标。如果教学内容不适合通过教学视频直接讲授的方式，那么不要仅仅因为是要实施翻转课堂而去使用视频。翻转课堂并不仅仅是为课堂制作教学视频。其次，做好视频录制。在录制教学视频过程中应考虑学生的想法，以适应不同学生的学习方法和习惯。美国大部分实施翻转课堂的学校在录制教学视频中并不呈现教师的整个形象，而是呈现一双手和一个交互式白板，在白板上有教师所讲授内容的概要。录制教学视频必须选择一个安静的地方，这样制作出来的视频才能保证学生在观看教学视频时不受视频中噪声的干扰。再次，做好视频编辑。林地公园高中的两位教师在实施翻转课堂的初级阶段，是录制完教学视频以后分发给学生的，但是他们逐渐发现视频后期制作的价值。它可以让教师改正视频制作中的错误，避免重新再次制作视频。最后，做好视频发布。发布视频是为了让学生能够观看到教师制作出来的视频。在此阶段对于教师最大的问题在于把视频放在什么地方以使学生都能够观看视频。不同的学校会根据本地区、本学校和本校学生的具体情况来确定视频发布的地方。林地公园高中会把制作出来的教学视频发布到一个在线托管站点，比如 YouTube 平台等，也会为家里没有网络或者电脑的学生制作 DVD。美国克林戴尔高中（Clinton dale）为了让学生观看到视频，把校园多媒体中心延长两个小时，在这里学习的学生可以使用属于自己的账户登录到校园多媒体中心观看教学

视频。总之，学校可以选择一到两种方法满足学生的需要。

（2）学生活动

① 观看教学视频。教师通过对教学内容的分析，把适合直接讲授的内容的部分用教学视频的形式交给学生，在一定程度上避免了课堂时间的浪费。学习速度快的学生可以快速地进行知识的学习。学习进度慢的学生不用担心传统课堂上跟不上教师节奏的问题，可以根据自己的实际学习情况对教师讲授的内容做适时的停顿。在观看教学视频的过程中，学生遇到不懂的地方可以做笔记，把自己不懂的问题带到课堂，这样学生可以完全掌控自己学习的步调。在此过程中，学生需要对所观看的教学视频里所讲授的知识做一定程度上的梳理和总结，明确自己的收获，解决有困惑的地方。

② 做适量练习。学生观看完教学视频后需要完成教师布置的针对性课堂练习。这些练习是教师针对教学视频中所讲的知识，为了加强学生对学习内容的巩固并发现学生的疑难之处所设置的。根据“最近发展区理论”，教师需要对课前练习的数量和难易程度做出合理设计，明确让学生做练习的目的是帮助学生利用旧知识完成向新知识的过渡，加深对教学视频中知识的巩固与深化。学校可以通过网络交流平台与学生进行互动，了解学生在观看教学视频和做练习过程中遇到的问题。教师可以通过学生所做的练习的反馈情况时刻了解学生实际的学习情况。与此同时，同学之间也可以进行互动，彼此交流收获，进行互动解答。

2. 课中教学活动设计阶段

（1）确定问题，交流解疑

人是社会中的人，在交流中才能实现成长。传统的课堂教学中，教师主宰着课堂，师生之间的交流是建立在师生地位不平等的基础上的。课堂中要实现真正的交流，要有融洽的环境做保障。学生在观看教学视频的过程中，由于本身的知识结构、看问题的角度不一样，因此对事物的理解也会不同，这样学生之间会产生一种认知的不平衡，并由此导致学生新的认知结构的产生。在课中活动的开始阶段的交流中，教师需要针对学生所观看视频的情况和通过网络交流平台所反映出的问题进行解疑。学生也可以提出自己在观看教学视频中所存在的疑惑点，与教师和同学共同探讨，这样学生本身就是一种交往的学习资源。

（2）独立探索，完成作业

独立学习的能力是学生必备的能力之一。一个没有独立学习能力的人，必然无法在社会中生存。独立性是个体存在的主要方式。

在传统的课堂中，教师一手包办学生的学习。课堂的大部分时间用来讲授知识，学生课下时间被大量的机械性的作业所填满，学生独立学习和探索的能力越来越被压制。学生是独立的个体，他们本身有着独立学习的能力。学生知识结构的内化需要经过学生独立的思考，教师只能从方法上引导学生，不能代替学生完成学习。

翻转课堂为学生提供了个性化的学习环境，学生在课堂中独立完成教师所布置的作业，独立进行科学实验。在学生独立完成作业的过程中，学生审视自己理解知识的角度，建构知识的结构，完成知识的进一步学习。教师要在刚开始时给予学生一定的指导，帮助学生完成任务。待学生有一定独立解决问题能力的时候，教师要“放手”，逐渐让学生在独立学习中构建自己的知识体系。

（3）合作交流，深度内化

学生在独立探索学习阶段，已建立了自己的知识体系。但是要完成知识的深度内化，需要在交流合作中完成。人是社会中的人，交往是人与人之间直接的相互作用的过程。哈贝·马斯把交往行为定义为：一种主体之间通过符号相互协调的相互作用，它以语言为媒介，通过对话，达到人与人之间的相互理解和一致。交往学习是学生在与他人的对话、交流、讨论等学习活动中所开展的学习过程，学生在此过程中实现自身的发展。爱德加·戴尔通过自己的实验证明，团队学习、合作学习和参与式学习的效果可以达到50%以上。在翻转课堂里，你可以看到的课堂形态为：学生分成小组，一般为3～4人一组，学生与学生之间通过独立探索阶段的所学，与同伴交流自己对知识的理解。

教师不是站在讲台上，俯视着课堂里所发生的一切，而是走下讲台，走进学生的探讨中，真正地融入学生的小组合作活动中。当学生在讨论中遇到问题时，教师可以给予及时的帮助，引导学生澄清对知识的错误认知。在此过程中，学生的批判性思维、课堂参与能力和对待学习的态度发生很大的改变，真正把学生推到学习的主体地位。当学习本身成为学生自身需要的时候，学生就会成为真正的学习的主人，变“要我学”为“我要学”。教师也从说教、传授的角色转变为学生学习的引导者和促进者。在合作学习越来越受到教育界关注的情况下，现今学校很多课堂教学采用合作学习、小组学习等形式。但是在传统课堂里，合作学习只是课堂教学的“微弱”的补充，难以真正发挥学生探索的积极性，流于形式。在翻转课堂教学模式下，在课堂里学生与学生之间、学生与老师之间的合作学习才能是真正意义上的合作学习。

（4）成果展示，分享交流

学生在经过独立探索和合作交流后，完成个人或者小组的成果。学生可以通过报告会、展示会、辩论赛或者小型的比赛等形式交流学习心得、体会。在成果展示过程中，学生或小组可以通过教师与学生的点评获得更深的了解。同时可以通过观看其他学生或小组的展示，学习到他人的优点，明确自己的优势与不足。学生在此过程中不断领略学习给他们带来的乐趣，更以一种积极的乐观心态面对以后的学习，增强自身的自信心。这也是一个交流的平台，在交流中学生的智慧火花得以展现。教师在分享交流环节可以通过学生或者小组的汇报，明确学生知识的掌握水平，有针对性地进行后期的“补救”工作。当然在学生展示的环节，教师所做的是为学生创设一个民主、平等、和谐、自由的课堂环境，适时调控学生学习的进程和发展方向。

实施翻转课堂教学模式的学校在成果展示环节，教师不仅鼓励学生在课堂上进行展示，学生也可以在课下通过制作微视频的方式把自己的汇报上传至网络交流区，供教师和同学讨论和交流。翻转课堂教学的成败并不在于视频的制作，而是在课堂学习活动的设计。如何改变传统的教师主宰课堂的局面，让学生真正成为学习的主人，是翻转课堂教学模式给我们的课堂教学带来的关键点。

（三）翻转课堂教学模式的优缺点

1.翻转课堂教学模式的优点

翻转课堂教学模式改变了教学方式。教师在课堂上不再站在学生的前面跟学生不休止地讲解 30～40 分钟。这种激进的改变让我们以不同的角色定位教师与学生之间的关系。本书将从以下三个方面论述翻转课堂教学模式的优点。这也是我们实施翻转课堂教学模式的原因。

（1）教师方面

① 增加教师与学生之间的交流，让教师更好地了解自己的学生。随着网络技术的发展，远程教育有了快速的发展。在远程教育快速发展下，有些人提出了学校的“消亡论”，却忽视了教师与学生之间的交流对学生成长的意义。

② 有利于教师的职业发展。通过观看其他教师制作的微视频知道自己的同事如何教授一个概念，为各自的教学提供一个展示与改进的窗口。有网络提供的开放性的窗口使“拜访”每个教师的课堂成为可能。这对于过去繁忙的教学生活来说，是不可能做到的。

③ 改变了教师在课堂上的角色。在传统课堂里，教师是讲台上的“圣人”。在翻转课堂教学模式下，教师走下讲台，更多时间用在帮助学生、领导小组解决问题、与理解有困难的学生一道解决问题。此时，教师是一个“教练”，引领若干学生行进在学习的路上。教师有更多的机会鼓励学生，告知他们什么是正确的，解答他们的迷惑。

（2）学生方面

① 翻转课堂道出了学生的心声。现今的社会，网络时刻伴随着学生的成长，还有微博、QQ 以及其他的数字资源。由于学校禁止学生带这些电子设备进入课堂，所以学生在学校的时候，必须要把自己的电子设备关闭。然而，学生还是会把自己的手机等偷偷装在小口袋里带进教室。在信息化时代，我们应该顺应时代的潮流，接

受数字文化，包容数字化学习，让它们为学生的学习服务。在翻转课堂里，学生被鼓励带自己的电子设备，一起合作学习，与老师进行互动。这样的课堂更散发出无限的活力。

② 教会学生对自己的学习负责。在翻转课堂教学模式下，学习的责任放在了学生的身上。为了成功，学生必须对自己的学习承担起责任。学习不再是限制自由的一种负担，而是不被束缚和不断探索的挑战。教师放弃对学生学习过程的控制权，学生掌控自己的学习。与此同时，教师应教会学生，学习的价值不仅仅是进入学校拿到分数和老师的评分。翻转课堂促使学生去学习而不是去记忆，让学生成为真正的学习者。

③ 翻转课堂帮助繁忙的学生和学习困难的学生。在翻转课堂式教学模式下，繁忙的学生不用担心自己因为要去参加学校的竞赛等活动而落下自己的课程。因为主要的课程已经在线传到了网络上。现在学习困难的学生是让老师、学校很头疼的事情。在课堂上，能够引起老师极大关注的往往是那些学习成绩优异或者性格开朗的学生。对于那些在课堂上保持沉默的学生，老师自然关注度比较低。在传统的课堂教学中，无论面对学习能力强的还是学习有困难的学生，教师都是以统一的步调讲解知识。对于学习存在困难的学生来说，在他们还没有理解清楚这个概念的时候，老师已经讲到下一个知识点了，这种疑惑越积越多，到最后这些学生的积极性和自信心越来越受挫，导致他们不再想学习，学困生就是这样产生的。翻转课堂可以为学生提供弥补的机会。

④ 学生可以自定步调学习。在传统的课堂里，老师授课，学生在课堂里只是作为“静听者”。作为教育者，我们有特定的课程需要呈现在课堂上。学生被期望以一种给定的框架学习知识体系，老师很大部分希望学生能够理解自己在课堂上所呈现的知识。然而，即使是最好的演讲者或者呈现者，仍然有落后或者不理解教学内容的学生，所以翻转我们的课堂时，我们给予学生远程控制的权利。学生可以根据自己的理解程度适时按下“暂停键”。

⑤ 学生有机会向其他老师学习。大部分学生偏爱自己老师录制的教学视频，但是一些学生会发现观看其他老师的教学视频后，自己会从另一个角度来理解相关的问题。位于美国密歇根州（Michigan）的克林戴尔高中（Clinton dale High School）在全校所有学科实施翻转课堂，学生除了观看自己教师制作的视频，也可以观看其他教师制作的视频。每个教师思维方式不同，对知识解读的方式也不一样，学生或许可以在观看其他教师的视频时获得意想不到的收获。

⑥ 增加了与老师个性化接触的时间。在传统课堂里，由于教师是讲台上的“圣人”，学生与老师的接触仅限于课堂中少有的互动环节。在翻转课堂里，学生在进行自由讨论环节时，教师在教室里巡视，可以针对学生的具体疑问进行解答。这样的课堂

增加了学生与老师之间的互动时间和交流，使老师对学生的学习情况有进一步的了解。

（3）课堂教学方面

① 课堂时间被重新分配，得到高效和创造性的利用。在传统课堂里，课堂大部分时间被教师用来教授，真正用来与学生交流的时间仅仅限于课堂的有限时间。在翻转课堂教学模式下，教师用更多的时间教学和促进学生学习，而不是站在讲台上说教。当学生在家遇到学习困难的时候，不再感到无助。教师可以利用课堂时间与学生进行有意义的交流，观察、引导和帮助学生。

② 翻转课堂教学模式让课堂动手操作活动更深入。动手操作活动帮助学生以另一种方式学习。这在科学课程中尤为明显。学生在相关课程里不能仅仅学习理论性的知识，他们必须通过实验才能完成深度的学习。当学生进行实验操作的时候，他们正是实验过程中、在体验中建构科学理论知识。

（4）家长方面

翻转课堂也为家长了解学生的课程学习提供一个可视化的窗口。大部分家长也许随着时间的推移忘记了之前自己所学的相关知识。当孩子遇到难题寻求家长的指导时，家长往往会感到很沮丧。他们感谢学校里的教师在课堂上对学生的疑问进行解答。此外，在翻转课堂教学模式里，家长可以与自己的孩子一起观看教学微视频，与孩子一起学习，更新自己的知识。这种交流方式在某种程度上有利于家长与孩子之间的情感沟通。同时，家长可以随时了解孩子学习的进程，关注孩子学习的进步和孩子在学校的表现等。

因此，无论在学生、教师、课堂教学还是家长方面，翻转课堂教学模式都在一定程度上克服了传统教学模式的弊端，促进了学生的真正发展。

2. 翻转课堂教学模式的不足

（1）教学视频方面

教学视频的质量也许不佳。一些教师在面对面的教学中也许很出色，但是在制作高质量的教学视频方面存在欠缺。课堂教学中，教师面对真实的学生，他的讲授有真实的学生群体存在。但录制教学视频时，现场并没有学生群体的存在。教师只是根据课程的安排，独自待在录制教学视频的设备旁边。各种因素，诸如周围环境、设备和教师自身的状态等，都会影响到教学视频录制的质量和水平。教学视频录制的水平直接影响到学生课前知识学习的水平，进而影响到学生课堂活动的参与程度和知识的内化。由于在翻转课堂教学模式中，教学视频是知识传递主要的依托，教学视频的质量直接关系到学生的学习质量。

（2）学生学习方面

首先，在翻转课堂教学模式中，知识是通过教学视频传递的，学生可以用一切移动终端观看教学视频完成学习。理所当然的是，所有的学生可以用自己的电脑观看教学视频，然而在一些情况下，对于学生来说，观看教学视频来学习不是最好的方式。譬如，学生在看教学视频的同时，也在观看音乐会或者足球赛，这将不利于学生课下知识的自主学习。虽然在面对面的课堂教学中也有很多干扰，但至少教师可以通过形成性评估监控理解。

其次，学生在观看教育视频过程中，会出现一些不可控因素。在课前，学生也许不会观看和理解教学视频的内容，并没有完成知识的学习，因此在课堂上学生处于准备不充分的状态，这对于课堂内的很多活动的开展有很大的影响。

再次，如果学生独自观看教学视频资料，他们也许不能向教师或者他们的同学提出问题。因此，除非学生在观看教学视频时，教师能够随时在现场，否则那些重要的能帮助学生理解材料的问题将无法在课堂上提出，然而这又是很难实现的。

（3）第二语言学习方面

翻转课堂对于第二语言的学习者也许不是最佳的教学方式。对于第二语言的学习者来说，由于他们的语言水平有限，在课堂上的交流会出现局限性。尤其是对于初学者来说，完成课前知识的学习也会存在很大的困难。由于课前知识的学习存在困难，学生的思维受到局限，课堂上的交流将会流于形式。这样在课堂上，教师无法了解到学生存在的问题，学生之间的小组合作趋于表面化。即使第二语言学习较好者，由于语言文化的差异，也需要积累更多的课外知识才能帮助学生实现知识的深度学习。

六、微课程与翻转课堂

1. 微课程是翻转课堂的基础

翻转课堂主要分为课外、课内两大学习环节——课外自学，课内消化。微课程正是课外自学的核心，通过微课程将课堂知识点清晰明了地呈现给学习者，学习者可根据自身具体情况自定步调展开自学，只有在有效完成微课程学习的前提下，翻转课堂的教学才能顺利实施并发挥积极作用。

2. 翻转课堂成为微课程发展的胚体

教学设计时要依据翻转课堂的需要来设计微课程，分化知识点，将学习目标分解为若干个小目标，每一个微课程就只针对一个主题，解决一个难题。翻转课堂式教学的开展成为微课程发展的胚体，微课程只有根植于翻转课堂教学模式中，才能真正发挥微课程的力量，许多零散的微课程才能成为一个体系，因此，基于翻转课堂教学模式的微课程将具有系统化、专题化、可持续修订、可分解等特性。

3. 微课程质量决定翻转课堂的教学效果

由于翻转课堂在课内解决对知识的理解、对知识的反思等一系列有意义的学习，而基础知识的掌握完全依靠课外学习，课外学习的核心便是微课程。所以，必须要精心设计微课程，从课程目标分解、微课程教案设计、微课程教学分析（包括学习者、学习活动等要素）、微课程摄像、微课程后期制作、微课程生成等多个环节提升微课程的设计、制作水平，以优良的微课程质量确保翻转课堂教学效果的优化。

4. 翻转课堂是微课程的评价实体

微课程质量的高低可以在翻转课堂上得到验证和评价，在团体预备知识评测和反馈的环节，可以评价学生微课程学习的效果，翻转课堂上教师通过设计答疑解惑、反思知识点、问题大讨论等活动来充分检验学生课外的学习效果，及时发现问题反馈信息，不断改进微课程。

围绕教学目标，学生课外展开微课程学习，可以自定步调、自主学习、积累知识。课堂上学生在教师引导下进行知识的整理和消化，通过提出问题、反思问题、解答问题等多种形式促进学习者知识的内化。

七、翻转课堂典型案例

（一）美国林地公园高中的翻转课堂实验

2006年的时候，乔纳森·伯格曼和亚伦·萨姆斯都是美国林地公园高中科学学科的化学教师。两人也是翻转学习网（http://flipped-learning.com）的共同创办者。

1. 发现

他们在长期教学生涯中观察到，学生往往不能够把讲课内容灵活地应用到作业和日常学习之中，这使他们常常感到沮丧，直到经历了26年教学之后的一天，他们酝酿了一个改变世界的发现——翻转课堂。

两位教师在日常观察中发现：当学生真正需要实际存在的教师的时候，是他们在家里完成作业遇到困难，并需要教师给予针对性帮助的时候；学生并不需要教师在教室里讲课传递信息，他们完全可以自己学习课程内容。但是，存在问题的是：学生在完成功课遇到困惑需要帮助的时候，教师不在他们身边。

2. 创意

于是，他们大胆地提出假设“如果我们预先录制我们的讲课，把学生观看录像作为他们的家庭作业，然后我们用上课时间帮助学生解决他们不理解的地方呢？”紧接着，一个由乔纳森·伯格曼和亚伦·萨姆斯创意的“预点播（Pre-Vodcasting）模型”就这样诞生了。

他们的方法是这样的：在课堂教学之前的晚上，学生根据各自家庭学习环境的不同，选用网络下载、闪存拷贝、刻录DVD等方式在家观看教师录制的教学视频。他们可以根据自己的理解程度，反复观看由教师讲解PPT录制而成的教学视频，可以多次暂停，可以回看，做好笔记或阅读。上课的时候，他们在教室里巡视，检查每个学生的学习情况，解答问题，监控实验，通过小组协作和一对一指导，帮助那些学有困惑、并正在尽最大努力的学生。

3. 效果

实施翻转课堂的第一年，他们像过去一样给出相同的单元测试，比较两个年度的测试数据，他们发现：学生在翻转课堂的环境中比传统课堂环境中学习得更多。从那时起，学生的考试成绩不断提高，从坊间得到的学生和家长的反馈都非常肯定。尽管他们没有提出“翻转课堂”的术语，但被媒体冠以“翻转课堂”（Flip the Classroom）报道以后，迅速传遍美国乃至全球。为了帮助更多的教师理解和接受翻转课堂的理念和方法，他们于2012年1月30日在林地公园高中举办了翻转课堂“开放日”，让更多的教育工作者来了解翻转课堂的运作情况和学生的学习状态。这种做法促进了翻转课堂教学模式的推广。

4. 争鸣

也有人认为他们的翻转课堂实验简单地延续了播放视频的糟糕的教学方式。但乔纳森·伯格曼和亚伦·萨姆斯给予了相反看法。他们认为，“翻转课堂的成功之处在于，能够将基于课堂的讲授转变为以学习者为中心、基于问题、以探究为驱动的学习，建立起一个确保学生接受适合自身需求的个体化教育的框架。在美国，教育的个体化或区别化，已被作为一种解决方案提出。个性化教育有很多优点，但是，教育工作者在找到惠及所有学生的方法方面越来越感到压力。因为，每一个学生都有非常不同的需求，对于一个要面对150名学生进行个性化教育的教师来说是困难的，在传统的基于讲授的教育背景下简直无法工作”。

翻转课堂模式有助于忙碌的学生跟上课程，林地公园高中的许多学生因为运动和附近学校的其他活动缺课，由于学校位于派克峰的半山腰，附近学校不是真正的附近，学生们会花时间往返于这些“附近”的学校。他们发现自己不得不重新为缺课的学生补课。翻转法的灵活性允许往返跑或以其他方式缺席的学生跟上课程进度。

翻转课堂模式对有困难的学生特别有帮助。在传统的课堂里，积极参与课程的学生往往会得到更多的关注，而班上其他人往往是被动的听课者。在“翻转”的教室里，教师在教室里巡视，检查每个学生，能更好地指导和帮助那些正在尽最大努力的学生。

此外，“翻转”趋向于改善课堂秩序。传统方法的一个缺点是，不是所有的学生到课堂上来都准备好了学习。在传统的课堂上，百无聊赖或不守规矩的学生很容易分心。在“翻转”的教室里，不再会有一个学生成为他们不当行为的观众，“百无聊赖”在参与小组学习和实践活动的同时被赶跑了。

事实上，翻转学习模式有助于每一个学生获得成功，无论他们的能力如何。例如，学生可以按照他们的需要很多次地观看教学视频，暂停、回看、做笔记或者按照自己的节奏观看 PPT 演示。在上课的时候，教师可以通过小组协作和一对一方式指导那些遇到麻烦的学生。

5. 条件

美国林地公园高中翻转课堂之所以取得成功，还得益于其他两个方面。

一是在“翻转”之前的课堂上，他们就不是整堂授课的，而是一直有基于项目的学习。翻转课堂后，学生在家自主学习，可以暂停播放视频进行思考，可以倒回去重新播放没有理解的内容，直到学生掌握所学概念。在课堂上，学生完成作业，开展讨论，动手实验，更加深入到内容中探究。同时也使学生对自己的学习承担更多的责任。

二是鼓励学生把自己的设备带到学校，以便按照自己的节奏从事移动的泛在学习。乔纳森·伯格曼和亚伦·萨姆斯认为，“这是一个 Facebook 和 YouTube 主宰的世界”，“翻转”的学习模式灵活地将数字设备纳入学习过程之中。利用技术，教师可以提供通俗易懂的指导，增加学生与教师、学生与学生之间的互动。

对于教师要不要翻转的问题，乔纳森·伯格曼和亚伦·萨姆斯认为，翻转课堂是众多营造课堂教学根本变革的方法之一。大多数教师应该考虑至少将他们的课堂教学翻转一部分的思路，无论是全翻转或简单地翻转几节课都是很有道理的。他们坚信翻转学习模式的力量，乔纳森·伯格曼说：“我绝不可能回到老环境和传递式教学方法中去，我将永远是一个翻转课堂的教师。”

（二）江苏省木渎中学翻转课堂

1. 溯源

一般认为，翻转课堂起源于 21 世纪的美国。不过，当美国林地公园高中的两位科学教师——乔纳森·伯格曼（Jonathan Bergmann）和亚伦·萨姆斯（Aaron Sams）开展翻转课堂实验的时候，还没有“翻转课堂”（The Flipped Classroom）的术语。只是由于他们的实验取得的效果明显，被媒体冠以“翻转课堂”之后迅速传遍全美，才使“翻转课堂”正式成为术语。

2. 概况

按照翻转课堂实践与术语产生之间的逻辑关系来说，我们会发现，早在 20 世纪 80 年代，江苏省木渎高级中学创造的一种叫作“任务驱动、问题导向”的自主学习教改模式，与今天的翻转课堂非常相似，至少具有“类翻转课堂”的意义。这至少说明，翻转课堂实验其实早已在中国萌芽，在探索课堂教学改革方面，中国一点不比美国晚，翻转课堂完全可以在中国土生土长。

现在我们需要回答这样一个问题：木渎高中创造的“任务驱动、问题导向”的自主学习教改方式究竟是种什么样的教学模式？

当年木渎中学政治学科教研组为了提升教学质量，发明了一种今天叫作“任务驱动、问题导向”的自主学习教改模式。这一模式要求教师在上一节课结束的时候，布置学生回家预习下一课时新课的任务。

由此我们可以发现，布置给学生的学习任务，成为解剖木渎高中学科教改实验的关键。该教研组对于任务的理解，可以用整体把握与细节分析加以概括。尽管当时并没有现代教育理念指导，也没有现代教育技术做支撑，但是，我们仍然能够从中发现，中国基层学校教师自发的建构主义思考。

3. 整体把握

所谓整体把握，即要求学生从教学内容的整体上把握其主要结构。例如，当时的政治教材，绝大部分是一节的内容用一个课时的教学时间。少数情况例外，一是难度较低的内容，一个课时可以教几节内容；二是难度大的内容，一节的内容需要用几个教学课时。

再以绝大部分内容为例，教师给出的预习任务是：“某节主要讲了哪几个问题？”这样的问题看似简单，没有哪个学生会产生理解上的偏差，其实用意极其智慧巧妙，实际意义在于：要求学生像教师那样梳理教材，从整体驾驭教材。这个方法，我们今天叫作“结构化思考”，与用思维导图、概念图、知识树之类的软件或图式作可视化表达如出一辙。

这样一种高要求不会使学生不堪重负，因为它建立在学生都能够清晰明了地理解问题的基础上。尽管一开始并不是每一个学生都能够分析得很透彻，头头是道，但是，经过一个阶段的训练，学生抽象概括的思维能力会得到显著提升，学习也会越来越轻松。

4. 细节分析

所谓细节分析，是通过把教学重点、教学难点，以及一般知识点转化为问题的方法布置任务。这一类问题指向十分清晰，方便学生分析、思考、解决问题。一旦学生把这些问题都把握好了，教学的目标也就达到了。这样一些指向具体、清晰的任务，也包括整体把握中的“结构化思考”任务，就是我们今天所说的任务驱动、问题导向的建构主义学习方法。

问题导向的任务与习题式的任务功用不同。问题一般能够反映概念、原理、方法，具有举一反三的意义，而习题则不同。习题过于具体，容易使学生孤立地看问题。很多学生在“题海战”中苦苦挣扎，却不得举一反三要领，原因就在于此。采用把重点、难点和一般知识点转化为问题的方法，为学生预习提供了学习支架，通过一个阶段的训练，学生分析问题的能力得到显著提高。

5. 备课

为了保证学生自主学习的质量，木渎中学的教师在备上一节课的时候，就要设计好下一节课学生自学的任务，预习任务必须明确，体现今天所说的“问题导向”，具有可操作的意义。同时要精心设计课堂拓展的主题与活动方式，尽可能地开发学生潜能，提升学生分析问题与解决问题的能力，让他们能够从容应对理论联系实际的复杂多变的难题。

在下一节上课之前，教师还需要了解学生的预习情况，以便在课堂教学中因势利导。在上课的时候，教师需要控制学习进度，确保把时间集中在深度拓展方面，如图 6–1 所示。

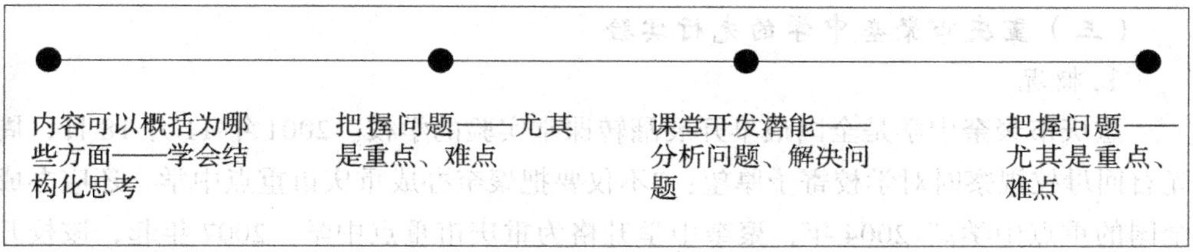

图 6–1　江苏省木渎中学教师备课流程

对于学生而言，教师要求他们通过预习学会提纲挈领、层层抽象和结构化思考，自主解决重点、难点和热点问题，逐步培养今天所说的探究精神和解决问题的能力。

总而言之，一切围绕发展学生能力展开。

6. 课堂

在课堂教学活动中，教师根据学生预习情况分配学生“交流学习成果”的任务，既能够让学生体验到学习的成就感，又有利于学生之间互相启发、触类旁通。教师聆听学生发言，把握其思维脉络，学会智慧指导。尤其是要把时间集中在深度拓展上，发展学生分析问题和解决问题的能力，教学质量得到极大的提高。

实践表明，采用任务驱动、问题导向的学习策略之后，学生自主学习能力明显提高，新授课多则 15 分钟，少则 5 分钟就能完成，剩下的时间师生共同深度拓展。木渎中学副校长黄永生，就是当年参加课堂实验的政治教研组成员，他说：“采用这种预习模式之后，学生抽象思维的能力特别强，考试根本用不着猜题目。当时我们的政治高考成绩在苏州市总是排第一，而且在江苏省也能排第一。”黄永生老师的话值得引起每一个准备参加翻转课堂实验的教师深思。

需要指出的是，当时的所谓“交流学习成果”，并不像今天基于工作坊（workshop）协作探究的成果那样，还局限在教师指定学生汇报的传统模式上，但是，这种传统模式开始了自发地向交流、展示转变的进程。

7. 与翻转课堂的联系

木渎中学“任务驱动、问题导向”的自主学习模式，就其教学结构而言，与翻转课堂倡导的“学习知识在家里，内化知识在课堂”异曲同工、如出一辙。如果说用视频变革教学结构的教学模式称之为翻转课堂，那么，木渎中学采取在家学习新知识，在课堂内化自主学习的知识，拓展分析问题、解决问题能力的教改模式至少能称之为“类翻转课堂”。

可见，早在20世纪80年代，木渎中学的课堂实验就为我国教学改革打下了十分深厚的基础，为今天开展翻转课堂实践、变革教学方式、发展学生能力、提升学习绩效提供了具有中国特色的可借鉴之路。

（三）重庆市聚奎中学的先行实验

1. 概况

重庆市聚奎中学是全国最早开展翻转课堂实验的学校。2001年11月18日，周光召回母校视察时对学校寄予厚望：“不仅要把聚奎办成重庆市重点中学，还应办成全国的重点中学。”2004年，聚奎中学升格为重庆市重点中学。2007年起，该校开始进行课程改革探索，并逐步形成共识：从培养学生核心竞争力、办出学校特色出发来推进新课改。

2011年3月21日，学校发出《关于推进“541”新课堂、促进教师专业发展的通知》，并于5月4日在校园网发布《聚奎中学新课堂评价标准》和《新课堂学习六环节》，对时间标准、学案标准、环节标准、目标标准、师生活动标准等做出具体规范。9月22日，聚奎中学组织教师去四川省遂宁市安居育才中学，学习把课堂还给学生的自主学习模式。回来后，物理教师王小波说道：“在今后的教学中要认认真真地编写好导学案，坚决地在教学活动中贯彻学校的‘541’高效模式，把课堂还给学生，让学生在自主学习、合作探究、大胆点评与质疑、教师总结这几个环节中做得更好。”此后，该校张渝江老师发现了外国媒体关于“翻转课堂”的报道。

2011年11月28日，加拿大著名媒体《环球邮报》刊登了《课堂技术发展简史》一文，文章列举自公元前2400年到现在，影响课堂教学的重大技术变革，其中2011年的变革是“翻转课堂”。12月5日，斯坦福大学人工智能实验室教授达芙妮·科勒（Daphne Koller）在《纽约时报》（科学版）撰文——《科技是个性化学习的护照》，文章认为，翻转课堂等技术支撑下的教学新形态可能是自欧洲文艺复兴以来的教室授课模式之后的大变革。美国著名在线教育媒体电子校园新闻网评选出2011年十大教育技术事件，翻转课堂名列其中。在线大学网（onlinecollege.org）列出2011年美国翻转课堂前15所学校，并谈到2011年美国翻转课堂实施成果喜人。

张渝江老师向学校领导汇报了这一重要信息，学校立即组织力量进行研究，发现翻转课堂有助于培养学生核心竞争力，于是决定借鉴翻转课堂模式，用技术帮助学生个性化学习，实现推进新课改、发展特色化办学的设想。可以说，重庆市聚奎中学率先试水翻转课堂，是学校发展诉求与外媒“福音”碰撞的结果。

方向明确之后，聚奎中学立即启动翻转课堂实验。他们搭建视频和学习管理平台，为学生配备平板电脑作为学习终端，在高一年级随机选取两个实验班级，在语文、数学，英语、物理、化学、政治、历史、地理 8 门学科中开始“翻转”。

实验伊始，教学方式开始发生变化。实验教师提前一周录制好教学视频上传至学校服务器，学生在自习或课外使用平板电脑从服务器下载教学视频观看，回到课堂上与教师和同学开展面对面的交流、讨论，完成练习。把传统的“课堂学习 + 课后练习”的学习模式改造成为“课余学习 + 课堂练习”的翻转课堂模式。

翻转课堂带来了观念的转变，聚奎人将其归纳为“四个转变”，即从“关注知识的传授”向“关注学生的发展”转变，从怎样“教教材”向怎样“用教材”转变，从注重“教”向注重“学”转变，从“传统教学”向“新理念教学”转变。

翻转课堂带来了新的教学关注点，聚奎学校称之为“四个注重”，即注重学习过程，注重学生活跃的思维方式培养，注重学生自主学习习惯的培养，注重学生合作精神的培养。

翻转课堂使学校教学理念开始改变，聚奎学校概括为：少讲多学，合作共赢。他们把传统课堂 40 分钟的讲解浓缩为 15 分钟，节约了群体授课的平均教学时间，让学生有大量可供支配的时间进行自主学习。学生课前完成知识学习，课堂上独立做作业，遇到困难小组协商，组内不能解决的通过全班解决，全班学生都不能解决的由教师来解决。在学生独立或互助学习时，教师巡视课堂，给学生以必要的个别指导。翻转课堂让所有学生都“动”起来，增加了师生之间和学生之间的互动和个性化的接触时间。

翻转课堂促进学生个性化发展，在传统的班级授课制环境下，教师只能抓中间层级的学生，很难照顾到优等生和后进生，“优等生‘吃’不饱、后进生‘吃’不了”是常见的弊端。翻转课堂之后，学生观看教学视频，可以随时暂停教师的“讲课”，因而有充分的时间做笔记或思考；没有理解的内容可以倒回去重复播放，直到理解为止。学有余力的学生可以加快学习进度，更好地发展个性特长，学生如因特殊原因请假缺课，也不必担心落下课业，可以抽时间观看视频，补上学习进度。期末如有需要，可随时点播教学视频帮助复习。

翻转课堂促进了教学管理信息化，通过视频和学习管理平台，教师事先将练习题上传至服务器，学生观看教学视频之后，马上可以从事在线练习，学习平台会对学生作业情况提供即时反馈，方便学生即时纠错，并且根据作业反馈情况决定是否再次学习有关内容。教师登录教学平台后立即可以了解到学生个体或整体的学习情况，从而考虑是否需要调整教学策略。

2. 具体实施

开展翻转课堂实验以来，聚奎中学不断总结研究，形成了适合本校实际的“四步”“五环”翻转课堂模式，为提高课堂教学效率、促进学生发展创造了条件。

所谓“四步”，即翻转课堂的课前四步骤。包括设计导学案、录制教学视频、学生自主学习和教师调整教学策略。

（1）设计导学案

在深入研究教材和学生的情况下，备课组成员协作完成导学案设计。担任主要备课任务的教师须在集体备课会之前，事先备好下周所有导学案、PPT 的初稿，在下周的集体备课会上，全体组员就初稿展开协作研讨，形成优化的导学案、PPT 等教学资源。导学案经主要备课教师和备课组长共同签字后交印刷室印刷，PPT 和导学案（电子版）交教科处备案。

（2）录制教学视频

教师根据要达到的目标，以及视频最终要呈现的内容，收集资源和创建视频。录制视频时考虑不同教师和班级的差异，以适应不同学生的学习方法和习惯。

完成了导学案和教学视频之后，同一备课组内的教师不再重复备课，成员之间共享资源，使教师有时间调节身心，从事教育教学科研。

（3）学生自主学习

学生在独立预习教材的基础上，用平板电脑下载教师上传的教学视频和导学案，开始课前学习；登录平台完成预习自测题；组内互助解决个人独立学习时产生的问题；组内不能解决的学习问题由组长记录后交给科代表（学科班长），科代表整理好后上传至服务器。

（4）教师调整教学策略

教师通过软件平台及时了解学生学习情况，调整课堂教学进度、难度，制订个别辅导计划，增强课堂教学的针对性。

所谓“五环”，即翻转课堂的课堂教学五环节，包括合作探究、释疑拓展、练习巩固、自主纠错和反思总结。

① 合作探究

组内不能解决的疑难问题，课堂上由组间互助合作解决。

② 释疑拓展

全班学生都不能解决的题，由教师在课堂上解决；教师根据学生的实际情况，进行适度拓展和延伸。

③ 练习巩固

学生完成平台上或其他资料上的相关练习，以巩固所学知识。

④自主纠错

对于自己做错的题，学生通过观看答案详解或教师的习题评析视频，自主纠错。

⑤反思总结

对本节内容进行知识归纳或方法梳理。

3. 调研

翻转课堂调动了学生的学习积极性。根据聚奎中学的问卷统计表明，82.9% 的学生比较喜欢或非常喜欢翻转课堂的学习形式，88% 的学生认为翻转课堂提高了学习兴趣，88.9% 的学生认为增强了学习信心，88% 的学生认为知识要点更易理解，96.6% 的学生认为翻转课堂能帮助自己做好笔记，63% 的学生认为作业完成的质量更好。

翻转课堂教学模式获得了教师的认同。2011 年 12 月 30 日，学校翻转课堂课改实验执行组给参加项目实验的教师分发了 17 份问卷，回收有效问卷 16 份，教师 100% 接受这种教学模式，并愿意在下学期继续参与本项实验。

4. 发展

2011 年参加翻转课堂实验的班级只有 2 个，2012 学校的新高一扩展到 6 个，2013年的新高一则达到 7 个，翻转课堂成为新高一的常态。可见，翻转课堂在聚奎中学已经深入人心，正在成为聚奎中学的一张“名片”，推动师生向着周光召所期待的全国重点中学前行。

（四）山西省新绛中学的课堂实验

1. 背景

2011 年 10 月，山西省新绛中学校长宁致义在由 21 世纪教育研究院、新教育研究院、北京市西部阳光农村发展基金会等多家机构举办的“新课堂、新教育”高峰论坛上介绍了山西省新绛中学的半天授课制。

山西省新绛中学是一所百年老校，是山西省示范高中，但在 2004 年以后，学校一度遭遇办学危机：周边一批民办学校兴起，学习成绩好或家庭经济条件好的学生都选择到市区和民办学校就读，导致学校生源明显下降，部分教师也辞职到民办学校任教。

校长宁致义认为：“生源相同的情况下，教学质量取决于模式；模式相同的情况下，教学质量取决于生源，我们要提高教学质量就必须进行课堂改革”。

同时，宁致义校长尖锐地指出班级授课制的弊端。

弊端之一：班级授课制是在完成教师教的任务，而非完成学生学的任务。

弊端之二：学生是学习的旁观者而不是参与者，教师价值得到实现，学生个性却被压制，最终使学生厌学。

弊端之三：过去课堂不是素质教育，也不是应试教育，即使是应试教育也应该给学生留出思考时间和做的时间。

弊端之四：择校与生源大战是教育的悲哀，更是民族的灾难。新绛县民办学校竞争激烈，大部分学生被争取过去，同时择校的问题也使宁致义校长没有办法静下心思考正常的教学。

2.概况

2008年，新绛中学开始实行两种课堂：自主课和展示课，每天上午的五节课为展示课，下午三节和晚上三节为自主课，每节课40分钟。这样一种半天自主课，半天展示课的“半天授课制”把传统教学结构颠倒了，每天下午、晚上学习知识，第二天上午展示课内化知识、拓展能力。

这种做法与翻转课堂惊人地相似，有关学者将新绛中学课改模式称之为“中国式的翻转课堂”。学案课堂就是学生在教师编制学案的引导下，课前就开始真正意义的学习，在课堂上总结展示，形成了新绛特色的问题解决式的学案课堂。

问题解决式学案课堂要求教师事先在课前编制好学案。新绛中学认为，学案是教师为帮助学生自主学习而编写的方案。编写学案是教师要完成的最重要的一件事，也是集体教研要完成的第一件事。新绛中学每周给同科教师安排一天时间集体教研，这一天教师要编出下一周学生用的全部课时学案。学案内容包括尽可能为学生创设理想的学习情境、学习目标、读书指导及学生要完成的任务。每位教师都有一个体验本，他们要做布置给学生的任务，亲自感受学生的劳动。

学案课堂有四种课型，分别是自主课、展示课、反思课、训练课。

（1）自主课

学生根据学案读书、思考、查资料、同组间交流，完成老师布置的任务，写学习报告。学习报告可称为任务报告，类似于学生们过去的作业，也是为第二天展示学习成果的准备报告。新绛中学的教师会认真验收学生的学习报告。因为，学习报告是学生劳动的成果，如果得不到及时的评价和展示，久而久之学生便会产生失落感，学生的学习兴趣就会逐渐失去。

自主课上，学生们要填写互动卡，互动卡上要写清自己什么还不会、还需要什么帮助、还想知道什么。互动卡可以由单个学生填写，也可以小组为单位填写。教师在自主课上的主要任务是巡视、发现问题，以及对某个小组或个人进行适当的指导，但坚决不能讲课，做到学生不问教师不答。

学校要求教师走下讲台，走到学生中去。下课后，教师要收回互动卡，最迟晚休前要收回。教师认真阅读互动卡，了解学情，有必要的话可以调整教学策略与过程。自主课后、展示课前，教师要验收学生的学习报告。自主课的评价标准是互动卡填写的质量和学习报告的完成情况。

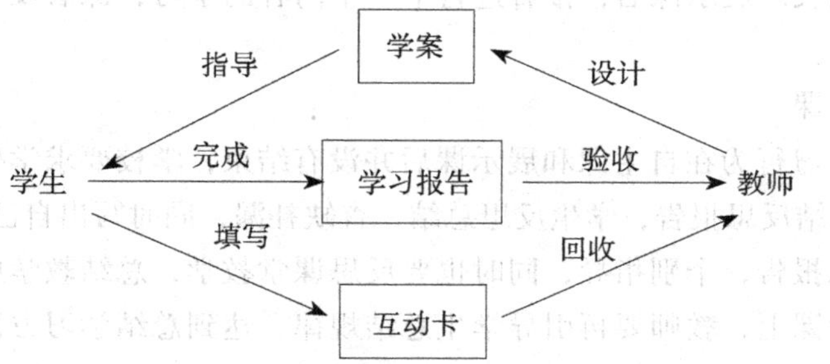

图 6-2　自主课师生互动流程

（2）展示课

展示课是落实教学质量的关键，展示学习成果与问题。展示课上，首先要解决学生写在互动卡上的问题。教师让没有提问题的学生给有问题的学生解答，这样做有一个好处，就是督促那些不提问的学生学习。教师要求学生，不在自主课上发现问题，就要在展示课上解决问题。教师还会让没有问题的小组给有问题的小组解决问题，在学生解决问题的时候，教师并不急于发表自己的观点，而是坚持引导、引导、再引导的策略。

互动卡上的问题解决之后，学生们开始展示。他们在教师的组织下，上台讲解或提出问题，把自己的思路、观点、方法以多种方式展示出来。展示不是简单地回答问题，而是要让学生展现解答问题的过程，展现学生的思维，展示的过程就是实现价值的过程。教师在学生展示时，要认真观察学生的行为，耐心倾听学生的见解，做好记录，学生展示完一个内容后老师要做出合理的点评。当学生表达不出来时，要引导学生把话说出来。他们认为，倾听就表示尊重，没有尊重就没有民主，就容易造成“满堂灌”。

课堂上，教师鼓励学生质疑。这是因为，质疑表示学生在进行积极思考。如果凡事顺从，就不可能主动学习。

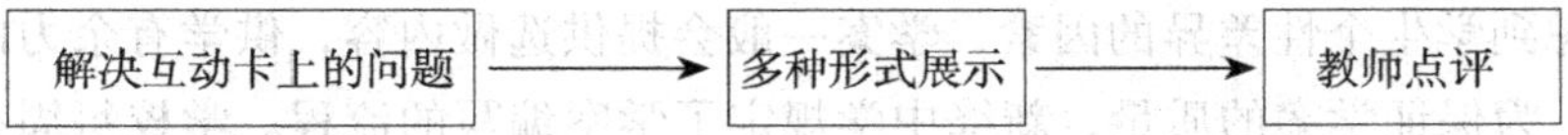

图 6-3　展示课流程

学生的展示使课堂生成很多新的问题，对教师形成挑战，同时加速了教师的成长。学校看一节展示课是否成功，有三个标准：一看这节课有多少学生展示；二看这节课解决了多少存在的问题；三看这节课新生成多少问题。课堂上新生成的问题五花八门，数不胜数，这些新生成的问题使学生和教师都在课堂上成长起来，真正达到了教学相长。展示课后，接着进行下一个内容的学习，课后没有作业，只有课前的学习报告。

（3）反思课

学生的学习行为在自主课和展示课后并没有结束，学校要求学生每学完一个模块要写一个总结反思报告，学生反思总结，查缺补漏，同时写出自己的感悟和心得；老师验收反思报告，个别指导，同时也要反思课堂教学，总结教学中的得与失。在反思报告展示课上，教师要再引导学生总结规律，达到总结学习方法，提升学习能力的效果。课后教师要写教育备忘录。

反思课不一定是整节课，多为自主安排，除了自主学习课以外的时间和空间，都是师生反思的课堂。

（4）训练课

为了检测学生的水平，学生每学完一个模块，教师就对学生进行一次训练，并对训练情况做一课时的展示。

整个“学案课堂”师生的活动可以用八字方针来概括：编（教师注重科学编写学案）、验（验收学习报告）、点（科学点评展示）、导（引导学生思考）、学（学案引领学习）、做（做好学习报告）、展（课堂尽情展示）、悟（冷静思考感悟）。学案课堂真正将学生变成了学习的主角，学生再也不是学习的旁观者，而是成了学习的主人。

学生们面对课堂改革出现的热情，令校长和教师们都出乎意料，学生们再也不在课堂上打瞌睡、开小差了，他们想尽办法要在展示课上将自己的知识、能力、风度展示给同学和老师，学生的学不再是“要我学”，而是无法阻挡、强烈的“我要学”。

新绛中学的学案编写，一般分为四个步骤。

① 确立学习目标。学习目标应该是在了解本课重点、难点和学生学情以及他们知识积累、能力养成方面的基本情况之后确定。

② 规划学习时数。确定学习目标和学习时数，可以让学生做到心中有数。

③ 读书指导。要具体指导学生读什么，怎样读。

④ 学习任务。这是学案的主要部分，包括阅读内容、思考问题、完成练习等。

考虑到学生个性差异的因素，学案一般会提供选做内容，供学有余力的学生自我发展。为保证学案的质量，新绛中学规定了学案编写的流程。学校每周有一个集体教研日，集体教研的主要内容之一就是集体备课、编写学案，同科老师共同研讨编写下周学案，最后经组长审核后交付印刷室统一打印，提前发放到学生手中。

在问题解决式课堂环境中，课前师生积极准备，课堂成了学生展示的舞台，成了教师验收、评价、引导的场所。课堂不再是学习的开始阶段，而是学习的提升阶段。

3. 意义

山西省教育厅副厅长张卓玉认为，教育的第一任务是如何使问题解决成为教育的起点。新绛中学把问题解决看作学生真实生活、真实成长的过程。他们认为：问题解决过程天然地将知识、能力、态度培养等教育内容融为一体，不存在三者孰轻孰重或顾此失彼的问题。学生获取知识的轨迹不是学科知识的体系，而是在解决问题的过程中习得了知识，学生的知识结构具有网络性和开放性特点。学生既可能在某个问题解决的过程中对某个领域的知识有更深入的了解，也可能由于问题解决的需要横向辐射。

问题是基本的教育单元，可能来源于校园、社区、家庭，或某一个学术性学科。教育的空间已经超越教室，只要需要和允许，学习场所可能是校园内外任何有助于问题解决的地方。教育基于学生的真实生活、真实问题，又使问题的解决成为学生受教育的过程。

实施“每天只上半天课”的教改措施之后，学生素养全面提升，学生快乐健康地成长。到过新绛中学的教育工作者都能感觉到学生们的综合素质，很善于表达交流，很善于与人相处，很善于思考和创新。新绛中学的高考升学率不降反升。由此可见，只要找到符合教育规律的正确方法，操作得当，落实好每个细节，调动一切积极因素，按教育规律和新课程的理念和方法去努力，提高学生的综合素质，教学成绩也必然得到提升。

21世纪教育研究院院长、国家教育咨询委员会委员杨东平考察新绛中学之后说道：“没想到在中部地区的一个小县城里，居然有一所真正把新课改的目标‘自主、探究、合作’落实到每节课，落实到每个学生和教师身上的中学，而且是在被视为‘改革禁区’的高中。”

新绛中学虽然没有提出“翻转课堂”的术语，但是，他们基于自身发展的需要有创意地开发了学案课堂，自发地倾向于翻转课堂，在教学结构上与美国的翻转课堂基本一致，证明翻转课堂在中国并不存在水土不服的问题。

八、针对几所学校翻转课堂的评价

1. 翻转课堂是学校发展的内部驱动力

分析翻转课堂在我国生产与发展的历程可以发现，无论20世纪80年代江苏省木渎中学的类翻转课堂教改实验，还是重庆市聚奎中学翻转课堂的早期实验，抑或是山西省新绛中学问题解决式学案课堂，都具有“学习知识在课外，内化知识在课内”的特性，而这个特性，正是翻转课堂最基本的属性——对传统教学结构的根本性颠覆。江苏省木渎高级中学、重庆市聚奎中学、山西省新绛中学的三个案例值得反思。其中，三所学校在变革中求发展的诉求无一不在昭示：“翻转”是学校发展的内部驱动力。

木渎中学政治教研组基于提高学科教学质量，尤其是提高学生应对理论联系实际难题的能力，开始研究培养学生自主学习能力、提高分析问题和解决问题能力的问题。由于在传统教学方式中找不到有良好前景的方法，他们开始独立思考，自主创新，创造了任务明确、方法巧妙、易于操作的自主学习模式，这种模式的基本特点，与“学习知识在课外，内化知识在课内”的翻转课堂的最显著特征基本相符，我们完全可以称之为“类翻转课堂”。

一个学校的教研组，基于学生发展实际，创建了被实践证明是卓有成效的“类翻转课堂”模式，早于美国教师二三十年，就开始了自发的类翻转课堂实验。这说明：只要具有发展的内在动因，从实际出发开展实验，就有可能走向殊途同归的教育创新，走向没有国界的科学真理。可以说，木读中学的教改实验，最早昭示了翻转课堂是学校教师追求学生发展的自然历史过程。

重庆市聚奎中学则是从学校层面出发，为了培养学生核心竞争力，办出学校特色，推进课程改革，探索出“541”新课堂模式。他们制定了《新课堂学习六环节》。

课前练习：教师提前一天下发导学案，学生课前完成相关内容的预习。

明确目标和任务：学生通过教师的解说明确本节课的学习目标和任务分配情况。

独立学习与合作学习：在教师的指导下开展独立学习与合作学习。

展示提升：各小组根据组内讨论情况，对本组的学习任务进行讲解、分析，有展示、有评价。

穿插巩固：各小组结合别组展示情况和老师的疑难点拨，对本组未能展现的学习任务进行巩固。

达标检测：教师以学生互相检测、“小纸条”检测或者口头检测等方式检测学生对本节课学习任务的掌握情况。

通过以上分析我们不难发现，聚奎中学的新课堂六环节与木渎中学的实验具有共同特点，即具有类翻转课堂的性质。在这六个环节中，前三环节可以看作是对学生自主学习的要求，后三环节可以看作是对课堂内化知识的要求。因此，当他们捕捉到翻转课堂的信息之后，立即调整方案，把新课堂上升到翻转课堂的个性化学习高度。

值得指出的是，新课堂学习六环节是聚奎中学探求具有本校特色的课程改革道路的产物。聚奎中学在追求发展的过程中，已经自发地接近了翻转课堂。国外翻转课堂的传入，促成了他们在国内最早与翻转课堂结缘，从而把学校课程改革推进到一个新的高度。可见，聚奎中学的翻转课堂也是一个源于学校发展动力、从自发走向自觉的水到渠成的自然历史过程。

山西省新绛中学在翻转课堂之前，面临“要提高教学质量，就必须进行课堂改革”的严峻挑战。在课程改革进程中，他们发明了问题解决式学案课堂，创造了每天只上两种课的教学模式（上午展示课，下午和晚上自主课），取得了学生综合素质全面提升的良好效果。每天下午和晚上是自主课，上午是展示课，其实就是典型的“学习知识在课外、内化知识在课堂”的翻转课堂模式。虽然他们从没称自己在翻转课堂，但他们已经在变革与发展的过程中，翻转了传统教学结构，成为典型的中国式翻转课堂。

新绛中学的课程改革实验，再一次证明，只要学校具有强烈的变革现状，谋求发展的愿望，他们就会按照客观规律研究与探索，其结果就会自然而然地走进翻转课堂。由此可见，中国的学校适应不适应翻转课堂，并不是“水土服不服”的问题，而是学校有没有推进课程改革、发展学生综合能力、勇于自我突破、提升学校发展层次的内部驱动力的问题。如果没有变革现状、实现自我完善与跨越式发展的愿望，即没有内部驱动力，就不会有木渎中学政治教研组创意的“任务驱动、问题导向”的类翻转课堂，也不会有聚奎中学的“541”向翻转课堂的跃迁，当然，更不会有新绛中学称作“问题解决式学案课堂”的翻转课堂实践。

2.“翻转”的道路是多元的

江苏省木渎高级中学、重庆市聚奎中学、山西省新绛中学的教改实验把传统课堂那种学习知识主要在课堂、内化知识主要在课外的教学结构革新为学知识主要课外、内化知识主要在课堂的新教学结构，但是，具体的实现方式又有着明显的差异。

（1）木渎高中

木渎高中采取任务驱动问题导向的方法，课前布置问题导向式的任务，让学生带着问题在家完成知识学习，到课堂里来交流、巩固知识学习，分析、探究具有理论意义与实践意义的重大问题，拓展抽象思维的维度，发展学生理论思维水平，使学生逐渐达到善于分析和综合，善于发现问题、提出问题和解决问题的程度。从教学结构方面考察，其翻转了传统教学结构，具有类翻转课堂的意义。

（2）聚奎中学

聚奎中学在“541”新课堂的基础上创造了“课前四步”与“课堂五环”的翻转课堂模式，此模式积极实践了翻转课堂教学结构的变革。聚奎中学从教学结构方面考察，借助了美国翻转课堂的成功经验，翻转教学结构，成为最早在中国实践翻转课堂的学校。

（3）新绛中学

新绛中学创造了问题解决式学案课堂。他们把课堂归为自主课、展示课、反思课、训练课。虽然他们没有提出翻转课堂的概念，但他们的实践是地地道道的教学结构变革。

（4）启示

三所学校的实验表明，翻转课堂的实践方式是多元化、个性化的。其根本原因就在于学校是活生生的个性化的实践着的组织，有着个性化的历史渊源和文化传统，以及各自面临的生源与教师专业发展现状方面的差异。

因此，实践翻转课堂不必照搬已有案例的经验，而应该解放思想，立足于本校实际，充分发掘教师智慧，善于创意切实可行的方案，大胆实践，持续不断地积累成果、反思问题，持续不断地修正与完善实验方案，直至预期目标达成。并且努力从实践中总结、提炼理论成果，走出一条具有本校特色的、以学生发展为中心的课程改革之路。

此外，翻转课堂的技术方式也是多元化的。可取的方法是坚持混合式学习道路，善于在课程标准、课程内容、学生现状与发展目标、教学环境，以及教师本人知识背景、技术背景、资源占有、性格特点、教学特长、审美情趣等方面的分析中做出最优化选择，使翻转课堂的效果达到最优化。

第二节　微课程、微课与慕课

一、微课程概念的界定

1.微课程属性分析

只有在事物的性状或属性得到充分展现的时候，才有可能产生反映概念本质的定义。而且，随着社会实践的推进，人们对于原有概念的理解会不断得到修正，从而更加接近事物的本质。微课程教学法关于微课程的定义就是在实践逐渐呈现其属性的基础上形成的。因此，理解微课程首先要从分析微课程的属性开始。另一方面，人们对于同一概念的理解往往因为研究视域不同而不同，从而形成多元化的定义。就像公共关系学传入我国之初，人们发现，早在1975年，全世界关于公共关系的定义，已经达到472条之多。因此，微课程教学法关于微课程的理解并不排斥基于其他领域提出的定义，只是坚持基于中小学微课程实践的抽象、提炼与总结的特色。

观察中小学翻转课堂实验发现，微课程除了具有微小的特性之外，还具有课程属性、技术属性、资源属性和时代属性等四大基本属性。这是微课程最主要的属性，因此，我们不再花工夫去证明“微课程”概念本身自带的“微小”的属性。

（1）课程属性

课堂属性是任何课程最基本、最本质的属性。无论是国家宏观课程，还是基于IT科技发展的当代微课程，概莫如是。离开了课程属性，微课程就不能被称为课程。因此，微课程首先表现为课程。从课程论方面看，课程涵盖课程设计、课程开发、课程实施和课程评价四大范畴，微课程作为课程也不例外，是关于微课程设计、开发、实施和评价的最优化组合的教学系统。课程属性是微课程首要和本质的属性。

微课程将以课程论的理论与方法指导实践。在微课程设计选择方面采纳学习者为中心和问题为中心两种设计思想，以任务驱动、问题导向为基本方法，设计指导学生课前开展自主学习的自主学习任务单，录制帮助学生完成自主学习任务单的配套资源（含微型教学视频），并与课堂教学方式创新、微课程教学评价融为一体。

从课程属性的视域看问题，微课程绝对不是纯技术的，其核心是课程。观察教师录制微课教学视频的过程可以发现，他们全神贯注在课程方面，录制结束又很自然地开展起同伴互助式教研活动，这时候，他们既为发现自己在教学方面的潜能惊喜，又在第一时间发现存在的问题，然后着手调整、修改、重新录制。整个过程的关注点都在课程上。

那么，教师为什么不为技术分心？原因在于，技术问题在按下录制按钮之后已经没有任何必要去加以关注。技术高度成熟，有利于信息技术与课程深度的融合。于是，一方面，课程从设计、开发到实施与评价一刻也离不开技术的支持；另一方面，课程设计、开发、实施与评价的过程中始终没有感觉到技术的存在。这也是整合的最佳状态——深度融合。

在微课程开发过程中，需要处理好技术与微课程设计、开发、实施与评价之间的关系，不是技术指挥课程，而是课程优选技术。

（2）技术属性

微课程当然具有技术属性，因为它本身就是信息时代的产物。一般来说，微课程的内容依靠信息科技存在，其实施与评价活动离不开信息科技创造的条件。从美国翻转课堂起源可以发现，某种程度上说，没有IT科技最新成果与学习方式变革的结合，就没有翻转课堂给教育带来的重大变革。

微课程主要采用微型教学视频支持学生在家自主学习。其灵感来源于萨尔曼·可汗倡导的“用视频再造教育”。萨尔曼·可汗发现，通过观看微型教学视频学习，可以让学生有一个自定进度的学习，即按照自己的步骤、节奏、方式学习。在观看视频的过程中，学习者可以随时暂停播放，思考问题或做好学习笔记，也可以在不甚理解的时候回播，一遍乃至数遍，直到达成学习目标为止。这样，第二天进入课堂教学的时候，大部分学生都可以在大致相同的基础上进行内化与拓展的学习。

不过，真实的在家在线学习远没有这么简单，因为此时学生没有任何监督，除了具有高度的自觉性和坚强的毅力之外，没有力量能够保证学生坚持在屏幕前完成人机一对一式的自主学习。萨尔曼·可汗的创造在于，他录制的教学视频都是10分钟左右的微小视频。这些微小视频符合人的视觉驻留规律，能够保证人的视觉注意力集中在屏幕上，从而保证学生能够在家完成学习知识的过程。因此，微视频成为微课程技术属性中最为耀眼的因素。

最早产生的微课程，其支持自主学习的教学资源都采用视频格式，不过，随着实践深入开展，人们发现微型教学视频并不能支持所有教学内容的自主学习。于是，采用以微型教学视频为主要形式、以其他资源为后援的混合式技术方式开展自主学习。因此，为了突出变革，我们可以把微型教学视频作为微课程的主要技术属性，但不应该把它绝对化，而应遵循优化教学目标实现的原则与方法，在具体学习过程中采用最适当的技术形式。

（3）资源属性

微课程教学法由三大模块组成：自主学习任务单、配套学习资源（含微型教学视频）和课堂教学方式创新。其中自主学习任务单（或学习单、学案、导学案等）和配套教学资源，本身直接表现为资源。自主学习任务单是教师设计的指导学生自主学习的表单式的方案，配套学习资源是教师开发的帮助学生完成自主学习任务单给出的任务的学习资源。

微课程具有资源属性毫无疑义。问题在于，微课程是自主学习任务单、配套学习资源和课堂教学方式创新三者的统一体，通过三大模块，把微课程的设计、开发、实施和评价落到实处。所以，微课程作为资源，与一般抽象意义上的纯资源不同，它是学习内容与翻转课堂学习方式整合为一体的新型资源。

（4）时代属性

任何概念、任何学说的产生都是时代的产物。微课程也不例外。但是，关于微课程时代属性不应挂靠全球化、信息化、多元化等诸多要素或结构，而是特指当代IT科技发展特征，即云计算、物联网、大数据和移动互联。

基于上述认识，微课程应当尽可能地纳入云教育的范畴，使学习能够方便地在任何可能的时间、地点“泛在”地开展，并且基于学习平台支持，实现学习行为、学习评价的数据化管理，从而为学习分析、教学策略调整、大数据应用创新创造条件，以便更好地促进学习绩效提升。

当然，微课程教学法并不排斥“纸媒”支持下的翻转课堂学习方式。由于地域差异，包括经济和技术等方面的差异，我们可以多元化地选择微课程的媒体呈现方式，因地制宜地创意翻转课堂的具体形式。但是，长远来看，只有基于云上移动互联和大数据才有更好的发展前景。因此，微课程教学法倡导尽可能把微课程纳入云教育的范畴。

二、微课程的概念

1. 微课程的定义

基于对微课程属性的认识，微课程教学法认为，微课程是云计算、移动互联环境下，有关单位课时教学活动的目标、任务、方法、资源、作业、互动、评价与反思等要素优化组合为一体的教学系统。

云计算、移动互联是微课程赖以产生的时代背景和技术基础，有着支持“泛在学习”、信息化学习管理和大数据应用创新的良好应用前景。我们在分析微课程的时代属性中已经阐明：微课程应该尽可能纳入云教育范畴。当然，微课程并不排斥“纸媒”支持的翻转课堂学习，需要指出的是，微课程的产生是与翻转课堂问世紧密相关的。但是，长远来看，微课程应当主动纳入由云计算、移动互联支持的云教育范畴。

“单位课时教学活动”明确了微课程教学法关于微课程的研究对象。把单位课时教学活动的目标、任务、方法、资源、作业、互动、评价与反思等要素纳入微课程范畴，是因为微课程首先表现为课程。课程属性中提及的四大范畴——课程开发、课程设计、课程实施、课程评价，将在微课程要素优化组合的微系统中得以实现。

2. 微课程的研究对象

微课程教学法认为，微课程的研究对象以单位课时教学活动为宜。因为单位课时教学活动是构成课程活动的最基本单元，通过基本单元教学活动的变革，学生们在家精熟学习，到课堂参加学生互动、师生互动，协作探究，获得学力提升，是非常有意义的。

在单位课时教学活动框架内，小学数学的学习内容一般为一个知识点，中学课程和小学语文等其他学科则往往表现为数个知识点。苏州市的实验表明，只要教学视频时长不超过视觉驻留规定允许的限度，可以包含一个或数个相互联系的知识点。譬如，时长 5 ~ 10 分钟之内的教学视频，即使囊括若干知识点，也不会给可视化学习带来任何不利的影响。

用联系的观点来看，一个微视频囊括数个相互联系的知识点，不仅有利于学生梳理知识结构，形成新的认知结构，而且有利于学生引发对相互联系的事物的深层思考，为他们今后在事物相互联系的复杂世界中实现创新奠定基础。

自然科学与社会科学发展的一般规律告诉我们，发现事物之间的关联，正是创新思维产生的必要条件。从可汗学院开发学习平台的事实中不难看出，如果萨尔曼·可汗不把学生作业内容、完成作业的时间和不同颜色这三个因素联系起来考察，就根本无法发现原本风马牛不相及的创新点，也根本不可能成功开发反映不同学生不同学习情况的管理平台，教师也就无法在第一时间发现学有困惑的学生，并立即介入给予一对一的针对性指导了。

南京大学李曙华教授曾经于2011年9月8日在山东淄博“稷下学盟”民间研讨会上做了题为《系统生成方法论对教育变革的启示》的发言，她借用中国古典宇宙观说明创新往往发生在混沌的边缘。所谓创新发生在混沌的边缘，就是指创新往往发生在事物发生联系的重合部分或重合点。这些重合部分或重合点，不仅存在着混沌，也存在着结构和秩序。复杂性系统具有将秩序和混沌融入某种特殊的平衡的能力，混沌的边缘就是生命有足够的稳定性来支撑自己的存在，又有足够的创造性使自己名副其实为生命；混沌的边缘是新思想和发明性遗传基因始终一点一点地蚕食着现状的边缘。正如米歇尔·沃尔德罗普所言，世界是一个相互关联和相互进化的世界。

教育系统是生命性复杂系统。要培养创新人才，就应该在教育过程中渗透科学世界观，使学生善于从知识点与知识点之间的联系中发现新问题，形成新认知。学生时代擅长在知识点与知识点之间的联系中学习与发现的人，长大才有可能擅长在事物的联系与差异的比较中发现创新点。把知识点联系起来考察，有利于培养学生的创新思维，这与建设创新型国家的战略决策相一致。

在微课程实验刚刚开始的时候，就应该考虑到中学与小学的区别，学科与学科之间的区别，不同课时教学内容之间的难易差别，不能笼统地把微课程及其教学视频限制在一个知识点，否则不仅与学校教学实际不符，还会因为死揪知识点而使学生从小在孤立看待事物的习惯中泯灭创新思维的潜能。

综上所述，微课程的研究对象不是拘泥于知识点，而是立足于单位课时教学活动。我们不赞成在微课程实践刚刚开始的时候，就给一个微视频只有一个知识点的限制。因为，这只能强化传统的资源建设观，强化以死揪知识点为标志的、扼杀创新潜能发展的传统教学。

三、微课程与微课的区别及联系

广义的微课与微课程都简称为微课。实际上，二者还是存在一定区别的。从字面上讲，微课与微课程应该有区别，而且各方还有争议。目前，国内对微课（程）研究的主要专家有黎加厚、焦建利、张一春、胡铁生和吴秉建等，他们对微课（程）

均有自己的见解。

黎加厚教授认为，微课与微课程虽然是一字之差，但如果深入探究，可以看出含义中的明显区别，同时也体现出二者之间的关联：微课实际上是微型的课，来源于知识碎片化的信息时代，是现在真实课堂的教学模式，也是教师课堂的浓缩、搬迁与分段，实质上仍是以教师为中心的教学模式。从教育技术的角度观察，微课属于新的教学资源——课件的范畴。

微课程却是微型课程的另外一种说法。其来源于亚伦·萨姆斯（Aaron Sams）和乔纳森·伯尔曼（Jonathan Bergman）提出的"颠倒的教室"的概念，教室颠倒后，最大的好处是教师有时间实施针对学生个性化学习的需求。微课程是将传统的课堂按照学生学习的特点，制定相关步骤体现课程目标、学习任务、学习方法、学习资源、课后作业、社会媒体交流与反思等新型课程体系。

因此，可以这样理解微课与微课程的明显特征区别。

1. 微课程是根据学生学习的普遍特征，将课程分解成为具有课程目标、学习任务、学习方法、学习资源、课后作业、社会媒体交流与反思等在内的小课程体系。其探究角度是以微课时长为单位的教师教与学生学的活动，并非一个被简单的分段拆散的时长单元。微课必须与教学单元、学生的学习过程及相关资源等相结合构成一堂完整的"微课程"。

2. 微课程的真正实施，可以产生许多新的学习资源，也是在教学过程中资源的创新，是教学内容与学生学习过程的新体现。从课程学的角度来说，微课程应具备课程、时代、技术与资源 4 个属性。

3. 微课是教学的缩减版或另外一种课件形式，与教学中传统课件形式一样，并不能改变传统教学及传统人才培养方式。

4. 微课程则是新事物，体现出课程创新需求，并且应对新的课程改革浪潮。

5. 从微课程学习方式的视角，微课程与慕课（MOOC）相似。可汗学院的慕课就是具备学生参与、教师反馈、布置作业、交流讨论及相关评价考试等较完整的学习过程的模式。

6. 微课程的教学与学习形式是分步与整体的关系，有利于个性化人才的培养和今后高层次教育的有机接轨。

同时，二者也存在一定的联系。

微课中的资源与微课的呈现形式有着天然的联系。许多学校开展的课程颗粒化形式的微课采用的技术手段过于复杂，其内容依旧是简单的拆分，真正要走向微课程，必须思考微课程的视频如何设计，使之真正体现新型教学方式。

通过分析与比较，微课程由基于某个专题的系列化、连续性、层次化的微课构成，它是基于一门课程的某个重要的单元、主题、实训而设计开发的一种微型化的视频课程。微课则是它的重要单位，如果附加学生参与、教师反馈、作业训练、交流讨论及测验考核就构成了今天的慕课。

四、微课与慕课

1.慕课的概念

慕课（MOOC），顾名思义，“M”代表Massive（大规模），与传统课程只有几十个或几百个学生不同，一门MOOC课程动辄上万人，最多达16万人；第2个字母“O”代表Open(开放)，以兴趣导向，凡是想学习的，都可以进来学，不分国籍，只需一个邮箱，就可注册参与；第3个字母“O”代表Online（在线），学习在网络上完成，不受时空限制；第4个字母“C”代表Course，就是课程的意思。慕课的核心概念就是“微课、小测验、实时解答”。也就是说，慕课一般以微课或者微视频的形式表示，结合小的测试与实时解答问题。

2.慕课的应用

慕课的引入与本土化构建，丰富了在线教育资源。慕课平台构建的网络课堂，其突出特性主要表现在以下三方面：一是开放性，体现在课程设置的开放性、学习门槛的开放性和教学师资的开放性；二是即时性，包括内容更新的即时性、学习活动的即时性、学习效果反馈的即时性以及交流互动的即时性；三是个性化，海量的课程资源以及零门槛让学习者可以根据需要选择课程，学习者可以根据自己的学习计划或者兴趣偏好决定学习的快慢、深度。

慕课作为网络课堂，其内容生产的开放性非校园课堂所能匹敌，其内容传播的广泛性和快速性也大大超过课堂教育。教育功能的实现不仅需要内容、传播和载体的支撑，更需要教学的互动互促，即师生在智慧、情感、价值观上的成长。从“教”这一端来说，慕课充分利用视频制作的跨时空、组合性、灵活性和便捷性的特点，教学形式包括出镜讲解、幕后讲解、实景授课、专题短片和访谈式教学等，其丰富程度是课堂难以达到的。但是，从“学”这一端来说，慕课教学形式的多样性难掩其学习过程的单一性。慕课所有教学都是以单一媒介——视频呈现的，对于学习者来说，学习过程主要是被动型“观看”占主导，缺乏情境刺激，容易产生注意疲劳，出现注意力涣散的情况。不管是电脑固定观看还是手机移动观看，学习者和屏幕之间的学习场较弱，干扰因素较多。

教学双方通过网络进行的主要是信息传递，在体验与情感的沟通方面则相对薄弱，这是网络课堂的“硬伤”，基于电子载体的网络互动（人→电子媒介→人）永远无法代替面对面的直接交流。课堂教学创设的场域有较强的凝聚力，教师可以随时采取多种措施应对注意力涣散的问题。更为重要的是，课堂教学不仅传授“显性知识”，还传达“隐性知识”，因而能够承载更为宽泛的教育功能，实现教学相长。另外，网络课堂的开放性在使学习者获得选学自由的同时也在相当程度上助长了学习的随意性。目前，对慕课最尖锐的批评恐怕就是说它“是最易实施的教育形式，因为它缺少‘教育原则’”。由此看来，慕课的优势是互联网的特性（开放性、参与性、渗透性）赋予的，慕课给课堂教育带来一定挑战，但不能取代课堂教学。就目前来看，基于学校课堂的全日制教育仍是我国公民教育的主要渠道，其课程具有较强的学科性和体系化，有一套完整的教育管理体系。但是应该看到，慕课的出现打破了教师——学生二元教育生态，以慕课为主要标志的网络教育平台已经迅速成为教育生态中新的独立主体。多元的教育生态需要探索深度融合的教育模式。在“互联网+”背景下，学校教育应充分认识这一变化，开掘慕课的资源优势，将慕课适当纳入课堂教学与管理体系，丰富课程内涵，优化教学模式。比如，通过对慕课优质师资的资源共享，提升教学质量；通过非主干课程的慕课引入，降低教育成本；通过慕课学习资源的利用，消化与深化知识理解，提高学习效果。对于那些没有机会或条件接受学校教育的人群，抑或缺乏师资的某些校园课程，可以通过慕课扩大传播，共享网络教育资源。

第三节　混合学习中微课的应用

一、概念

混合学习是在线学习和面授相结合的学习方式。

何克抗教授指出：“所谓 Blended Learning（混合学习），就是要把传统学习方式的优势和 E–Learning（即数字化或网络化学习）的优势结合起来。”也就是说，既要发挥教师引导、启发、监控教学过程的主导作用，又要体现学生作为学习过程主体的主动性、积极性与创造性。只有将这二者结合起来，使二者优势互补，才能获得最佳的学习效果。微课可以作为网络化学习的核心资源供学生学习，结合面授可以获得最佳效果。

二、混合学习理论下的微课教学模式设计

1. 混合学习及其学习模式

国内外学者从不同角度阐述了混合学习。柯蒂斯·邦克认为，混合学习是面对面教学和计算机辅助学习的结合；黎加厚教授认为，混合式学习指的是对所有的教

学要素进行优化选择和组合，以达到教学目标。从中不难发现，混合学习的内涵很广泛：从形式上看，混合学习不仅是线上线下的结合，更是不同学习理论、学习方式及评价方式的整合；从资源角度看，混合学习有机地组合了教学视频资源、辅助教学资源、多媒体资源和学习活动资源等；从有效性角度看，混合学习体现了以学生为主体，以教师为主导的双主体教育思想，强调以教为中心和以学为中心的教学模式的融合。

如何“混合”是混合学习的关键问题，对于怎样“混合”，没有统一标准，这给我们带来了更多实践和探索空间。混合学习的模式，是指用来清晰地展示混合学习过程，明确混合学习的各个环节的一种描述方式。混合学习的模式有很多，外国专家学者将其分为技能驱动型模式、态度驱动型模式、能力驱动型模式以及巴纳姆模式。不同的混合学习模式，混合时机不同，学习资源设计不同，学习内容分配存在差异。因此我们可结合实际教学情境，设计出满足学习对象需要的混合学习模式：

第一，以融合的学习理论为指导。行为主义、认知主义和建构主义等理论为混合学习实践提供了理论基础。在混合学习环境下，更需要将多种学习理论进行融合。

第二，设计建构性的学习环境。建构性的学习环境有助于学习者利用其认知结构自我建构。要以学习者特征分析为起点，选择合适的课程资源、媒体资源、认知工具和交互工具。

第三，加强学习资源设计。通过适当的教学策略，对混合学习中的资源进行精心设计与合理整合，使其协同作用，最大限度地发挥作用。

第四，突出评价和反馈。学习资源设计是否科学、媒体运用是否恰当、混合学习效果是否显著等问题需要进行评估。对教师而言通过评价和反馈，可以调整教学策略了解学习者状况，为其提供个性化指导；对学习者而言，即时的反馈可以使其纠正学习态度和调整学习方法。

2. 基于混合学习的微课教学模式设计

通过分析混合学习及其学习模式，学者从资源角度出发，在融合的学习理论指导下，以学习者为中心，提出了基于混合学习的微课教学设计模式，该模式重视学习资源的设计，通过微策略、微反馈、微反思和微评价将资源紧密联系，有效地保证了混合学习的效果。

第一，做好前端分析。混合学习中，学习者有较高的自主性，作为教学设计者，要分析学习者特征，重点把握学习者的认知特点、知识储备及在线学习习惯。在此基础上，要分析学习环境，考虑学习者处于什么样的混合环境中，是否有利于其通过网络平台开展学习。对学习者特征和学习环境分析，一方面可以确定教学目标，另一方面为教学内容和教学策略的选择及学习资源的设计提供依据。

第二，分析教学内容。选择针对性强的教学内容，以单个知识点为教学单元，突出讲解重难点。在分割内容时，不能损害微课的系统性和完整性，不仅要保证知识点的相对独立，而且要保证内容结构化，使学习者体验一个完整的学习过程。作为教学内容的载体，教学视频的设计要清晰明了，图文并茂，化抽象为形象，在相对短的时间内，传递完整的教学内容。

第三，优化学习资源。在设计资源时，要面向微课视频资源、辅助资源、微媒体资源和微学习活动等进行设计。微反馈、微反思及微评价以即时、便捷、交互的特点贯穿其中，使不同的资源紧密联系。以知识点为基础的切片化的视频有利于学习者个性化学习，根据单个结构化的切片视频，学习者有选择地进行重难点的学习。作为教学资源的补充，辅助资源一方面能为学习者拓展知识提供资料，另一方面能为学习者探究学习提供支架；教学设计者要选择合适的微媒体资源，尽量降低学习者的认识负荷，同时要能高效地传递知识；微学习活动是学习者交流的途径，其设计不仅要有利于学习者进行个体学习，更要多方位地引导学习者展开讨论和交流。要善于利用数据挖掘技术追踪学习者学习过程，更好地为学习者提供个性化辅导。

第四，重视交互和评价。据美国缅因州国家训练实验室提出的“学习金字塔”研究成果显示，讲授教学方式的学习内容平均保持率仅为5%；讨论方式的学习内容平均保持率为50%；而通过分享将自己所学向他人讲授的学习内容平均保持率高达90%。通过社会化网络交互基于混合学习的微课教学设计模式工具和对视频资源的设计，引导学习者讨论和分享知识。

混合学习下的微课教学设计是以学习者为中心的，通过过程性评价掌握学习者学习进度，及时提供指导，学习者互评、自评及教师评价等使评价方式更加客观，同时学习者可以对微课的设计进行评价，以帮助教师更加合理地进行设计。

第七章 微课教学模式的开发和应用

第一节　知识微课与情境微课

互联网时代的到来打破了商业格局，颠覆了传统行业，产生了一系列变革。身边的变化不断影响着我们每一个人。每一个职业人都需要快速成长，适应变化，为自己和企业创造更多价值。无处不在的大变革背景下，职业人的学习需求也变得更加时效化和碎片化。但是很多企业的培训工作还在做着所谓的系统化建设，投入大量的人力、物力、时间，按部就班地组织实施传统培训学习项目。这些方式早已不能适应需求，投入产出比也越来越低。此时，微学习和微课应运而生，成为众多培训从业者追捧的形式。培训市场上，微课如雨后春笋般扑面而来。结合微课内容和形式两个维度，微课可以分为知识微课和情境微课。多在商业领域使用，所以，本节将从企业的角度说明知识微课与情境微课。

一、知识微课

1. 简介

知识微课是指以通用知识技能为主，每节微课围绕一个知识点展开的微课形式。知识微课又分为知识类面授微课和知识类电子微课两种模式。例如，在企业销售培训微课中，销售类开场技巧、探寻顾客需求技巧、产品推荐技巧、产品售后处理技巧、成交技巧、新产品功能技巧、产品卖点技巧、产品操作等，都属于知识微课。

2. 知识微课的评价

从学习效率角度看，知识微课很有价值，但是从学习效果角度看，知识微课面临着许多挑战。知识微课所提供的内容是有价值的，但是，如果不与具体场景和问题结合，使用起来很困难。对于知识微课的评价，有以下几点。

第一，学习兴趣难调动。在这个娱乐至上的时代，人类的短期娱乐性需求得到了极大满足，一个人的碎片化时间被游戏、微信、微博、视频等娱乐性活动所充斥。如何调动学习者的兴趣，关掉游戏，退出朋友圈，进入学习状态是所有电子化课程面临的挑战，知识微课面临的挑战更大。因为通用知识微课，即使设计的形式互动性再强，也会让人有不接地气之感，不容易让大众接受。

第二，学习内容难深入。例如，在通用销售技巧中会讲到探询需求的重要性、探询内容、组合提问技术等，知识微课对此讲解得十分清楚，掌握这些知识也很容易，但是，如何让顾客愿意接受才是关键，而通用课程不会涉及这么多的场景和应对方法。因此通用知识技能很难被深入使用，广大的学习者在学习后也很难将其应用于实践之中。此外，在移动互联时代，学员完全可以通过多种渠道获取这些知识，没有稀缺性和针对性的内容，学员的学习兴趣也不会高。

第三，学习难应用。学习知识的目的是在实际工作中应用，解决各种各样的问题，从学习到应用的过程越顺畅，学习效果越好。像销售服务等相关行业所必需的人际沟通技能、分析判断决策能力等，都涉及学习转化和应用问题。总体来说，学习场景与应用场景越类似，学习的内容就越容易被应用。通用知识是脱离情境的，像是在真空中，需要学习者自己花费大量时间再次琢磨如何与实际情境结合。就像一个刚在驾校学习开车的司机，自己琢磨并掌握如何在车流汹涌的路上开车，如何在夜间、雨雪天开车，基本上不太可能。

3.应用领域

知识微课主要用来传授通用原理、方法、工具等，是某类或某层级员工需要掌握的基础知识和基础技能。这些知识需要学习者自己根据实际工作场景进行转化和应用。知识微课开发者需要系统化理论知识和丰富的教学设计能力，因此，更加适合大学教授、咨询顾问、培训讲师来开发。对企业来说，这种类型微课更适合外部采购或引进。

二、情境微课

1.简介

情境微课是指根据特定的环境、任务、场景展开的微课教学活动。情境微课分为情境类电子微课和情境类面授微课。

2.情境微课的价值

第一，对接业务痛点。情境微课是针对具体工作场景，尤其是挑战性场景和痛点场景开发的。这些场景能够与企业业务改善需求快速对接，也符合学习者改善工作方法和提升绩效的需要。

第二，萃取组织经验。萃取专家头脑内隐性知识转变成组织经验并快速复制推广是企业内部学习的一种重要手段。情境微课开发提供了这样一种载体，通过聚焦特定情境和问题，借助专家丰富的实战经验及反思总结，萃取高价值的知识，并通过课程实现转移。

第三，高效落地。情境微课来自实际工作典型情境，与学习者遇到的问题和挑战一致，学习内容非常容易应用到实际工作中。

第四，提升专家水平。情境微课需要多个专家结合实战经验进行深入讨论，萃取出关键知识、梳理出方法论、挖掘出典型案例，这个过程同样是专家能力升华的过程；同时，课程设计或课程面授又提高了专家辅导能力，使具有丰富实践经验的专家成为实践+理论+传承三位一体的专家。

3.应用领域

情境微课主要用来传授企业特定任务、场景中需要的整合性知识、技巧，学习者可以直接模仿和借鉴，容易转化和应用。这就要求情境微课开发者有着丰富的实践经验，能结合企业特定情境中的挑战点、痛点、难点提炼出有针对性的知识，因此适合企业内部专家开发。

三、从知识微课到情境微课

当今社会，微课成为大部分企业培训的新宠，但是，诸多案例的实践表明，情境微课更适用于企业的开发。

知识微课与情境微课同属于微课，所以，它们有着内容少、时间短、形式精、载体广等共同点，也就是说，两类微课都是聚焦于一个知识点或一个情境，视频的时长在5～10分钟，可以通过计算机、平板电脑、手机等多种载体进行学习。但是，两者在表现形式上仍有很大不同。知识微课以通用知识技能为主，每门微课围绕一个知识点展开，例如，产品知识类微课、销售流程及销售技巧类微课、销售流程及销售技巧类微课、客户知识类微课、竞争知识类微课。情境微课以情境需要的整合性知识为主，一门微课围绕学员最常面临的一个情境（任务、问题、挑战）展开，例如，老顾客快速成交、潜在顾客需求激发，每一类场景都不同，需要学习者整合产品、客户、销售、竞争类知识，提供可直接模仿或借鉴的策略。

一般而言，企业内部新产品知识、新业务流程、新方针政策都习惯开发为知识微课，但学习者学了这些知识后该如何去解决现实工作中的问题呢？如何将枯燥的知识微课转变为情境微课呢？这些问题也是职能部门、产品经理、课程开发人员需要考虑的。而解决的关键策略就是将知识点镶嵌在不同情境中。例如，新产品知识类课程一般会包括产品基本功能、特色功能、技术指标、产品优势及独特卖点等。在情境化过程中需要思考的问题是销售人员如何使用这些产品知识完成销售，如新产品适配哪些类型客户、如何让客户体验、如何利用典型故事证明产品优势、如何回答客户竞争性问题等。

四、情境微课的开发

1.情境微课开发的目的

情境微课不是传授通用知识，而是传授解决特定问题或挑战的策略、技巧和方法。这就需要把专家头脑中的丰富经验（隐性知识）显性化，通过深度分析提炼成有价值的组织经验。将这些知识传授给一般员工或新员工，他们就不需要自己琢磨了，可以直接模仿应用，加速成长。因此微课的选题和内容萃取对组织和个人都有重要意义。

情境微课的核心问题是解决如何从我（专家）掌握到你（学习者）掌握的过程。培训的目的是提高学习者的能力，因此课程开发就包含了这个关键过程。好的教学设计要使学习者喜欢学、听得懂、学得会、记得牢、会应用，最终提升个人和组织的绩效。

2. 情境微课开发的独特性

情境微课开发比标准课程开发难度更大，难就难在必须像做精致小菜一样保证每一门微课的内容和形式都要有独特价值。因此，情境微课看起来小，做起来容易，要做好则很难。

情境微课开发者大部分是各领域专家，常规做法是在企业培训部门统一规划下，较为系统地开发相关主题课程，不同主题由不同的专家承担。在互联网时代，随着企业快速发展，越来越多的企业鼓励员工分享知识，员工也乐于奉献自己的经验和智慧。通过自主开发电子微课，人人都可以成为微课开发者。

作为学习者，业务专家参加过很多培训。大部分培训是传统面授课程，时间长、内容多；可能有少部分是电子微课，而情境微课学习体验就更少了，好的体验就基本没有了。课程开发者对于什么是微课、什么是情境微课、什么是好的情境微课都缺乏体验，这时候还要自己开发、制作，更是不知从何处下手。具体来说，有如下挑战。

（1）萃取难。许多专家都有这样的体会，工作中的疑难问题自己处理起来很轻松，但是要清楚地把自己是如何做到的讲给其他人听很不容易，而情境微课要求在很短的时间内讲清楚，更是难上加难。

（2）设计难。教学设计是一项专业工作，业务专家基本是门外汉。诸如系统化教学设计、敏捷式课程开发，他们都不是十分了解。

（3）成果繁。培训部门对课程成果要求程度不同。许多企业要求一门课程要提供六项要件：课程大纲、授课 PPT、讲师手册、案例、练习和学员手册，写作量巨大。如果要制作成电子微课，还需要进行电子化设计。

（4）时间紧。作为业务骨干，本职工作已经非常繁重，开发课程需要占用许多时间。还有一个问题是，占用工作时间过长会带来与本职工作的冲突，占用业余时间过多会带来与家庭生活的冲突。同时情境微课是为了解决企业热点和痛点问题的，过长的开发时间也会降低课程的时效性。

这些问题事实上是对开发方法提出了挑战，具体来说，就是业务专家在开发情境微课时需要考虑简化的流程步骤、通俗易懂的开发方法、可以直接套用的模板工具和可以直接参考的典型范例，这也正是情境微课开发需要解决的问题。

3. 情境微课开发的三种驱动

情境微课开发主要有三种驱动力，或者称为三种应用方向，也就是“新”“关”“痛”。

"新"是指企业需要推广新产品、新政策、新技术等，结合员工应用场景来开发对应的情境微课可以助力学习落地，如新产品推广等。

"关"是说即使没有业务政策变化，在企业日常生产经营活动中同样存在关键客户开拓与服务、关键流程执行、关键项目管理等任务场景，这些场景除了标准作业流程和方法之外，还会有许多关键环节需要强化，这也可以开发出对应情境微课，如关键客户服务。

"痛"是指在日常经营活动中会出现一些业务痛点，例如，关键客户流失、瓶颈工序严重影响产量和质量、某个设备故障引起整个系统问题等，企业内部有专家、也有力挽狂澜转危为安的案例，通过梳理这些典型案例开发出相关情境微课就可以助力消化痛点。

4. 情境微课的开发模式

在情境微课开发过程中，企业一般会采取两种模式。

第一种是个人经验分享式。常见模式是专家案例分享课程，这种模式简单易于操作。通常是一个业务专家结合自身典型案例进行个人复盘，总结其经验教训或方法窍门后，利用简单课件工具就可以制作完成。企业通过鼓励专家和更多人分享，经过简单制作就可以获得大量微课。尽管质量参差不齐，但是可以通过评价、点赞等机制，筛选出一批有水准的课程，然后进行深度萃取。

第二种是组织经验萃取式。常见模式是组织一批专家通过头脑风暴、焦点小组、世界咖啡等多种形式对组织经验进行深度萃取，最终形成可以复制的策略、方法、工具、诀窍等，同时输出具有典范和对比效应的正反案例。这种情境微课质量高，但是开发难度明显比第一种大。两者的比较情况见表 7-1。企业可以结合内部专家数量和现有知识积累程度来决定采取哪种模式。

表 7-1　　情境微课两种开发模式对比

不同点模式	个人经验分享式	组织式经验萃取式
人员投入	一位专家	多位专家 + 辅导者
萃取深度	个人结合自身典型案例进行经验、教训总结	结构化方法论，结合多位专家经验提炼出可复制的流程步骤、工具、方法、典型案例等
教学设计形式	以案例分享为主，不需要太多互动设计	包含微目标、微视频、微练习、微评估在内的系统化学习要件
开发难度	较低	较高

5. 情境微课的开发流程

情境微课的开发流程包括四个阶段。首先要理解每个阶段要完成的任务，然后在每个阶段展开具体方法。

第一阶段：聚焦情境。这个阶段核心任务是考虑清楚课程要聚焦在哪个热点问题或者痛点问题上进行开发。聚焦是核心，选择的情境、问题、挑战越具体，提炼的“干货”才越有针对性，授课者才能在短时间讲清楚、讲透彻，学习者才能有收获。

第二阶段：萃取知识。这个阶段核心任务是提炼“干货”，也就是解决特定情境下痛点或挑战的策略、方法、工具。萃取关键是要围绕挑战展开，因为挑战和痛点背后隐藏着专家的经验和知识，这些知识才是真正的“干货”。提炼逻辑是先明确挑战、分析成功或失败个案背后的经验教训、最后提炼成结构化的工作方法。

第三阶段：设计大纲。这个阶段核心任务是解决转化问题，就是想清楚如何把提炼好的知识从专家转移到学习者上。相关学者提出了一勾（勾兴趣）、二学（学方法）、三练（练本领）、四查（查收获）的快速设计套路来实现这个目的。

第四阶段：开发课件。这个阶段核心任务是把设计的教学活动开发出来，也就是如何勾、如何学、如何练、如何查。学者也提出了许多标准模板和范例让业务专家直接使用和模仿。

6. 规划情境的策略

规划情境通常有两种策略。第一种，自发方式。业务专家根据自己的特长和兴趣爱好直接选择情境进行开发，开发了大量微课后，通过内部员工学习和点评筛选后进行梳理整合。第二种，定向招募。业务部门或培训部门主动策划微课主题，然后定向招募或组织业务专家进行深度开发，在碎片化学习的同时保证内容的系统性和价值性。

7. 情境的选择

面对多种情境，应该选择哪些进行开发呢？需要从下面四个维度进行评估：第一，重要性，也就是对绩效的影响大小。第二，发生频率，也就是发生频率的高低问题。第三，学习难度，也就是新人掌握的难易程度。第四，是否有专家，即是否有该任务领域专家能够作为业绩标杆。

8. 情境微课设计遇到的挑战问题

（1）激发兴趣。线下微课学习时间一般都在下班后或周末，学习者都比较疲劳，更想回家休息，那么在身心状态都不佳时如何吸引他们的学习兴趣呢？线上微课学习时间更多是在上下班路途中、工作等待间隙等碎片时间，这时候线上微课的竞争对手不是其他课程，而是微信、微博、娱乐八卦等其他网络资源，标题如何才能有吸引力，开场如何能抓住听众决定了学习者是否愿意点击并开始学习。因此情境微课和其他微课一样在激发兴趣方面遇到了巨大挑战。

（2）练习设计。学习是一个闭环，学习者需要经过方法学习→练习整合→应用强化才能实现能力提升。那么线下微课如何设计练习、线上微课如何组织混合式授课也是课程设计者面临的挑战。

（3）授课时间。线下微课适合时间一般是 15 ~ 60 分钟，线上微课适合时间是 5 ~ 10 分钟，在这么短的时间内如何设计完成整个学习循环，达成培训目标是更大挑战。

（4）课程开发者。课程设计是个专业工作，有专门的理论方法，但是对于业务专家来说，听到许多理论方法就很痛苦，为此，业务专家希望能够有简便的设计方法。

9. 情境微课激发兴趣的途径

兴趣是最好的老师，是人类个体发展和潜能开发的重要条件。兴趣能够调动学习的积极性和创造力，进而决定人的发展方向。成人的学习更是如此，如果不能从兴趣入手，提高学习自觉性和主动性，学习也只是流于形式，达不到提高学习者能力的目的。如何激发学习兴趣在很多培训视频和书籍中有完整的理论和技巧，但是，情境微课的激发途径应该从以下四点来实现。

（1）反面案例，给出痛点。反面案例给出痛点可以使学习者产生痛的共鸣感，为了摆脱这种痛苦，学习者当然期望学习。

（2）给定情境，提出挑战。可以采用 SCQA 模式，S 是指 situation，即给出情境；C 是指 complication，即说明冲突或挑战；Q 是指 question，即提出问题；A 是指 answer，即回答问题。SCQA 这种模式，通过给出冲突和挑战，引发学习者获得答案的兴趣。

（3）绩效差距，利益诱导。通过说明专家和新手完成某个任务的绩效差距，吸引学习者兴趣。

（4）开场吸引，激发兴趣。这里又可以通过四点来实现。

① 设计富有吸引力的标题。在互联网时代，所谓的“标题党”横行，没有一个吸引眼球的名字，大家点击一篇新闻、文章、消息的可能性就会大幅度降低。同样，情境微课也是在互联网时代产生的一种课程形式，名称一样需要富有吸引力，所以，一般需要两个名字，“学名”和“艺名”。

② 引发兴趣活动。通过呈现痛点、提出挑战、利益吸引三种方法引发学习者兴趣。

③ 介绍课程目的。简单介绍目的，主要是说明克服挑战、解决痛点的价值。

④ 介绍内容框架。简单介绍主要内容逻辑思路，给学习者一个框架。

第二节　其他微课教学模式

一、典型教学设计模式

教学设计的模型是经过长期的教学设计实践活动所形成的教学设计的稳定的系统化操作类型，它用简约的方式，提炼和概括了教学设计实践活动的经验，解释和说明了教学设计相关理论。教学设计的模型既是教学设计理论的具体化，又是教学设计实践活动的升华，它同时具有理论和实践的性质，是教学设计理论与实践的紧密结合。在长期的教学研究与设计中，形成了多种教学设计模式，这里主要介绍国内外四种比较典型的教学设计模式。

1.加涅和布里格斯教学设计模式

加涅和布里格斯的教学设计模式是建立在现代认知学习理论基础之上的，即建立在信息加工学习理论的基础之上，其核心内容是为学习者提供有效学习的基本程序和教学的基本程序。这一教学基本程序包括以下九大教学事件。

（1）引起注意。

（2）告知学习者学习目标。

（3）回顾所需的先决技能，

（4）呈现刺激材料。

（5）提供学习指导。

（6）引发学习行为。

（7）提供行为正确与否的反馈。

（8）评估学习行为。

（9）增强保持与迁移。

加涅和布里格斯指出，在上述九大教学事件中，具体的教学设计应集中在（4）~（6）上。这一教学设计模型强调教学设计要根据实际情况灵活地运用教学技巧，巧妙地安排教学活动，以优化每一个教学事件，提高教学活动的整体效果。在此基础上，他们构建的教学设计模型包括以下九个阶段。

（1）教学目标。

（2）教学分析。

（3）起点行为和学生的特征。

（4）作业目标。

（5）标准参照的测验项目。

（6）教学策略。

（7）教学材料。

（8）形成性评价。

（9）总结性评价。

2. 史密斯——雷根教学设计模式

史密斯（P. L. Smith）、雷根（T. G. Ragan）教学设计模式吸取了心理学家加涅在“学习者特征分析”环节中注意对学习者内部心理过程进行认知分析的优点，并注重认知学习理论对教学内容组织的指导作用，在学习理论上体现了行为主义与认知主义的结合，贯彻了加涅提出的“联结——认知”学习理论的基本思想。

史密斯——雷根教学设计模型主要包含以下的基本内容。

（1）将教学活动分为教学分析、策略设计和教学评价三大环节。

（2）将教学分析明确地分为三个方面：一是学习环境分析；二是学习者特征分析；三是学习任务分析（包括教学目标的分析和教学内容的分析）。

（3）三类教学策略：一是教学组织策略，包括教学内容应该按哪种方式组织、教学程序应该如何排列以及具体教学活动应该如何安排等方面的策略；二是教学内容传递策略，指有关教学媒体的选择、使用以及如何将学生组织起来等方面的策略；三是教学资源管理策略，即如何对教学资源进行计划和分配等方面的策略。

3. 建构主义教学设计模式

建构主义学习理论认为，学习者的学习不是被动地接受知识灌输的过程，而是通过主观认知与客观知识的相互作用，建构起对新知识的理解的过程。在这个过程中，尤其受关注的是学习者主动性的发挥和知识建构的意义性。

在建构主义学习理论指导下的教学模式是以学生为中心，以教师为组织者、指导者和帮助者，利用情景、协作、会话等要素充分发挥学生的主动性，最终达到学习者对所学知识的意义建构。

4. 主体——主导教学设计模式

北京师范大学何克抗教授在深入分析“以教师为中心”和“以学生为中心”的教学设计模式的基础上，结合我国教育的实际情况，提出了“主导——主体”教学设计模式，强调既要发挥教师的主导作用，又要体现学生在学习过程中的主体地位。

“主导——主体”教学设计模式具有以下四个特点。

（1）可根据教学内容和学生的认知结构情况灵活选择“发现式”或“传递—接受”两类教学分支。

（2）在“传递——接受”教学过程中基本采用“先行组织者”教学策略，同时也可采用其他的“传递——接受”教学策略（甚至是自主学习策略）作为补充，以达到更佳的教学效果。

（3）在“发现式”教学过程中也可充分吸收“传递——接受”教学的长处（如进行学习者特征的分析和促进知识的迁移等）。

（4）便于考虑情感因素（即动机）的影响。在进行情境创设和选择与设计媒体的时候，可通过适当创设的情境或呈现的媒体来激发学习者的动机。而在学习效果评价这一环节以及根据形成性评价结果所做的“教学修改”环节中，可通过讲评、小结、鼓励和表扬等手段促进学习者三种内驱力的形成和发展。

二、微课教学设计概述

（一）微课教学与微课教学设计

教学设计强调的是在进行教学活动之前，根据教学目的要求，运用系统方法，对参与教学活动的诸多要素所进行的一种分析和策划的过程。简言之，教学设计是针对“教什么”和“如何教”的一种操作方案。

微课教学设计是根据微课的教学目标与功能，应用系统方法综合考虑教学中各要素之间及与整体的本质联系，并在设计微课时综合协调它们的关系，以形成时间短、内容精、视频为主要载体的微课的策划过程。

特别需要注意的是，常规的教学设计是基于教师和学生双边教学活动的设计，整个教学过程包含师生的互动，而微课的教学设计主要是基于教师单边的教学设计，微课中没有师生互动，主要包含微课学习中或者学习后的主观与客观测试、讨论与练习。

微课的质量高低，首要因素就是微课的教学设计。合理的教学设计是保持学习者注意力的最佳方式，其次才是微课的表达形式。

微课教学设计是教学设计理论在微课开发过程中的应用，微课教学设计应更强调学生的自主学习，要考虑学习时间的零散性与片段性，学习内容是独立的知识点或技能点，学习媒介的多样化，学习方式的个性化与网络化，教学活动是单方面的，只是学生依托视频的单方面的学习。

在重难点的微课设计中，微课教学设计应考虑微课讲授知识时要高内聚、低耦合的特点。内聚就是指微课内部各个知识模块之间关系的紧密程度，耦合就是各个微课之间的知识关联的紧密程度。所以，高内聚实现了单个微课描述的知识要紧凑、要独立，低耦合则强调了微课与微课间的联系要少，这样学习者更容易明白。在进行综合知识的微课设计时，则要主动加强知识之间的联系，使学习者能够综合运用所学知识。

（二）微课教学设计的原则

微课的教学设计主要遵循微型化、以学习者为中心、实效性、易懂的原则。

1. 微型化

在知识爆炸的时代，信息资源的无限量与注意力的有限性两者存在矛盾，因此微博、微信、微课等微型化的资源受到热捧。微课就是微型课，课程时间短，通常仅为 5 ~ 8 分钟，最多不超过 15 分钟。微课要有效利用学习者的碎片化时间，精心设计内容明确、短小精悍的教学视频，以减少学习者的认知负荷，维持学习者的注意力，提高学习者的学习效率。当然，在坚持微型化原则的同时，要注意微课的系统化设计，以保障微视频结构的相对完整性。

2. 以学习者为中心

微课是为学习者服务的，往往以学习者的最终学习体验为衡量课程效果的标准。在课程设计过程中，课程内容的选择、学习活动和各项资源的组织都要围绕学习者这个中心进行。在课程内容选择方面，应先了解学习者的学习需求，明确他们要的是什么。在学习活动和学习资源的组织上，要充分体现学习者的主体地位，调动学习者的学习主动性，激发学习者的学习兴趣。

3. 实效性原则

微课是为广大的学习者提供帮助的。在教学设计之前，一定要充分了解学习者真正需要的是什么，在他们学习过本微课之后，是否能够帮助他们顺利解决日常生活中碰到的现实问题。微课内容的选择要来自于真实的生活情景或存在的现实问题，让学习者意识到这节微课是与大家的生活息息相关的，以真实情境引发要讨论的问题，不仅能够激发学习者的学习兴趣，还能保持学习者的学习动机。

4. 易懂性原则

易懂性原则是指在微课教学设计时要把抽象的问题形象化，复杂的问题简单化。具体来讲就是教学媒体的选择要恰当，要选择最适合的表现形式。从戴尔的“经验之塔”可以看出，各种教学媒体所体现的学习经验层次是不同的，有的属于具体的经验，有的属于替代的经验、间接的经验，有的则属于抽象的经验。因而，不同的教学内容应选择不同的教学媒体来体现。或者说，不同的教学媒体适合表现不同的教学内容。

（三）微课教学设计流程

1. 教学设计的系统模型

在微课的应用中，结合职业教育的特点以及人们对教学设计过程模式的理解与认识，形成微课的教学设计模型。

2. 微课教学设计的模型构成

（1）学习需要分析

教学系统同其他系统一样，都有一定的目标，教学目标确定的依据之一就是针对教学系统环境的分析。这是系统理论中的一条重要原则——教学系统的目标应根据更大的教育系统的环境要求来确定，这是进行教学设计的逻辑起点。针对职业教育，教学目标是通过受训者所准备从事的职业、岗位的具体要求来确定的。

由此可以看出，在制定教学目标之前，必须有一个分析教学系统的环境、分析教学系统环境的过程，就是对学习需要的分析。只有在客观地分析了学习需要的基础上，才能提出并确定教学设计课题的目标。同时，还有许多其他问题需要考虑。例如，开展教学设计需要哪些条件，有哪些不利因素，哪些因素必须考虑进去，哪些因素可以从轻考虑，等等。总之，在学习需要分析中，必须解决教师“为何教”，学习者“为何学”的问题。

（2）学习内容分析

根据教育目标的指引，各级不同的学校有不同的培养目标，不同课程要确定不同的教学目标。根据课程目标，确定课程标准，选择教材。在此基础上，依据课程的整体目标，确定单元目标，在确定的过程中，要着重分析学习者需要学习哪些知识和技能（知识点与技能点），达到什么程度和水平以及培养何种能力和态度，使得身心获得怎样的发展。学习内容的分析与学习者的分析密切相关，不仅要考虑教师如何教授这些内容，更要考虑学习者怎样学习这些内容。总之，在学习内容的分析中，必须解决教师“教什么”，学习者“学什么”的问题。

（3）学习者的分析

奥苏伯尔和加涅等心理学家的研究表明，学习者对某项学习目标的学习已具备的知识和技能、了解和掌握的程度是教学工作成败的关键。这就告诉大家，完成教学设计的蓝图，必须分析学习者在进入学习过程前所具有的一般特征，必须确定学习者的初始状态，必须注意学习者认知结构的特点，必须了解学习者的学习准备状况。因此，要分析学习者的生理、心理特点，从事某项学习的知识和技能的储备状态，并据此进行教学设计。

在目前的高职教育中，生源处于多样化的状态，多样化指多种生源，具体指对口单招、普招、“3+2”专本连读、单独招生、“3+3”招生、注册入学等几种类别。针对多种生源的学习基础参差不齐、学习能力相差悬殊、个性鲜明等情况，无论从系统设计上，还是在具体课程的教学设计上都要敢于实践与创新。单纯根据教学内容进行微课教学设计而不考虑学习者的水平与能力，不可能获得良好的教学效果。总之，教学设计要以学习者为中心，时刻考虑“谁学”的问题。

（4）教学目标的设计

在对学习需要、学习内容和学习者进行分析的基础上，就需要对教学目标进行设计和编写。教学系统方法和现代教学理论强调：教学目标应该预先确定，教学目标应该说明学习结果，并以具体的、明确的术语加以表述，在教学活动前，必须把教学目标明确地告知学习者，使师生双方都明确教学目标，做到心中有数，以使教学、学习活动有的放矢。例如，有学者提出，应以学习者通过学习后所期望达到的行为改变的具体指标来确定教学目标，学者泰勒早在20世纪30年代就有类似的思想，不管从什么角度确定教学目标，它都应是明确、具体的。明确、具体的教学目标有利于教学策略的制定和教学媒体的选择，同时也为教学评价提供了依据。

（5）教学策略的设计

教学目标确定后，就要进行教学策略的设计。教学策略是实施教学过程的教学思想、方法模式、技术手段这三方面动因的简单集成，是教学思维对其三方面动因进行思维策略加工而形成的方法模式。教学策略是为实现某一教学目标而制定的、付诸教学过程实施的整体方案。它包括合理组织教学过程，选取具体的教学方法和材料，制定教师与学生所遵守的教学行为程序。教学策略是实现教学目标的重要手段，是教学设计研究的重点。教学策略主要研究课的类型与结构、教学的顺序与节奏、教学的活动、教学的方法、教学的形式、教学的时空安排，教学活动时效对策等问题。简言之，教学策略主要解决教师“如何教”和学习者“如何学”的问题。

教学策略的设计需要考虑诸多因素，必须创造性地开展教学设计工作，灵活地安排教学活动，巧妙地设计各个环节，合理地安排各种因素，使之形成一个优化的结构，以发挥整体功能，求得最大的效益，因此人们应遵循的原则是“低耗高效”。

（6）教学媒体的设计

过去，教学媒体主要是黑板与粉笔，现代科技的突飞猛进为教育提供了越来越多的教学媒体。所以，现在可以选择的教学媒体多种多样，选择的余地也很大。

① 选择教学媒体的依据

依据教学目标。每个知识点都有具体的教学目标，为达到不同的教学目标常需要使用不同的媒体去传递教学信息。

依据教学内容。各门课程的性质不同，适用的教学媒体会有所区别，同一学科内各环节的内容不同，对教学媒体的使用需求也不同。

依据教学对象。不同接受能力的学生对事物的接受能力不一样，选用教学媒体时必须顾及他们的年龄特征。

依据教学条件。教学中能否选用某种媒体，还要看当时当地的具体条件，其中包括资源状况、经济能力、师生技能、使用环境、管理水平等因素。

② 选择教学媒体的原则

最优决策原则。教学媒体有许多种类，各种教学媒体有其优势与不足，没有一种能对所有教学情境都适用的教学媒体，所以要考虑在媒体的功效与所付出的代价之间取得最优决策。

有效信息原则。从戴尔的“经验之塔”理论可以看出，各种教学媒体所体现的学习经验层次是不同的：有的属于具体的经验，有的属于替代的经验、间接的经验，有的则属于抽象的经验。因而，不同的教学内容应选择不同的教学媒体来体现。或者说，不同的教学媒体适合表现不同的教学内容。

优化组合原则。各种教学媒体都有各自的优点，也有各自的局限性。没有一种可以适合所有教学情况的“超级媒体”。各种教学媒体的有机组合将会扬长避短、优势互补，取得整体优化的教学效果。但是，媒体的组合要以取得极佳的教学效果为出发点，而不只是形式上的相加。

总之，不仅要选择教学媒体，还要具体设计教学媒体。教学媒体的设计是根据教学的实际需要和具体要求，将教学内容与方法转换为印刷或视听、具体详细、可操作的实施方案，以把学习内容充分展示给学习者，使学习者花费最少的时间，投入最少的精力，用最简捷的方式，获得最大的学习效果。

（7）微课教学过程的设计

经过以上三个分析环节与三个设计阶段，教学设计者即可着手设计教学过程，即用流程图的形式，简洁地描述教学过程，简明扼要地表达各个要素之间的相互关系，直观地表示教学过程，给教师提供一个可供参考的教学流程。教学设计专家完成的更多的是教学设计过程模式的理论模型，实际具体完成教学设计任务的主体是教师。所以，一般情况下，作为微课的教学设计可以采用思维导图的方式来实现。

思维导图又叫心智图，是表达放射性思维的有效的图形思维工具，它简单却又极其有效，是一种革命性的思维工具。思维导图运用图文并重的技巧，把各级主题的关系用相互隶属与相关的层级图表现出来，以主题关键词与图像、颜色等建立记忆链接。思维导图充分运用左右脑的机能，利用记忆、阅读、思维的规律、协助人们在科学与艺术、逻辑与想象之间平衡发展，从而开启人类大脑的无限潜能，思维导图因此具有人类思维的强大功能。

（8）教学设计的评价

经过以上各环节，就可得到教学设计的初步产品，即教学设计的实施方案。设计的方案能否带来理想的教学效果？学习需要、学习内容和学习者的分析是否准确、到位？教学目标的确定是否明确、具体？教学策略设计得是否合理、科学？教学媒体的选择与设计是否经济、有效？要回答这些问题，必须对教学设计进行评价。

对教学设计进行评价主要采用形成性评价，也就是在教学设计成果推广使用之前，先在一定范围内试用，以了解教学设计的可行性、有效性、实用性等效果。其中，教学目标的达成度是教学设计实施方案评价的主要方面。如果没有达到预期的教学目标，则要修改教学设计实施方案，然后再试用，再修改，直到满意为止。也可以采用总结性评价。

（四）微课的教学顺序

微课的教学顺序在整个教学设计中是非常重要的。由于微课具有短小精悍的特点，所以在有效的时间讲什么内容是非常重要的。因此应充分考虑如何引入讲授内容，如何吸引学者的注意力，知识如何展开，如何深入与拓展，如何指导，如何结尾等。通常来讲，微课的通用教学顺序为引起注意，明确目标，知识讲授，教学指导，教学小结。微课通用的教学顺序如图 7-1 所示。

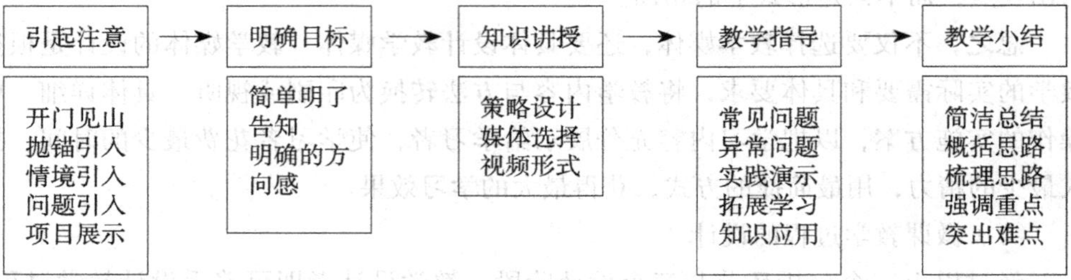

图 7-1　微课的教学顺序

（五）微课教学设计中可参考的教学模式与教学策略

分析学习者特征明确了学习的起点，分析教学目标明确了教学的终点，那么如何教与学就是选择恰当的教学模式与教学策略的问题，这也是核心问题。

1. 教学模式与教学策略

教学模式是在一定的教育思想、教学理论和学习理论指导下，为完成特定的教学目标和内容而围绕某一主题形成的比较稳定且简明的教学进程结构及其具体可操作的教学活动方式。教学模式是教学理论与教学实践的桥梁，既是教学理论的应用，对教学实践起直接指导作用，又是教学实践的理论化、简约化概括，可以丰富和发展教学理论。

一般将教学策略理解为在不同的教学条件下，为达到不同的教学结果所采用的方式、方法、媒体的总和，它具体体现在教与学相互作用的活动中。教学策略分普遍性教学策略和具体性教学策略。普遍性教学策略是指不与具体的学科知识和技能教学紧密相连的策略，如学习动力激发策略、课堂组织策略、自主学习策略、协作学习策略等。具体性教学策略是指针对某一具体知识和技能的教学策略，如语文学科的识字教学策略、作文教学策略，英语学科的听说教学策略、词汇教学策略等。

虽然在实践层面，教学模式和教学策略，包括教学方法之间常常不是那么界限分明，但学界认为，相对而言，教学模式属于较高层次，规定着教学策略、教学方法，教学策略比教学模式更详细、具体，受到教学模式的制约。在某个教学模式中，可以采用多种教学策略；同时，一个教学策略可用于多种教学模式中。

2. 常用的教学设计模式

在教学理论研究与实践中，形成了适用于不同学习结果的教学模式，这些教学模式有些体现了以教为主的教学思想，有些侧重于以学为主。下面列举一些具有代表性、有较大影响的教学设计模式，可供大家根据不同的教学目标和学习内容选择参考。

（1）传递——接受教学模式

传递——接受教学模式适用于认知领域的教学目标，教师控制教学过程，学生能在较短的时间内掌握大量的知识，但不利于学生主体地位的发挥。该模式包括激发学习动机、复习旧课、讲授新课、巩固运用、检查等五个主要环节。

（2）九段教学模式

九段教学模式是美国著名教育心理学家加涅将认知学习理论应用于教学过程而提出的一种教学模式。加涅认为，教学活动是一种旨在影响学习者内部心理过程的外部刺激，因此教学程序应当与学习活动中学习者的内部心理过程相吻合。根据这种观点，他把学习活动中学习者内部的心理活动分解为9个阶段，相应地教学程序也应包含9个步骤：引起注意——阐述教学目标——刺激回忆——呈现刺激材料——提供学习指导——诱发学习行为（反应）——提供反馈——评价表现——促进记忆与迁移。

九段教学模式由于有认知学习理论作基础，所以不仅能发挥教师的主导作用，也能激发学生的学习兴趣，在一定程度上调动学生的学习主动性、积极性，建立起学与教之间的联系，再加上其实施步骤具体明确，可操作性强，因此影响和应用都比较广泛。

（3）引导发现教学模式

该模式适用于认知领域的教学目标，以问题解决为中心，注重学生独立活动，有利于学生的探究能力和创造性思维能力的培养，需要学习者具有一定先行经验的储备，比较适用于数理学科。该模式包括提出问题、产生假设、验证假设、总结结论四个环节。

（4）掌握学习

掌握学习（Mastery Learning）是美国心理学家和教育学家布卢姆（B.S.Bloom）提出的，旨在把教学过程与学生的个别需要和学习特征结合起来，让大多数学生都能够掌握所教内容并达到预期教学目标。该模式包括学生定向、常规授课、揭示差错、矫正差错、再次测评五个环节。

（5）抛锚式教学模式

抛锚式教学模式是由温特比尔特认知与技术小组开发的。这种教学模式要求在多样化的现实生活情境中（或在利用技术虚拟的情境中）运用情境化教学技术以促进学生反思，提高迁移能力和解决复杂问题能力。抛锚式教学模式的核心要素是“锚”，学习与教学活动都要围绕着“锚”来进行设计。教学中使用的“锚”一般是有情节的故事，而且这些故事要设计得有助于教师和学生进行探索。在进行教学时，这些故事可作为“宏观背景”提供给师生。该模式在全球范围内产生了较大的影响，并得到了广泛认可和应用。

（6）随机进入教学模式

由于事物的复杂性和问题的多面性，要做到对事物内在性质和事物之间相互联系的全面了解与掌握，真正达到对所学知识的全面而深刻的意义建构是很困难的。因为从单一视角提出的每一个单独的观点虽不是虚假的或错误的，却是不充分的，往往从不同的角度考虑可以得出不同的理解。为克服这方面的弊病，在教学中就要注意对同一教学内容，要在不同的时间和情境下、为不同的教学目的、用不同的方式加以呈现，应避免内容的过于简单化。在条件许可时，尽可能保持知识的真实性与复杂性，保证知识的高度概括性与具体性的结合，使知识富有弹性，以灵活适应变化的情境，增强知识的迁移性和覆盖面。作为教学内容的知识源泉应该是高度联系的知识整体，而不是各自为政的、分割的。换句话说，学习者可以随意通过不同途径、不同方式进入同样教学内容的学习，从而获得对同一事物或同一问题的多方面的认识与理解，这就是所谓的“随机进入教学”。随机进入教学模式主要包括以下几个步骤：呈现基本情境——随机进入学习——思维发展训练（由于随机进入学习的内容通常比较复杂，所研究的问题往往涉及许多方面，因此在这类学习中，教师还应特别注意发展学生的思维能力）——小组协作学习——学习效果评价。

（7）支架式教学模式

支架式教学模式来源于苏联著名心理学家维果斯基的“最邻近发展区”理论。最邻近发展区是指，学生独立解决问题时的实际发展水平（第 1 个发展水平）和教师指导下解决问题时的潜在发展水平（第 2 个发展水平）之间的距离。可见，学生的第 1 个发展水平与第 2 个发展水平之间的状态是由教学决定的，即教学可以创造最邻近发展区。因此教学绝不应消极地适应学生智力发展的已有水平，而应当走在发展的前面，不停顿地把学生的智力从一个水平引导到另一个新的更高的水平。建构主义者正是从维果斯基的思想出发，借用建筑行业中使用的“脚手架”（Scaffolding）作为上述概念框架的形象化比喻。所谓脚手架，是指教师所能提供给学生，帮助学生从现有能力提高一步的支持的形式。支架的例子包括教师揭示或给予的线索，或帮助学生在停滞时找到出路，通过提问帮助他们去诊断错误的原因并且发展修正的策略，激发学生达到任务目标的兴趣及指引学生的活动朝向预定目标。

通过这种脚手架的支撑作用，不断地把学生的智力从一个水平提升到另一个新的更高水平，真正做到使教学走在发展的前面。支架式教学策略由搭脚手架、进入情境（将学生引入一定的问题情境）、独立探索、协作学习、效果评价等环节组成。

在以上几种模式中，传递——接受教学模式和九段教学模式主要体现了以教为主的教学思想，引导——发现教学模式、支架式教学模式、抛锚式教学模式及随机进入教学模式特别强调情景创设、学生主体地位的发挥，倡导自主、合作、探究的学习方式和策略，因而，具有更鲜明的信息化环境下的教学特征。除了上述几种模式外，近些年在信息化教学实践中，已逐渐探索和形成了很多信息化教学模式。由于自主、合作、探究的学习方式既是信息化教学的主要特征，也是新课程改革所倡导的。以下将重点对自主学习策略和协作学习策略做进一步的介绍。

3. 自主学习策略

自主学习策略的核心是要发挥学生学习的主动性、积极性，充分体现学生的认知主体作用，其着眼点是如何帮助学生“学”。因此这类教学策略的具体形式虽然也是多种多样，但始终有一条主线贯穿其中，这就是“自主探索、自主发现”。所以，通常也把这类教学策略称之为自主学习策略或发现式教学策略。然而，由于一些教师对自主学习缺乏深入了解和深刻认识，导致在实践中出现诸多问题。

缺乏明确的学习任务。学习过程松散而效率低下，一切从学习的“需要”和“兴趣”出发，课堂处于放任自流状态。

缺乏必要的指导。教师在课堂上为了多给学生留出“自由”的空间，而不敢多讲一句话，不敢多提学习要求，不敢多对学生的学习做出适当的评价。

自主学习活动花样繁多。为了自主而“自主”，缺乏对教材内容、学生特征等作深入的分析，在形式上追求丰富性，忽略了促进学生的意义建构这一根本目的。因此，在自主学习设计中，应该注意以下几方面。

重视人的设计。要在学习过程中充分发挥学习的主动性，体现学生的首创精神。环境是促进学习者主动建构知识意义的“外因”，理想的学习环境是必要的，但学习者是学习的“内因”，缺乏人的自主学习，意义建构无从谈起。设计的重点应放在能够促进学习发展上，而不是活动的形式上。

目标明确。在自主学习中，学生对知识的意义建构是整个学习过程的最终目的。在学习过程中强调对知识的意义建构，无疑是正确的，但如果不分析学习目标，对当前所学内容不加区分一概完成“意义建构”（即确定深刻的现解与掌握）是不恰当的，正确做法应该是在进行教学目标分析的基础上选出当前所学知识中的基本概念、基本原理、基本方法和基本过程作为当前所学知识的“主题”（或者说“基本内容”），然后再围绕这个主题进行意义建构。另外，要让学生有多种机会在不同情景下去应用他们所学的知识，即将知识外化。

让学习者能根据自身行动的反馈信息来形成对客观事物的认识和解决实际问题的方案，即能实现自我反馈。

重视教师的指导。教师是学习过程的组织者、指导者，教师要对学生的意义建构起促进和帮助作用。在充分体现学生主体地位的同时，不能忽视教师的指导作用。

4. 协作学习策略

协作学习是以一种小组或团队的形式，组织学生协作完成某种既定的学习任务的教学策略或形式。在协作学习过程中，学习者之间以融洽的关系、相互合作的态度，对同一问题运用多种不同观点进行观察，比较、分析和综合。学习者共享学习资源，共同担负学习责任，共同享受成功的喜悦。常见的协作学习策略有讨论策略、角色扮演策略、竞争策略、协同策略和伙伴策略。

（1）讨论策略

讨论策略的运用要求是整个协作学习过程均由教师组织引导，讨论的问题皆由教师提出。“课堂讨论”教学策略的设计通常有两种不同情况：一种是学习的主题事先已知；另一种是学习的主题事先未知。多数的协作学习属于第一种情况，但是第二种情况在教学实践中也会经常遇到。

（2）角色扮演策略

角色扮演包括师生角色扮演和情境角色扮演两类。师生角色扮演就是让不同的学生分别扮演学习者和指导者的角色，学习若需要解答问题，指导者则检查学习者在解题过程中是否有错误。当学习者在解题过程中遇到困难时，指导者帮助学习者解决困难。在学习过程中，他们所扮演的角色可以互换。情境角色扮演是要求若干学生，按照与当前学习主题密切相关的情境分别扮演其中的不同角色，以便营造一种身临其境的气氛，使学生能设身处地去体验、理解学习的内容和学习主题的要求。

（3）竞争策略

竞争指两个或多个学习者针对同一学习内容或学习情境，通过计算机网络进行竞争性学习，看谁能够首先达到教学目标的要求。由于学习者的竞争关系，学习者在学习过程中，会很自然地产生人类与生俱来的求胜本能，所以学习者在学习过程中会全神贯注，易于取得良好的学习效果。在运用这种协作学习策略时，教师须注意恰当选择竞争对象，巧妙设计竞争主题，一方面要避免学生产生受挫感，另一方面要巧妙利用学生不愿服输的心理刺激其进一步的学习。

（4）协同策略

协同是指多个学习者共同完成某个学习任务，在共同完成任务的过程中，学习者发挥各自的认知特点，相互争论、相互帮助、相互提示或者是进行分工合作。学习者对学习内容的理解和领悟就在这种和同伴紧密沟通与协作的过程中逐渐形成。

（5）伙伴策略

在现实生活中，学生们常常与自己熟识的同学一起做作业。没有问题时，大家各做各的；当遇到问题时，便相互讨论，从别人的思考中得到启发和帮助。伙伴学习策略与此类似，它可以使学生在学习过程中感觉到他并不是孤独的，而是有一位伙伴可以互相支持、互相帮助。当碰到问题时，他可以随时与伙伴讨论。由于个人的思考范围有限，在学习过程中，能和伙伴相互交流、相互鼓励方可达到事半功倍的效果。

在设计协作学习策略以及协作学习过程时，要注意以下几方面。

① 建立合适的协作小组

协作学习是学习者组成一个群体，互相帮助，共同学习，通过协商和辩论，加深对问题的认识。因此，形成一个适当规模和构成层次相当的协作小组对于协作学习的成功非常重要。如果规模不合适或协作者之间基础相差悬殊，则不能形成协作或协作不充分，协作学习自然失败。

② 学习主题具有挑战性，问题具有争论性

协作学习的主题可以由教师指定，也可以由学生自行确定。学习者协作解决的问题可以是围绕主题的并且能够引起争议的初始问题，可以是深化主题的问题，也可以是稍稍超前于学生的智力发展水平的问题，这些问题是否具有可争论性关系到组织协作学习的必要性。

③ 重视教师的主导作用

协作学习的设计和学习过程都需要教师的组织及引导，教师要设计有争议的问题以及评价方式。在协作过程中，教师还要关注每位学生的表现，对学生表现出的积极因素给予及时的反馈和鼓励；如果学生的讨论离题或开始纠缠于枝节问题时，要及时加以正确引导，将其引回主题；对于学生讨论过程中暴露出来的关于某个概念或认识的模糊或不正确的问题，要用适当的方式进行引导；对于整个协作学习的过程，教师要做出恰当的评价。

现代信息技术在学生的自主学习和协作学习方面，能够提供有效的支持。信息技术可以为学生提供探索的问题情境，提供可以利用的各种信息资源和工具，支持学生之间的合作和沟通，并更好地超越课本与教材的限制，拓展学生学习的空间。近年来，计算机支持的协作学习（Computer Supported Collaborative Learning，CSCL）使协作学习超越了时空的限制，拓展了学习的空间。

（六）系列微课设计

系列微课是微型课程的另外一种说法，是将传统的课堂按照学生学习的特点，制定相关步骤体现课程目标、学习任务、学习方法、学习资源、课后作业、社会媒体交流与反思等新型课程体系。或者说，系列微课是将原课程按照学生的学习规律，分解成为一系列具有目标、任务、方法、资源、作业、互动与反思等在内的微型课程体系。还可以这样理解，将系列化、专题化的微课，加上作业或讨论就组成了系列微课。从系列微课学习方式的视角来看，系列微课与慕课是相似的。

所以，针对系列微课的设计必须要注意以系列微课知识点的拆分、微课视频形式展示与选择、系列微课的练习与作业选择、系列微课的设计模板、微课的教学设计模板等几方面。

1.系列微课知识点拆分

系列微课是基于网络的在线课程，所以受众来源广泛，基础和学习目的差异大，结合系列微课建设要求，对课程体系、体系结构和课程知识点、技能点体系进行描述，为学生提供灵活、便捷的在线学习模式，是系列微课建设的重要内容。

系列微课知识体系网络建模包括以下步骤。

第一步：针对专业培养目的、目标，研究课程间可能存在的逻辑关系类型。不同专业的课程体系和课程设置不同，每个专业所需要学习的几十门课程是相近课程组成课程系列，再构成整个课程体系。同时，在不同系列课程之间也存在复杂的关联关系。例如，管理信息系统设计需要有大量的计算机管理课程知识基础。更为复杂的是，在一些专业课间，内容存在交叉、重叠，相互引用的部分，课程间存在多种关系，分析起来比较困难。因此，结合专业培养目的、目标，研究课程间可能存在的逻辑关系类型是非常重要的，也是系列微课体系构建的首要工作。

第二步：系列微课知识体系网络建模。根据第一步梳理出来的课程关系类型，对每一种关系，把存在这类关系的所有课程挑选出来，采用网络图的形式，把课程当作网络中的结点，课程间关系当作网络中的有向边，建立基于关系的课程网络模型。

第三步：课程知识点划分和描述。对每门课程，根据课程大纲和课程标准，将需要讲授的知识，按微课时长为 5 ~ 10 分钟的要求划分为一个个小的知识点。在知识点划分时，每个小的知识点要尽可能独立而且便于学生学也便于老师考核。一些较复杂的方法，由于内容、环节和步骤相对较多，依赖性较强，联系紧密，要将它们划分成一个个短小的知识点，需要老师对内容把握非常准确、精细、到位。一个好的划分，将有利于知识的学习，而错误的划分将导致无法学习。知识点划分完成后还要对每个知识点内容、难易程度、重要性等进行详细描述，以便于学生合理安排时间和精力，也便于老师考核。

第四步：课程知识点网络建模。对第三步梳理出来的每个小的知识点，与第二步相类似，需要分析这些知识点间的相互关系，根据这些关系，进行分组、分块、分群，建立知识点间的关系网络模型。

2. 微课视频形式展示与选择

知识点与技能点确定之后，就可以依据知识点与技能点内容本身的特点选择恰当的媒体与微课视频的展示形式。

可汗学院式微课适用于讲解数学、电子技术、电气原理等具有缜密的推理和演算过程的课程。课堂实拍式微课能较好地展现整个教学活动，体现教师对整个课堂的控制能力，展现教师的教学风采，适合展示教学活动的整个过程。

录播室录制微课适用于教师对知识点进行讲解，也适用于录制整个教学活动。

实景拍摄式微课适用于操作技能的演示，或者是情景剧式的微课，操作演示类的微课一般在实习车间、操作演示作业台、生产厂房等地进行。为了避免背景过于杂乱，一般选择较为开阔的室内进行拍摄，拍摄时要布置好工具，操作对象等。表演录像适用于对有一定故事情节的内容进行演绎，拍摄难度较大。

屏幕录制式微课通常有录制 PPT 演示文稿、录制 Prezi 演示文稿、录制各类软件的操作演示等三类方式。如果开启摄像头，可以用来录制画中画式微课。屏幕录制式适用于计算机办公软件、平面设计软件、计算机仿真软件、素养与公共课程的 PPT 讲解等内容。所以，屏幕录制式微课如果使用 PPT 课件，对 PPT 的制作要求较高，PPT 的制作水平能够影响微课的质量。

虚拟仿真二维或者三维动画式微课能展示事物的具体形象，促进思维的发展，可以再现实验情景，可以将抽象的概念与规则形象化、具体化。

虚拟抠像式微课适用于各类课程，能营造一种真实的师生交互，也能将多画面同时展现在同一视频中，营造良好的一对一的学习环境。

访谈式微课适用于以人物采访的方式采访行业、企业嘉宾，访谈专业发展、办学方向、就业前景、工作岗位、职业发展等，以鼓励学生热爱自己所学的专业，产生良好兴趣。

讨论式微课适用于在教师的引导下开展教学活动，对学生的思维加以引导和启发，学生则是在教师的指导下进行有意识的思维探索活动、自主学习。

讲坛式微课适用于直接讲授课程内容，如人文、历史、素养类的课程。

3. 系列微课的练习活动设计

系列微课的应用是基于网络的，所以需要考虑其多样化的练习活动。一方面，不同类型的练习适用于考查学生不同方面的能力或技能；另一方面，学生也需要从不同角度来了解自己的学习程度并展示自己的学习成果。因此，在设计课程的练习活动时，需要考虑以下几个问题。

（1）根据课程类型选择设计练习活动

课程类型不同，所适用的练习活动也不同。例如，课程介绍大量的事实类知识，就非常适合用客观测验来进行；计算机编程实践类的课程，程序编译类的题目就会是主要的练习活动；如果课程强调的是分析、综合和评价等策略性知识，可能就需要多一些主观作业。对于大部分课程而言，都会包含事实类知识、应用实践以及高级策略性的知识，因此测验和主观作业都需要考虑。

不同类型的练习活动也适合评价不同的学习成果。以选择题为主的测验活动比较适合考查学生是否记住或理解事实类的知识，这类学习成果的评价就不太适合采用主观作业的形式。主观作业，如要求学生设计一个项目计划，相比选择题，更容易评价出学生分析和综合应用知识的能力。

另外，练习活动的设计也会影响学生的学习行为。例如，如果课程练习大多都是在大量的信息中做选择，那么他们的学习就倾向于采用记忆的方式；而如果课程练习要求学生综合应用知识来撰写论文或解决问题，那么他们就会学习如何建立零散信息之间的联系并尝试综合应用。在设计练习活动时也需要考虑如何帮助学生学会学习。

因此，在设计练习活动时，需要结合课程内容和考核目标来选择练习活动的主要类型，并设计相应的练习题。除此之外，还要考虑如何在网络上开展这些练习活动。

（2）练习活动的教学目的

不同的使用目的会决定练习活动的不同设置。一般练习活动的目的可促进提高和考核学习效果两种。

① 促进提高。“促进提高”的练习活动主要是使学生发现问题并及时调整自己的学习，因此，这类练习活动比较适合采用客观练习的形式。这类练习活动可以是每次学习内容开始的自测活动，也可以是穿插在学习内容中的系列小测验，包括和视频紧密相关的练习活动。在设计这类练习题时，就要结合教学内容中的重点、难点以及学生容易忽视或容易出错的地方进行设计。在练习的设置方面，也可以结合平台的功能来更好地发挥“促进提高”的效果。例如，“多次尝试”提供让学生不断试错的机会，练习活动的“随机”变化避免学生多次尝试时记住答案的可能性，及时且有针对性的“解释”则可以帮助学生进一步思考或为学生提供学习建议。

② 考核学习效果。“考核学习效果”的练习活动主要用于评测学生的学习效果，也可以为学生提供展示自己学习成果的机会。这类练习活动可以采用客观练习的形式，也可以采用主观题作业的形式。客观练习的形式就好比是传统教学中的阶段性考试，因此可能要配合一些防作弊的手段来加强评价的效果，如借助题库随机组题，限制练习完成时间等。主观题作业不仅可以让学生展示作品，也是综合评价学生学习成果的重要手段。为了保证主观题作业评分的客观性，除了作业题之外也需要设

计科学的评价规定以及清晰的活动指导。

总之，在系列微课中，“促进提高”和“考核学习效果”这两类练习活动都需要设计，这样才能真正促进学生的学习。

（3）网络上开展练习活动的技巧

传统教学中，在设计课程练习活动时需要考虑班级规模、教室场地的情况以及教室的设备，以此来决定如何开展练习活动。而在系列微课中，所有的练习活动都是“在线”进行的，所以需要了解课程平台所支持的练习活动形式有哪些，以及自动批改和评阅的机制是什么。在此基础上，就可以选择合适的工具来实现之前设计好的练习活动。

目前，主流的在线课程平台可以支持的练习活动有与视频紧密相关的练习活动、客观题型的测验活动（包括在线编程及编译类的题目）以及主观题作业。前两种练习活动都是支持自动评分的，而主观题作业主要是采用同伴互评的方式进行评阅。虽然这些和练习相关的工具都比较简单，但借助这些工具就可以实现丰富多彩的练习活动。

（4）系列微课设计模板

系列微课建设的模板见表 7–2。

表 7–2　　　　　　　系列微课建设的模板

系列微课主题	课程名称
选题分析	为什么你认为这个主题适合开系列微课，这个话题吸引人吗，这个主题有没有类似的已经上线的系列微课，如果有，你打算建设的系列微课和这些已有的课程有什么不同
对学习者的要求	你希望什么样的学习者来选课，例如，需要具备哪些知识基础，需要具备什么实践经验，等等。你的系列微课需要做出什么样的时间投入承诺
教学目标	你希望学习者完成课程后学到什么知识，具备什么能力。计划如何帮助学习者清楚课程目标
课程评价设计	计划怎样衡量学习者的学习目标是否达成，学习者需要达到什么要求才能获得课程学分
教学设计	计划分几周进行，每周的教学安排是什么。这样的安排和传统教学相比，有什么改动，变动的理由是什么
讨论活动设计	讨论你对课程论坛的定位，在引导学生讨论方面，有什么考虑和建议，计划如何参与学生的讨论

续表

系列微课主题	课程名称
团队成员及分工描述	课程团队中有哪些人（如授课教师、助教、教学和课程制作支持人员），每个人的工作任务是什么
宣传策略	计划采取哪些宣传手段来宣传课程。你认为哪些信息对于课程宣传最为重要
困难与挑战	对于建设系列微课，你最大的挑战可能是什么，你计划如何解决，你希望获得什么样的帮助

（5）微课教学设计模板

微课教学设计模板见表 7–3。

表 7–3　微课教学设计模板

微课名称		所属课程	
所属专业		适用对象	
所属专业大类		所属专业类	
授课教师		所属学校	
教学策略与教学设计思路			
教学背景			
教学目标			
重、难点			
教学过程设计			
教学环节	教学内容		时间分配
环节 1 例如：问题导入	举例：图片 设计目的：问题引入，引发学生反思 教学方法：引导启发法 教学资源形式：视频		
环节 2： （略）			

续表

……		
教学总结与特色	（略）	
详细教案		
（略）		

三、其他微课教学设计模式应用

（一）开门见山式微课教学模式应用

1. 简介

开门见山式表示直接点明主题，不拐弯抹角。开门见山式微课表示教师在微课开始直接介绍本节微课的主要内容与学习目标。这种开讲方法能够引起学生的足够注意，便于其抓住本节课的知识脉络。通过对本节重点概念或关键问题的简介，引入知识内容，既突出了授课的重难点，又是一种微课知识引入的良好方式。

开门见山式微课即在视频刚开始就直接阐述微课题目，像“今天我们一起来学习‘二进制与八进制、十六进制的数值转换’”。简洁明了不啰唆，这一点微课与传统授课的过程还是有区别的，即略去课堂语言。开门见山式微课主要针对学习兴趣比较浓厚，积极性较强的学习对象。

2. 教学模式设计

开门见山式微课通常教学内容简洁明了，直接切入主题。开门见山式微课教学设计中，知识点的引入要能直接引起学习者的关注；知识的讲解要紧凑；教学媒体的选择要适合表现形式，注重直观形象，通俗易懂；教学总结要突出重点，还可以设置一些问题，以检验学生的学习效果。

3. 适用场合

开门见山式微课直接点名主题，明示讲解的主要内容与学习目标。这种方法能够引起学生的足够注意，便于其抓住本节课的知识脉络。这种方式适用于主动学习的学生，或者是目标明确，积极向上的学习对象。

开门见山式微课适用于课程的概念阐述、重难点解析和疑惑点解析。此类微课适合在教材配套的数字资源中使用。

（二）情境式微课教学模式应用

1. 简介

情境即情景、境地，也就是在一定时间内各种情况的相对的或结合的境况。从社会学角度讲，情境指与个体直接联系着的社会环境，与个体心理相关的全部社会事实的一种组织状态；从心理学角度讲，情境指对象和时间等多种刺激模式，对人有直接刺激作用，有一定的社会学意义和生物学意义的具体环境。综上所述，情境是指能使人引起情感变化的具体自然环境或社会环境。建构主义强调用真实背景中的问题启发学生的思维，其所指的真实背景就是情境。从学生角度看，情境可以理解为促使学生产生学习行为或从事学习活动的环境和背景，它是提供给学生思考空间的智力背景，能产生某种情感体验并诱发学生提出问题和解决问题的一种刺激事件或信息材料。

情境可分为三类：一类是真实的情境，指人们身边真实而具体存在的群体和环境；第二类是想象的情境，指在人的意识中有的群体和环境，人与意识通过各种媒介互相影响和作用；第三类是暗含的情境，指某人或群体某种行为中包含的某种象征意义。构成情境的要素有目标、角色、时空、设施、阻碍因素等。

教学情境通常指具有一定情感氛围的教学活动。孔子说："不愤不启，不悱不发，举一隅不以三隅反，则不复也。"孔子的这段话，在肯定启发作用的情况下，尤其强调了启发前学生进入学习情境的重要性。所以，良好的教学情境能充分调动学生的学习主动性和积极性，激发学生思维，开发学生智力，是提高职教教学效果的重要途径。教学情境是指教师在教学过程中运用各种手段与方式创设的一种适教和适学的情感氛围，从而完成教学目标和任务。良好的情境可以使教学内容触及学生的情绪和意志领域，使学生的学习活动变为自己的精神需要，从而使课堂教学充满生命力。教学情境是课堂教学的基本要素，是教师教学意图的体现，而创设有价值的教学情境则是教学改革的重要追求。情境可以贯穿于整个微课，也可以是在课的开始，课的中间或课的结束。一个好的教学情境应具备如下条件：

（1）生活性，要注重联系学生的现实生活，要充分挖掘和利用学生的经验。

（2）问题性，提出的问题要具有一定的挑战性，以利于学生创造能力的培养。

（3）形象性，适合不同认知水平的学生学习，以引起学生的学习动机和兴趣。

（4）情感性，具有激发学生情感的功效。

（5）学科性，符合教学目标、教学内容、教学要求。

情境教学是指在教学过程中，依据教育学和心理学的基本原理，根据学生年龄和认知特点的不同，通过建立师生间、认知客体与认知主体之间的情感氛围，创设适合的学习环境，使教学在积极的情感和优化的环境中开展，让学习者的情感活动参与认知活动，以期激活学习者的情境思维，从而在情境思维中获得知识、培养能力、发展智力的一种教学活动。它是利用具体的场景或所提供的学习资源以激起学习者主动学习的兴趣、提高学习效率的一种教学方法。

传统教学与情境教学的区别在于：传统教学是把存在于自然状态中、时间、空间上零散存在的知识本身抽取出来，直接呈现和传授给学生去理解记忆；情境教学是教师把自然状态的，在时间和空间上分散存在的情境，有目的地进行加工并组成有机的学习情境来组织课堂教学，学生在情境中发现问题和获取知识。不同的教学方式会引起完全不同的教学效果，传统教学中学生完全脱离知识和应用的背景，无法发现知识形成的途径，获得的知识难以应用于实践解决实际问题，情境教学中的学生得到学习策略和方法的锻炼，获得的知识与实践紧密结合。

课堂引入重视创设情境、设置任务，以激发兴趣，关注学生的内心体验与主动参与，把学生带入与教学内容有关的情境，让他们在情境中捕捉各种信息、产生疑问、分析信息并引出各种设想，引导他们在亲身体验中探求新知，开发潜能。为此，可从以下几方面进行实践。

（1）生活实例式

从学生熟悉的生产与生活的实际问题引入新课，能使学生感知书本知识和生活实际的紧密联系，从而激发学生的求知欲望。例如，在学习数据库时，可以让学生思考如何整理归纳班级学籍信息，如姓名、年龄，性别、籍贯和科目成绩等，从而引出建立学籍管理数据库。

（2）创设悬念式

针对微课内容精心创设任务情境，让学生的思维在情景中尽情展开，并适时设疑，利用学生的好奇心、好胜心引入新课。例如，在一场暴雨之后，汽车被大雨浸泡，车主启动发动机，发现汽车损坏，那么保险公司赔不赔车主的损失呢？带着这种悬念，学生开始学习“汽车保险与理赔”课程的“近因原则”。

（3）实验演示式

英国教育心理学家托尼·斯托克维尔说：“要想快速而有效地学习任何东西，你必须去看它、听它，感觉它。”通过实验演示或实物展示，把抽象、枯燥的内容具体化、形象化，可以使学生获得直观的感性认识，加深对学习对象的理解。例如，课前准备了废旧的硬盘、光盘、U 盘和移动硬盘等，让学生从存储介质、组成材料、容量、存取速度等各方面分辨这几种外存的区别，从而引入“外存储器”的学习。再例如，请学生动手交换 A 杯、B 杯中的可乐和橙汁，探讨出现第 3 个空杯子的必然性，为本堂课讲解数据交换中的“中间变量”的作用打下坚实的基础。

2. 教学模式设计

在情境式微课中，情境的创设要贴近生活，以吸引学习者，与学习者产生共鸣，增加关注度。

知识的讲解要注意层次性，注重引导学习者思考。教学媒体的选择要适合表现形式，注重直观形象、通俗易懂。问题的讲解要注重情境的延续性，最终要解决情境中的问题，总结考核最好设置一些问题，以检验学生的学习效果，如果存在没有掌握的知识，可重新学习。

3.适用场合

生活展现情境能使学习者直接、鲜明地感知目标，易于在观察中启发想象，比较适合认知类、思政类和素养类课程。实物演示情境具体直观，易于展示现场观摩、操作，适用于汽车、机床等实践操作类的实践操作演示。图画视频再现情境易于针对问题，分析问题，贯穿解决问题，适用于案例分析类课程，如会计、心理健康、法律基础等。虚拟仿真情境可以描述成本较高、难以演示、有安全隐患的场景，如医学类、SMT、网络基础、通信类、电子与电气类、数控加工模拟等课程。音乐渲染情境适用于大学语文、大学美育、体育类课程。表演体会情境可分为进入角色和扮演角色，适用于情景剧式微课的制作。语言描绘情境中，语言要具有主导性、形象性、启发性和可知性，比较适用于素养类、讨论式的课程。情境的创设要选择适合的老师，恰当的数字媒体资源，表现力较强的老师可以使用语言描绘情境，音乐可以衬托音乐渲染情境，图画、视频，动画可以描述图画视频再现情境，还可以描述生活展现情境等。

（三）探究式微课教学模式应用

1. 简介

《辞海》将探究解释为“深入探讨，反复研究”。探究有广义与狭义之分。广义的探究是一种积极主动的思维方式，泛指一切独立解决问题的活动；狭义的探究专指科学探究或科学研究。简单地讲，“探究”就是努力寻找答案，解决问题。

美国学者彼得森认为，“科学探究是一种系统的调查研究活动，其目的在于发现并描述物体和事物之间的关系。其特点是：采用有秩序的和可重复的过程；简化调查研究对象的规模和形式；运用逻辑框架作解释和预测。探究的操作活动包括观察、提问、实验、比较、推理、概括、表达、运用及其他活动。”

探究式教学，就是以探究为主的教学。具体地说，它是指教学过程中，在教师的启发诱导下，以学生独立自主学习和合作讨论为前提，以某个知识点或者技能点为基本探究内容，以学生周围的世界和生活实际为参照对象，为学生提供充分自由的表达、质疑、探究、讨论问题的机会，让学生通过个人、小组、集体等多种解难释疑尝试活动，将自己所学的知识应用于解决实际问题的一种教学形式。探究式教学就是将科学作为探究过程来讲授，让学生像科学家进行科学探究一样在探究过程中发现科学概念、科学规律，培养学生的探究能力和科学精神，找到解决问题的方法。具体包含两层意思，一是从教师角度——教学方面的研究，即探究式教学；二是从学生角度——学习层面的研究，即探究性学习。在教学过程中，教师和学生的作用是相互的，不能分开的。

探究教学模式，就是在探究教学理论的指导下，在探究教学实践经验的基础上，为发展学生的探究能力，培养其科学态度及精神和按模式分析等方法建构起来的一种教学活动结构与策略体系。一般来说，探究教学模式包含理论基础、教学目标、操作程序与实施条件。探究教学模式表现为教学活动结构和教学策略体系四大要素。之所以这样理解，是由于探究教学模式从发展之初就是作为教学策略出现的，更注重微观层面，因而具有可操作性；同时，探究教学模式具有特定的顺序性和阶段性，因此形成了一定的教学活动结构。教学模式的本质是程序，是对教学设计、实施、评价与反思等程序的说明。

由于探究教学是师生共同开展的教学与探究活动，因此强调教师要创设一个以"学"为中心的智力和社会交往情境，让学生通过探索发现来解决问题。探索的目的不是把少数学生培养成科学精英，而是要使学生成为有科学素养的公民，它既重视结果又强调知识获得的过程，突出以学生为中心和全体参与，因而它特别有利于素质教育、创新教育的有效实施。探究式教学符合自然科学的认知规律，具有以下特征。

（1）教学过程的主体性。探究式教学是学生在教师指导下的自主探究，在教学过程中突出了学生的主体性，教师的主导完全是为了更好地发挥学生的主体作用，并通过学生主体的充分参与、主动探究和主体的发展反映出来。

（2）探究学习的自主性。在探究式教学中，学生是在教师的指导下自主参与教学的全过程，要获取知识，靠的是自己的主动探究，而不是填鸭式的接受、灌输。

（3）情境创设的问题性。问题是科学探究的动力、起点，教学中若不能提出富有吸引力和挑战性的问题，学生就不会形成强烈的问题意识，也就不会有认知的冲动性和思维的积极性，因此问题是探究教学的关键和核心。创设的具体问题既要充分关注学生的兴趣所在，又要处理好学生倾向与教学目标之间的关系，使二者有机结合。

（4）信息交流的互动性。探究式教学强调在自主探究的基础上进行小组或班级的合作学习探究，与传统模式由教师单向的信息传递所不同的是在课堂上师生之间、学生之间进行动态的信息交流，实现师生间的相互沟通、相互影响、相互补充，师生在互教互学中，形成学习的共同体。每个学生都能发挥各自的优势，获得表现的机会，从而激起探究性学习的热情。

（5）师生关系的和谐性。探究式教学尊重学生的主体地位，通过师生互动，创建活泼、积极主动的课堂教学气氛。教师的教完全是为了学生的学，师生之间民主平等，易于形成具有感染力和催人向上的教学情境，学生受到熏陶，由此激发出学习的无限热情和积极性。而缺乏交流的师生之间甚至严重对立的课堂教学气氛则会抑制学生的学习热情，更甚者会使学生产生厌学情绪。

（6）教学要求的针对性。由于环境、教育、经历、主观努力和先天遗传等方面的不同，学生之间具有较大的个体差异，传统的教学模式无视其差异，一部分学生感到要求过低，一部分学生又感到要求过高，造成两极分化。探究式教学对不同层次的学生提出不同的教学要求和不同的学习任务，因材施教，教学有针对性，更为实现有效的课堂教学创造了条件。

（7）教学评价的激励性。探究式教学变教师独自评价为师生共同评价，自评、互评、组评、师评、综合评价相结合，既重结果又重过程。又由于探究式教学分层次要求，学生在原有基础上获得不同程度的进步，既累积了知识，又开发了潜能，因而都有机会受到表扬激励，获得成功的体验，从而满足自我实现的需要。

总之，探究式微课教学设计就是指结合知识点与技能点适当的学习内容，创设生活中的尤其与专业相关的教学情境，以问题为中心，采取合作交流的方式，在教师的引导下，通过学生的实验、观察、操作、调查、信息搜索等方式，让学生自主地解决问题的教学设计。

2.教学设计模式

探究式教学是一种以学生为中心的教学模式，主要强调学生主体地位的发挥，倡导学生自主、合作、科学思维的学习方式与策略。然而，微课的教学设计以教师为主要讲解者，所以强调老师的角色扮演问题，既可以使学生提出问题，也可以使教师扮演学生角色提出问题、探究问题、解决问题。探究式微课的教学设计包括提出问题、产生假设、验证假设、总结结论四个环节。

3.适用场合

探究式微课适用于理论性与实践性并重的工科类课程，如数据结构、数控机床的维修、机电设备故障诊断与维修、计算机的维修、网络故障的诊断与维修等。例如，在《数据结构》或者《C语言程序设计》课中，为了更好地发挥实践教学对算法学习的促进作用，在探究式学习理论的指导下，研究并实践以学生为本，以团队协作为载体，融合任务驱动式、启发式等教学方法的教学模式，提高学生调试代码的能力。又如，在《机电设备故障诊断与维修》微课中，呈现某种故障现象可能是由哪些因素导致的，就是一个“假设排除假设—缩小范围—找到故障”的过程。

（四）抛锚式微课教学模式应用

1.简介

建构主义“以学为主”的教学策略有支架式教学、抛锚式教学和随机进入教学三种。这三种教学策略都体现了以学生为中心的教学设计，能有效地促进学生的自主学习和对知识意义的主动建构。

抛锚式教学是指在多样化的现实生活背景中，或在利用技术虚拟的情境中，运用情境化教学技术以促进学生反思，提高迁移能力和解决复杂问题能力的一种教学方法。抛锚式教学是一种学习框架，它主张学习者在基于技术整合的学习环境中学会解决复杂问题。在这种学习环境中，学生的学习内容和学习过程是真实的，所学结果具有较高的迁移性，从而使学生的学习变得有意义。

抛锚式教学要求建立在有感染力的真实事件或真实问题的基础上。确定这类真实事件或问题被形象地比喻为“抛锚”，因为一旦这类事件或问题被确定了，整个教学内容和教学进程也就被确定了（就像轮船被锚固定一样）。建构主义认为，学习者要想完成对所学知识的意义建构，即达到对该知识所反映事物的性质、规律以及该事物与其他事物之间联系的深刻理解，最好的办法是让学习者到现实世界的真实环境中去感受、去体验（即通过获取直接经验来学习），而不是仅仅聆听别人（如教师）关于这种经验的介绍和讲解。

由于抛锚式教学要以真实事例或问题为基础（作为“锚”），所以有时也被称为“实例式教学”或“基于问题的教学”。

抛锚式教学中的核心要素是“锚”，学习与教学活动都要围绕着“锚”来进行设计。教学中使用的“锚”一般是有情节的故事，而且这些故事要设计得有助于教师和学生进行探索。在进行教学时，这些故事可作为“宏观背景”提供给师生。由于该模式在全球范围内产生较大的影响，已得到广泛认可和应用。

抛锚式教学的基本环节包括创设情境、确定问题、自主学习、协作学习、效果评价。然而，微课本身是一种单向的教学，所以基于抛锚式微课开发时，更多的是基于真实事例或问题为基础的实例式教学，或者是基于问题的教学。

2. 教学设计模式

抛锚式教学的主要目的是使学生在一个完整、真实的问题、事件或环境（具体来讲就是一个事件、一个真实的设备场景，或者是一个真实的项目）中产生学习的需要，并通过学习者共同体中成员间的互动、交流，即合作学习，凭借自己的主动学习、生成学习，亲身体验从识别目标到提出和达到目标的全过程。总之，抛锚式教学是使学生适应日常生活，学会独立识别问题，提出问题、解决真实问题的一个十分重要的途径。

3. 适用场合

抛锚式微课适用于思想政治类、财经类等文科或者素养类讲事实、说道理的系列专题微课开发，因为这种类型的课程通常能以视频、动画、图片的方式把学生引入相关的事件当中，表达方式相对单一。如果针对工科类课程，则涉及相关的实践项目，具体包括项目的展示、问题的分析、教师的相关操作与演示等。

（五）理实一体式微课教学模式应用

1. 简介

理实一体式微课即理论实践一体式的微课教学设计模式。其突破以往理论与实践相脱节的现象，教学环节相对集中。它强调充分发挥教师的主导作用，通过设定教学任务和教学目标，让师生双方边教、边学、边做，全程构建素质和技能培养框架，丰富理论教学与实践教学环节，提高教学质量。在整个教学环节中，理论和实践交替进行，直观和抽象交错出现，没有固定的先实后理或先理后实，而理论中有实践演示，实践中有理论的应用，突出学生动手能力和专业技能的培养，可充分调动和激发学生的学习兴趣。

理实一体式教学中主要运用讲授法、演示法、练习法。

（1）讲授法

讲授法重点在课堂上，将项目展开并通过演示操作及相关内容的讲解进行总结，从而引出一些概念、原理并进行解释、分析和论证，根据教学内容，既突出重点，又系统地传授知识，使学生在较短的时间内获得构建的系统知识，讲授要求有系统性，重点突出，条理清楚。讲课的过程是说理的过程，即“提出问题—分析问题—解决问题”，做到由浅入深，由易到难，既符合知识本身的系统，又符合学生的认识规律，使学生逐步掌握专业知识。

（2）演示法

演示法是教师在理实一体教学中，通过教师进行示范性实验及示范性操作等手段，使学生通过观察获得感性知识的一种好方法。它可以使学生获得具体、清晰、生动、形象的感性知识，加深对所学知识点与技能点的理解，把抽象理论和实际事物及现象联系起来，帮助学生形成正确的概念，掌握正确的操作技能。教师要根据课题选择好设备，如软件、工具、量具等。

（3）练习法

练习法是指学生学习完理论课之后，在教师的指导下进行操作练习，从而掌握一定的技能和技巧。通过操作练习对理论知识进行验证，系统地了解所学的知识，练习时一定要掌握正确的练习方法，强调操作安全，提高练习的效果。教师要认真巡回指导，加强监督，发现错误动作立即纠正，保证练习的准确性。对每名学生的操作次数及质量做好记录，以提高学生练习的自觉性，促进练习效果的提高。对不操作的学生要求在旁边认真观摩，指出操作中的错误，教师及时提问，并作为平时的考核分。

理实一体式教学模式旨在使理论教学与实践教学交互进行，融为一体。采用该教学模式，一方面，可提高理论教师的实践能力和实训教师的理论水平；另一方面，教师将理论知识融于实践教学中，让学生在学中做、做中学，在学做中理解理论知识、掌握技能，打破教师和学生的界限（教师就在学生中间，就在学生身边），能大大激发学生的学习热忱，增强学生的学习兴趣，学生边学边练边积极总结，能达到事半功倍的教学效果。

基于理实一体式的微课教学设计注重讲授与演示，练习环节要结合学生所学专业的情况而定。

2. 教学设计模式

理实一体式微课突破理论与实践相脱节的现象，教学环节相对集中。如果实训项目过大时，建议开发系列微课或者专题微课，实训类微课可以加强知识的联系与应用，也可以结合抛锚式或者探究式使用。

3. 适用场合

职业教育的特点是以学生的生活、生存技能的培养为根本目的，更多强调实践技能的训练。理实一体式微课适合职业教育电子类、电气类、机械类、汽车维修类、计算机类、机电一体化、经管类实训、物流类等众多实践性较强的专业使用，也非常适合开发系列化的专题微课。它不仅能将现场操作演示、虚拟展示、桌面操作过程等记录下来，同时也便于模仿与推广。

第八章 微课教学的探究

第一节　微课教学资源的整合

一、微课资源的整合模式

从微课本质构成上讲，微课主要以微视频为主，辅助的有微教案、微课件、微练习、微点评、微反馈和微反思。对基础教育来讲，微课主要以基础的学科知识与常识学习为主。例如，安全常识可以讲解安全知识配合微练习达到微课教学的目的，学科知识则通过理论的讲解，结合微课件、微练习，微反馈，微反思达到教学效果。

伴随终身学习的理念日益深入人心，学习化社会的日趋蓬勃发展，加之信息化社会的日新月异，现代课程的学习生命存在及其活动的本质逐步显露出来了，作为新的课程形态的学习化课程（Curriculum for Learning）也逐步地孕育起来了。这种学习化课程的实质是一种新型的整合课程形态，围绕学生的学习生命存在及其优化活动，超越已有的信息化微课，追求信息通信技术与课程开发的双向整合。为此，微课的整合模式逐渐生成和发展起来。其中，具有代表性的整合模式主要有基于资源的学习、基于情境的学习和协作学习。

1. 基于资源学习的整合模式

基于资源学习（Resource-based Learning，RBL）的模式，是指学生通过网址链接进入万维网（WWW）阅读或收集各种信息、事实、观点进行学习，并对各种不同的观点加以分析、比较和整合。该模式强调围绕课目中的基础知识，凭借网络平台整合相关资源，引导学生联系生活经验等加深对所学课目知识及其意义的理解和掌握。

2. 基于情境学习的整合模式

基于情境学习（Simulation-based Learning，SBL）的模式，是指教师创设虚拟的学习情境，引导学生观察和思考课目教学中的重要问题，以便学生经历一种具体的模拟情境。此外，通过运用特定的网络软件或程序如 Java Applets，有效地促成虚拟情境转变为真实的情境。情境学习的特别之处是依托先进的网络信息技术，锻炼和培养学生在课目学习中某种重要的能力，如思维能力等。

3. 基于协作学习的整合模式

基于协作学习（Collaboration Learning，CL）的模式，是指学生以同伴或者小组的形式进行学习。教师结合课目教学的重要内容，引入一种问题情境，并依凭网络资源，按照合作学习的“拼板模式”（Jig-saw Puzzle），任务分配到小组的各个成员，不仅每个学生分担特别的角色和任务，而且小组需要协作完成共同的任务，最后各个小组齐心协力建构完成整个任务，从而形成解决问题的活动方案或研究报告。

二、国外微课的资源整合

国外微课程应用平台的内容呈现形式纷繁多样，如卡通动画、现场演示、录屏讲课、真人演讲等，课程面向不同专业和年龄的学习者，时间一般为5分钟，并配有相应的字幕，方便不同国家的学习者学习。在国外，最具代表性的微课程应用平台是可汗学院和TED。

可汗学院网站为学习者提供的微课程包括数学、科学、金融学、人文科学、计算机编程、医学和实验等，主要以电子黑板和教师旁白相结合的形式讲授，通常以专题的形式呈现，没有过多的导入，直接进入主题。可汗学院网站还根据不同学科设有相应的功能满足学习者的学习需要。例如，在计算机编程中，学习者除了学习基本的理论知识，还可以在线编程，新建项目、创建程序、运行项目等。

TED网站的微课程包含更多领域，分别有艺术、设计、文学、数学、哲学、宗教、科学、金融、心理学、教育、社会学和人体健康等主题和系列。内容主要以卡通动画或现场演讲的形式呈现。视频配有知识介绍和作者介绍，并被翻译成不同语言，方便更多地区的学习者使用。网站界面颜色搭配合理、内容精练扼要、知识点明确。

国外的微课程应用平台除了能播放微课程，还配有比较完善的学习支持服务，而且各具特色。可汗学院为学习者提供学习服务包括知识地图、自定学习计划、数据分析和在线测试。知识地图将专题知识点以地图的形式连接起来，学习者可以根据知识地图的提示由浅层次向深层次递进学习。知识地图一方面避免了因知识点的碎片化导致的学习迷航，为学习者指明了学习路径；另一方面明确指出学习知识点所需的必备技能，为学习者指明了学习任务。国外的微课程应用平台除了能播放微课程，还配有比较完善的学习支持服务，而且各具特色。可汗学院为学习者提供的第二个特色功能就是在线测试。界面内容包括成绩区、作答区和帮助区，成绩区记录学习者的正确次数或积分，当学习者作答遇到困难时，可以在帮助区寻求帮助。

可汗学院网站记录了学习者的测试情况并进行数据统计，将数据结果以可视化图表反馈给学习者，并根据测试结果颁发对应的“勋章”。学习者可以通过测试结果选择重新学习微课程，教师也可以查看测试数据，掌握学生的学习情况。除此之外，可汗学院网站还为学习者提供了指导和讨论服务，学习者可以在个人页面中将其他用户设置为自己的教练，学习者还可以就学习当中遇到的问题在视频播放页面发起讨论。

TED为学习者提供的学习支持服务包括即时练习、深入挖掘、讨论、分享最有特色的个性化定制。TED网站的个性化定制功能契合翻转课堂的教学思想。允许学习者从自身应用需求出发，修改微课程的名称、课程概况、在线配套资源等内容。把自己定制的课程页面发给朋友或学生，这样学习者就成为讲课者和动画设计师之外的第三贡献者。事实上，用户不仅仅可以定制任何一个视频，还可以定制任何一个上传的视频。个性化定制课程功能使学习者不仅是课程的受益者，也是课程的贡献者。

三、国内微课的资源整合

国内微课应用平台开始于各种微课程比赛。如佛山市教育局启动的首届中小学新课程“微课”征集评审活动，教育部教育管理信息中心主办开展的中国微课大赛等。这些平台中的微课程主要为利用录播设备、电子白板等多媒体的教师讲授或课堂实录片段。目前，我国的微课程平台针对用户为基础教育中小学群体。

中国微课网通过组织比赛的形式向全国各省市、地区的中小学教师征集作品，内容包含语文、数学、英语、物理、化学等基础学科领域，讲授时间被控制在10 ~ 15分钟，微课程内容主要是以中小学课程为教学内容的传统课堂实录，除此之外还包括教师结合课件的讲解、教学设计、教学素材等资源。

微课网是北京微课创景教育科技公司联合四大教研机构，即北京市中学教研室、海淀教师进修学校、西城教研中心、东城教研中心和十余所顶级名校名师打造的专业化中小学学习网站。该网站的微课程经公司统一制作发布，针对知识点进行单独讲解，时长在10分钟左右，把时间充分控制在有效学习时间内，提升学习效率。

中国微课网的功能偏向于教师专业发展，为教师提供了微课制作交流区，通过评比的方式有利于提高教师制作微课程的水平。为学生提供的学习支持服务有评论、问答、分享、收藏。整体来讲，中国微课网适合于教师群体，不适合学生使用，对学生的自主学习支持服务远远不够。学习者可以根据自己的兴趣新建群组，可以加入其他的群组，在同一群组中，组员可以交流讨论、分享图片和视频。群组功能可以有效弥补自主学习中团队协作能力训练的缺憾，有助于提高学习者主动参与学习的主观能动性。国内的微课程教育网站目前还处于蓬勃发展阶段，微课程应用平台的功能还不够完善，亟待解决的问题很多。

第二节　微课教学的理念设计

一、理论支持

微课虽小，但其背后隐藏了众多的理念，有众多的理论作支撑。微课教学的理论支撑主要是传播学理论、心理学理论和学习理论。

（一）传播学理论

1. 简介

传播学是研究人类一切传播行为和传播过程发生、发展的规律以及传播与人和社会的关系的学问，是研究社会信息系统及其运行规律的科学。传播学研究传播过程，即传者、媒介、受者、传播内容、传播效果。传播学研究的重点是人与人之间信息传播过程、手段、媒介，传递速度与效度，目的与控制，也包括如何凭借传播的作用而建立一定的关系。传播学理论主要包括传播媒介理论及传播效果理论，如麦克卢汉的“媒介即信息”和“媒介是人体延伸”理论，诺利·纽曼的“沉默的螺旋”理论、格伯纳的“培养分析理论”、葛兰西“媒介霸权理论”等。

2. 著名的传播模式

（1）亚里士多德模式

亚里士多德（Aristotle）的传播模式是最早阐述传播过程的模式。此模式很简单，扼要地列出了传播的五个要素：演讲者、演讲内容、听者、场合及效果。亚里士多德指出：演讲者为了取得不同的效果，要在不同的场合、为不同的听众构思其演讲的内容。这种模式被认为是最适合用于公众演说这类传播过程。亚里士多德的模式虽然列举了传播的要素，但是对传播过程没有明确的说明，如图 8-1 所示。

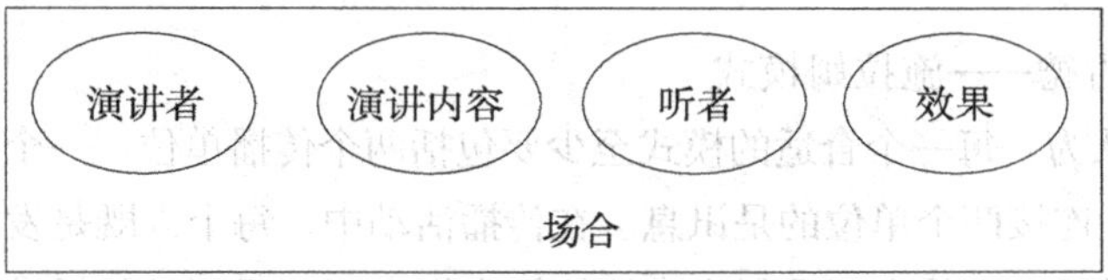

图 8-1 亚里士多德的传播模式

（2）拉斯韦尔模式

哈罗德·拉斯韦尔（Harold Lasswell）提出了一个用文字阐述的线性传播模式。他认为，描述传播行为就是回答以下几个问题：Who，Says What，In Which Channel，To Whom，With What Effects（谁，说了什么，通过何种通道，对谁，取得什么效果）。这就是所谓的五 W 传播模式。拉斯韦尔的模式在大众传播中获得了广泛的应用，率先开创了传播学模式研究方法之先河，但这一模式过于简单，具有一定的缺陷，如图 8-2 所示。

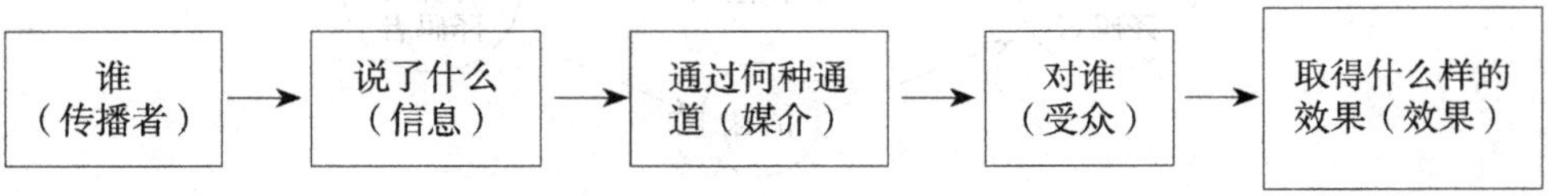

图 8-2 拉斯韦尔传播模式

（3）香农——韦弗模式

香农——韦弗模式（Shannon–Weaver）把传播过程分成七个组成要素，并且是带有反馈的双向传播模式。从信息源中选出准备传播出去的信息，经编码器转换为符号与信号，通过一定的信道传送出去。在接收端接收到信号之后，经译码器转换成符号并解释为信息的意义，最后为信宿所接受利用。受者收到信息后，在生理、心理上产生反应，并通过各种形式给传播者反馈信息。另外，在传播过程中还存在干扰信号，干扰信号可以影响到信源、编码、信道、译码、信宿等部分。香农——韦弗传播模式虽然是从特殊的电报通信中发展起来的，但它能用来解释人类的一般传播过程，成为其他许多传播模式的基础，如图 8–3 所示

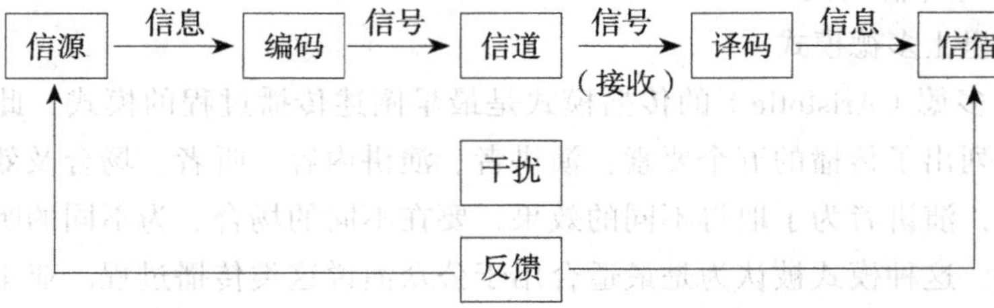

图 8–3　香农——韦弗传播模式

（4）奥斯古德——施拉姆模式

奥斯古德认为，每一个合适的模式至少要包括两个传播单位，一个是来源单位，一个是目的单位。连接两个单位的是讯息。在传播活动中，每个人既是发送者，又是接收者，既编码又译码，都具有双重行为。施拉姆也提出了一系列的传播模式，其中一种是受奥斯古德双行为模式启发下提出的循环模式，因此，有人将其称为奥斯古德——施拉姆模式。它强调讯息在信源与信宿之间，只有在共同的经验范围内才能真正进行传播，传受双方在整个过程相互作用、相互影响，而且过程是循环往复、持续不断的。这种模式较好地反映了人际传播的情况，但不大适合大众传播，如图 8–4 所示。

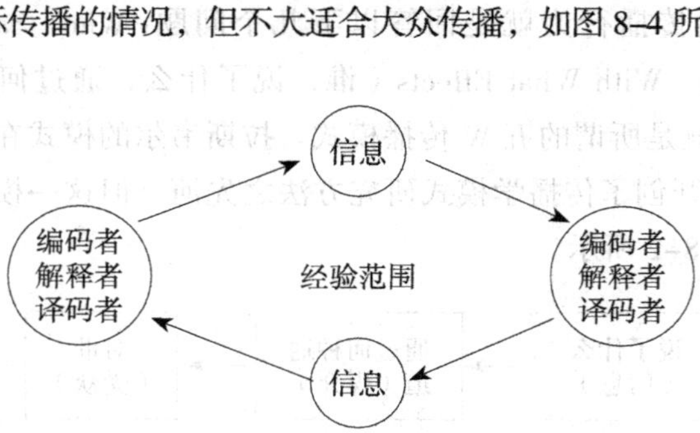

图 8–4　奥斯古德——施拉姆的循环模式

（5）德弗勒的互动传播模式

德弗勒发展了香农——韦弗模式，提出了互动的模式。他指出，在传播过程中，如果发出的信息与接收的信息在含义上是一致的，那么就是传播。相反，若两者的含义截然不同，即等于没有传播。这个模式的适用范围比较普遍，包括大众传播在人的各类社会中的传播过程，都可以通过这个模式得到一定程度的说明。当然，德弗勒的模式具有一定的局限性：一是对人类，特别是报纸、广播、电视等媒介为主的大众传播过程要素的众多性和复杂性反映不够，有简单化倾向；二是对人类传播的新媒体和新技术未能足够重视，甚至“往往有低估新的传播技术效果的倾向”。

（6）贝罗的S-M-C-R模式

贝罗（D.Berlo）的传播模式综合了哲学、心理学、语言学、人类学、大众传播学、行为科学等新理论，来解释传播过程中的各个不同要素。他把传播过程分解为四个基本要素：信源（Source）、信息（Message）、通道（Channel）和受传者（Receiver），每个要素又含有几个因素，用来解释传播过程中影响传播效率和效果的因素较多，也较复杂，各因素间又相互制约。贝罗的传播模式，揭示了教育传播的规律，后被人们认同为教育传播模式。这个模式的出现，把人们的注意力从物引向人，从信源引向受传者，是一个了不起的贡献，但此模式是单向和线性的，缺少反馈环节，也未对传播过程中的存在干扰因素加以考虑。

这些传播学理论对微课的设计、开发与教学应用都有一定的指导作用。比如根据媒体的延伸理论，微课在教学应用中，不应拘泥于枯燥的教师讲解，而应该尽量借助图片、动画、图表，框图、音乐等形式吸引学生的注意力。另外，微课视频及配套辅导资源也应该支持网络在线播放的流媒体格式，既有利于师生流畅地在线观摩课例，也方便下载至移动终端设备，从而由超文本向超媒体、流媒体方向发展，使延伸能力向更深更广的方向发展。

（二）心理学理论

1. 简介

微课在设计制作与教学中涉及大量心理学的理论。心理学研究涉及知觉、认知、情绪、人格、行为、人际关系、社会关系等许多领域，也与日常生活的许多领域——家庭、教育、健康、社会等发生关联。心理学一方面尝试用大脑运作来解释个体基本的行为与心理机能，同时，心理学也尝试解释个体心理机能在社会行为与社会动力中的角色，与神经科学、医学、生物学等科学有关。因为这些科学所探讨的生理作用会影响个体的心智。

2. 常见的心理学理论

(1)认知方式理论

认知方式又称认知风格，是人体在知觉、思维、记忆和理解问题等认知活动中加工和组织信息时所显示出来的独特而稳定的风格。认知方式主要分为场依存性和场独立性两种。场独立性指个体较多依赖自己内部的参照，不易受外来因素影响和干扰，独立对事物做出判断；场依存性是指个体较多地依赖自己所处的周围环境的外在参照，在与环境的刺激交往中定义知识、信息。

(2)归因理论

所谓归因，就是指人们对于自己或他人行为原因的知觉和判断。归因理论认为寻求理解是人类的一种基本的需要，因而人们都会自觉或不自觉地去探寻行为的原因，并根据行为的原因去理解和解释行为，这种理解和解释在决定人们对行为的反应上发挥着重要作用。

(3)艾宾浩斯的记忆说

信息输入大脑后，遗忘也就随之开始，遗忘随时间的流逝而先快后慢，特别是在刚刚识记的短时间里，遗忘最快，这就是著名的艾宾浩斯遗忘曲线。遵循艾宾浩斯遗忘曲线所揭示的记忆规律，对所学知识及时进行复习，这种记忆方法即为艾宾浩斯记忆法。对所学知识和记忆效果及时进行复习和自测是艾宾浩斯记忆法的主要方式。

(4)强化理论

强化理论是美国心理学家和行为科学家斯金纳等人提出的一种理论，也叫操作条件反射理论或行为修正理论。斯金纳所倡导的强化理论是以学习的强化原则为基础的、关于理解和修正人的行为的一种学说。强化指的是对一种行为肯定或否定的后果（报酬或惩罚），它至少在一定程度上决定这种行为在以后是否会重复发生，根据强化的性质和目的可把强化分为正强化和负强化。

(5)从众理论

从众是个人在社会群体压力下，放弃自己的意见，转变原有的态度，采取与大多数人一致的行为。从众行为是由于在群体一致性的压力下，个体寻求一种试图解除自身与群体之间冲突、增强安全感的手段。实际存在的或头脑中想象到的压力会促使个人产生符合社会或团体要求的行为与态度，个体不仅在行动上表现出来，而且在信念上改变了原来的现点，放弃了自己原有的意见，从而产生了从众行为。

(6)认知负荷理论

该理论主要来源于心理学领域关于工作记忆的研究，包括：工作记忆的容量是有限的，长时记忆在本质上是无限的，学习过程要求将工作记忆积极地用于理解（和处理）教学材料并把即将习得的信息编码存储在长时记忆中。如果超过了工作记忆的资源，那么学习将会无效。其中影响认知负荷的基本因素有三个：个体的先前经验、学习材料的内在本质特征以及材料的组织和呈现方式。按认知负荷的不同来源，可以把认知负荷分为三类：内部认知负荷、外部认知负荷和相关认知负荷。

这些理论对微课的设计开发与教学应用都有一定的指导作用，比如根据认知负荷理论，内部认知负荷是由学习材料的复杂程度和学习者的专业知识决定的，教学设计不能对此产生影响。外部认知负荷和关联认知负荷都受控于教学设计为了促进学习的有效发生，在教学过程中应尽量减少外部认知负荷，增加关联认知负荷，从而使总的认知负荷不超出学习者的承受范围。微课的短小精悍和富有针对性的教学特点能够很好地解决学习者的认知负荷问题，帮助学习者减少无关认知负荷，增加关联认知负荷，从而促使学习者的认知负荷保持在允许范围之内，进而促进有效学习的发生。

（三）学习理论

1.简介

学习理论是教育学和教育心理学的一门分支学科，描述或说明人类和动物学习的类型、过程和影响学习的各种因素的学说。学习理论是探究人类学习本质及其形成机制的心理学理论。它重点研究学习的性质、过程、动机以及方法和策略等。

2.与微课教学相关的学习理论

（1）学习迁移理论

学习迁移或技能迁移是学习理论中的重要问题之一，它要回答的是学习者某一领域的学习在多大程度上会促进另一领域的学习。早期迁移的概念定义为“先前学习对后继学习的影响”。先前学习对后继学习的影响称为顺向迁移，后继学习对先前学习的影响称为逆向迁移；一种学习对另一种学习产生促进作用称为正迁移，一种学习对另一种学习产生干扰或抑制则称为负迁移。

（2）掌握学习理论

掌握学习是指在“大多数学生都能掌握”的学习理念指导下，给学习者提供经常和及时的反馈、个性化的帮助以及足够的学习时间，绝大多教学生都能达到教学目标所指定的标准。该学习理论是由美国心理学家布鲁姆提出的，它的中心思想是：只要给学习者提供最佳的教学和足够的学习时间，多数学习者都能获得良好的学习成绩，达到预期的学习目标。

（3）多媒体学习认知理论

理查德·梅耶将认知论、教学和多媒体整合在一起，构建出“多媒体学习的认知模型”，并提出十项多媒体设计原则。梅耶的多媒体认知模型揭示了如何同时利用视听觉双通道所获取的多媒体信息与学习者的先前知识和已有知识模型整合，从而形成长时记忆，完成有意义的学习进程。

（4）翻转学习理论

翻转学习理论也称为翻转课堂理论，是指学习者从原来在课堂（包括虚拟课堂）里主要学习显性知识转变为在课堂外通过观看网上教学视频学习显性知识，而在课堂内主要掌握学习方法、进行知识内化，以及与老师和其他同学共同完成知识汇聚、知识建构、知识融合、隐性知识挖掘等高级学习任务。

（5）首要教学原理

梅里尔在总结了行为主义、认知主义、建构主义等众多学习理论以及考察了众多的教学设计理论与模式的基础上，提出了以最终促进学习者学习为目的的五项教学的首要原理。这五项原理是：

① 当学习者介入解决实际问题时，才能够促进学习（问题原理）；

② 当激活已有知识并将它作为新知识的基础时，才能够促进学习（激活原理）；

③ 当新知识展示给学习者时，才能够促进学习（展示原理）；

④ 当学习者应用新知识时，才能够促进学习（应用原理）；

⑤ 当新知识与学习者的生活世界融于一体时，才能够促进学习（整合原理）。

（6）信息化教学设计理论

信息化教学设计理论涵盖了多种不同的学习理论，如建构主义学习理论、情境认知学习理论、多元智能理论、活动理论、混沌理论等。所谓信息化环境下的教学设计，是指运用系统方法，以学为中心，充分利用现代信息技术和信息资源，科学地安排教学过程中的各个环节和要素，以实现教学过程的优化。

这些理论对微课的设计开发与教学应用都有一定的指导作用。比如根据掌握学习理论，学习者之间的能力差异并不大，至少不像人们想象的那么大。学习者之间的能力差异不能决定他们要学习的内容和学习质量的好坏，只决定着学习者需要花多少时间才能掌握所学习的内容。即能力强的学习者用较少的时间掌握所学的内容，而能力弱的学习者花较多的时间同样可以达到相同的掌握水平。微课的教学模式可以很好地实现“掌握学习”的教育理念。学习者无论能力如何，学习速度快慢，都可以反复观看视频，所以微课给学习者提供了足够的时间保障学习，保证学习者达到教学目标所要求掌握的知识水平。

二、微课教学模式理念

1. 教学模式基本概念

教学模式是在一定教学思想或教学理论指导下建立起来的较为稳定的教学活动结构框架和活动程序。作为结构框架，突出了教学模式从宏观上把握教学活动整体及各要素之间内部的关系和功能；作为活动程序，突出了教学模式的有序性和可操作性。教学模式一词最早由美国的乔伊斯（B.Joyce）和威尔（M.Weil）提出。

2. 教学理念设计的类型

教学模式是教学理论的具体化，是教学实践概括化的形式和系统，具有多样性和可操作性，因此，教学模式必须与教学目标契合，考虑实际的教学条件，针对不同的教学内容选择不同的教学模式。美国学者乔伊斯（B.Joyce）和威尔（M.Weil）根据教学模式是指向人类自身还是指向人类学习，把它们分成了四大类：信息加工类、社会类、个体类、行为系统类。

（1）信息加工类模式

信息加工类模式就是按认知方式和认知发展规律调整教学，其目标是帮助学生成为更有能力的学习者，教学的最终目的是揭示大脑记忆、学习、思维、创造等机制。此模式包括归纳思维模式、概念获得模式、图文归纳模式、科学探究及其训练模式、记忆模式、讲授模式。

（2）社会类模式

社会类模式以不同的思想和个性相互作用而产生的协同作用为依据，强调人的社会属性，探讨如何习得社会行为及社会交往、如何提高人的学习能力、利用合作产生的整合能量来构建学习型群体。此模式包括合作学习模式、价值观学习模式以及角色扮演模式等。

（3）个体类模式

个体类模式试图帮助学习者把握他们自己的成长，强调人自出生就受到各方面的影响，形成人类的语言，掌握为人处世的方法，进行积极的建构组合，因此，人们要积极地关注周围的环境和人，以得到更好的发展。此模式包括非指导性教学模式与自我认知发展模式。

（4）行为系统类模式

行为系统类模式建立教学顺序，强调调节学习速度、任务难度及先前成绩的能力。教育者的任务是设计出能够鼓励积极学习的教学材料和教学活动，避免消极的环境变量。此模式包括掌握学习模式、直接指导模式、模拟训练模式。

国内对教学模式的分类也很多，一般把教学模式分成三类，一类是师生系统地传授和学习书本知识的教学模式，一类是教师辅导学生从活动中自己学习的教学模式，还有一类是折中于两者之间的教学模式。

3. 信息化环境下的教学理念设计

（1）探索型教学模式

探索型教学模式主要适用于重要知识点的讲解和章节知识的梳理，是指在教师教学目标的指引下，将教学内容进行数字化处理，使学生在体验学习情境之后，以理顺知识的方式提出问题并作答。通过“情境—质疑—释疑—知新”的方式来建构当前知识。

主要步骤有：

① 根据学习需要，确立教学目标；

② 利用信息处理技术将教学内容情境化；

③ 学生根据情境体验对情境信息进行初步加工；

④ 针对加工过程中的问题提出质疑；

⑤ 根据问题情境进行知识联系和梳理；

⑥ 深入理解，解答问题；

⑦ 指导学生进行评价，获取反馈信息。

（2）任务驱动型教学模式

根据奥苏贝尔的“学习动机驱力”理论，先对学习者进行分析，然后以网页或课件等形式设置情境，诱发其学习动机，学习者有针对性地选择任务进行自主探究、建构知识体系。

过程大致为：

① 获取刺激，诱发动机。由教师进行学习者分析后，创设反差性情境，激发学生的学习动机；

② 理性思考，查找反差。学生通过对比、交流等进行反省、剖析、找准缺陷；

③ 深入探究，寻找答案；

④ 知识迁移，巩固经验；

⑤ 反思评价，形成体系；

⑥ 交流应用。

（3）专题研究型教学模式

专题研究型教学模式是指在教师的指导下，学生以科研、实践等方式对某一问题进行专门探讨，最终形成结论。这种模式有利于提高学生的创新能力和实践水平，要求学生自主地搜集资料、探索规律、建构知识，以专题研究的深度、学生获取新知识的多少以及科研能力的提高程度为主要评价标准。专题研究的问题一般是课堂知识的延伸，知识跨度比较大，需要学生具有较强的综合能力和推断能力。教师应指导学生根据自己的兴趣和特长来选定主题，题目不宜过大，要有一定的事实基础或理论依据，研究要具有可行性。学生在研究过程中要分工合作，敢于提出自己的观点，要充分利用便捷的网络资源，借鉴已有经验，要满怀信心，深入研究。整个研究过程都由学生自主完成，教师仅对选题、资源、交流进行一般性的介入。

（4）知识创新型教学模式

知识创新型教学模式是基于建构主义和人本主义学习理论的教学模式，充分体现学生的“自主”和“中心”地位，从信息获取到问题探索再到意义建构都由学生独立完成。学生对问题的各个分析环节，教师只给出方向性的建议，最终的规律体系应由教师和学生进行共同评议。学生的探索路径可概括为“选择、揣摩、摸索、揭示、扩充”。

三、微课教学实践理念

微课的教学应用需要根据不同的教学对象和教学环境进行专门设计与研究。南京大学梁乐明等人将微课程设计模式主要分为前端分析、微课程要素与设计、评价与反馈三个阶段。

首先，应注重与现实课堂的整合。微课程应当扎根于现实课堂。作为核心教学资源的微视频在课堂中可以承担不同的角色：课程引入、核心概念讲述、探究过程的演示、课后的练习等。在与课堂整合层面，需要注重教学设计，即对学生进行需求分析，结合教学任务需求，确定学习内容，并建构微课资源。

其次，微课程不仅仅是微视频的呈现，还是一门完整的短课程，有一套完整的教学设计，因此教学支持服务应当是其中不可或缺的部分。教学支持服务包括学习辅助工具，支架与路径，同步，异步讨论与协作，不同层次的练习与反馈及相关的学习资源。教学支持服务承担着线上辅导的职能，提供足够的学习支架与学习路径，可避免学习内容过于零散造成学生迷失。同时，教学支持服务要增强师生之间在线同步、异步交流工具的使用，让学生的学习可以无处不在，使得课上的正式学习与课外的非正式学习统一、连续。

最后，学习资源动态生成，师生相互建构学习内容。要真正地促进师生互动的有效开展，必须变革传统课堂教学中出现的诸多弊端，通过师生之间的对话与讨论，形成多向的信息交流，利用微课模式，使课堂成为一潭活水。师生之间的有效互动，是由“知者”间的对话，走向“智者”间的交流。它不仅关注“知”，即结论本身，更关注“智”，即过程和方法。在师生互动交流中，将思维过程这个隐性的东西，用外显的语言形式展示，由此来反映认知主体对知识和方法掌握的程度。这就要求教师更多地让学生主动参与，互助互学、集思广益，使需要解决的问题从学生中来，再回到学生中去。通过这种全员参与、多向互动的对话交流，激活思维、引发思考、超越自我，更为重要的是，个体的自主意识增强，可以使创新意识更加灵动，知识的掌握更加主动。特别的是，通过经常性地开展学生之间的对话与讨论，能有效地缩短学生之间的认知距离，提高学生的理解能力和表达能力，促进学生与学生之间的感情沟通。

第三节　微课教学实践活动

一、微课在教学实践活动中应用的原则

微课是借助先进的信息技术和网络平台实现的，其积极作用不能低估。它首先表现在优质资源共享和自学的灵活性上。目前，传统课堂的小班上课，由于一个学校教师水平参差不齐，一些优秀教师所教的班有限，别的班的学生没法享受优秀教师的资源，更别说学校之间的差距更大。多年来屡禁不止的择校问题，与其说是择校，不如说是择师。虽然优质学校的硬件设施好于薄弱学校，但家长更看重的是优质学校的师资水平。传统的“手工式”的教学方式，再优秀的教师也只能教几个班的课，不可能让外班外校的学生享受到这种优质资源。如何发挥优秀教师的讲课资源，微课可以部分解决这一问题。

1. 吸引原则

教师所开发的微课要能对“消费者”——学生形成一定的吸引力。要想让微课成为资源建设的一支生力军，作为微课开发者，一定要站在学生的角度来下功夫。这方面可以从微课的易学性和趣味性上“做文章”，所开发的微课应该使“消费者”流连忘返，教师要放下开发者的骄傲姿态，使得开发的微课符合学生的认知特点需要。只有“消费者”不停地反复点击观看，才能发挥出这种学习资源的效力，使学习者满载而归。

2. 效用原则

教师开发的微课要在保证“微小”的前提下，使学生觉得这些微小的学习资源有用。微课开发者不要为了赶时髦或者哗众取宠，而在一些没有教育或者学习价值但是做起来表面漂亮的资源上做文章，这是一切微课都要参照的原则。

3. 灵活原则

微课被引入课程教学过程中，可以是在课前、课中或者课后等节点灵活应用。在课前，学生个体自主学习微课，预先了解授课内容，便于师生在课堂上探讨问题，直至学习者掌握该知识点或技能。在课中应用微课，教师把微课当作纯粹的教学资源，在教学需要时，集中播放给学生观看，帮助学生更加形象和直观地理解重难点知识。在课后应用微课，为学生提供可以反复学习的课程视频，保证每一个学生都能掌握课堂知识。这种方式帮助学生自主补习，反复学习，直到学会为止。

4. 反馈原则

微课开发、应用与交流共享之后，需要对微课程进行多元评价和微课程的教学

与应用评价，为接下来微课程内容的设计与开发提供指导和参考意见。教育评价、多元评价等多种评价方法都可以用于微课程的评价，及时的评价与教学反思可以促进优秀微课的开发与共享。

二、微课应用的范围

1.适于教师在备课时借鉴学习

通过“微课”可以募集到许多优秀教师的讲课课件，这些优秀教师对课程标准的理解、对教材的分析、对课堂教学的设计是难得的课程资源。如果教师在备课时能学习、借鉴这些优秀资源，一方面会提高个人的专业素养，另一方面可以直接借鉴学习，提高自己的教学水平。因为微视频不同于过去网上的课堂实录和优秀教案，它是以PPT课件的形式配以教师的讲解，对教师的备课能起到直接的启迪借鉴作用。

2.适于转化学习困难的学生

在课堂上，学习困难的学生可能并不能完全掌握授课内容，教师也没有时间专门去照顾这些学生。过去靠课堂笔记难以复现教师讲课的情境，现在有了微视频，学生在课后复习时可以反复观看，加深理解。还可以根据微课提出的练习题进行变式练习，这些措施确实有助于转化学习困难的学生。

3.适于家长辅导孩子

现在家长普遍重视孩子的学习，有的家长想辅导自己的孩子苦于不能了解教师的讲课进度和要点，有的限于文化水平觉得辅导不了。现在有了“微课”，家长在家也可以反复观看，首先自己明白，然后检查和辅导自己的孩子就方便多了。甚至家长可以通过智能手机在上班的地铁上或中午休息时间下载观看老师的微视频，提前学习，回家辅导孩子时做到心中有数。

4.适于学生的课后复习

根据艾宾浩斯的遗忘规律，学生在课堂上学得再扎实过后不复习也会遗忘，而学生在复习时如果能够观看老师的微视频，会加深自己对教材的理解，会复现老师讲课的情景，激活记忆的细胞，提高复习的效果。所以老师在课后可以把自己的微视频放到网络上，供学生复习时参考。

5.适于缺课学生的补课和异地学习

有些学生因病因事缺课，过后找老师补课，一是老师不可能有时间及时给学生补课，二是老师补课时也不会完全像在课堂上讲课那么具体。有了微视频，学生即使在外地，也可以通过网络下载老师的微课自学，及时补上所缺的课程，使“固定学习”变为“移动学习”。现在笔记本电脑、平板电脑、智能手机比较普遍，携带方便，这些设备都能实现这种移动学习。

6. 适于假期学生的自学

中小学生每年的寒暑假时间都比较长，除了参加一些必要的社会实践活动外，一般老师都会布置一些预习和复习作业。如果老师能够根据学生的需要事先录制一些“微课”帮助学生预习或复习，也能够提高学生的自学效果。当然，用于预习的视频要区别于教师讲课的视频，不然又变成了“先教后练”的接受性学习。

三、微课教学实践活动的策略

微课作为一个新事物，需要综合考虑学科特点、知识类型、学习者特征等影响因素，其在教学实践中的效果也需进一步探索。

1. 微课教学应突破传统教学模式的思维怪圈

微课教学不必遵循传统教学线性的设计过程，它可以是一个动态的、网状的、循序渐进的、形散而神不散的教与学的过程。一个完美的教学过程应体现出控制性和释放性的统一，因此，微课应突破传统教学模式的思想怪圈，做到教师教学与学生学习“学教并重”的统一步调，“以教师为主导，学生为主体”的“双主结合”，从而实现学生、教师、微课和技术四个实体要素动态交互的过程。

2. 微课教学应打破等同于微视频教学的思想偏见

有很多教育工作者片面地认为，微课等同于包含某个知识点或者教学环节的微视频。其实不然，微课不仅包含微视频，也包括音频及多媒体文件的形式，同时还包含与教学主题相关的教学设计、素材课件、教学反思、练习测试及学生反馈、教学点评等教学支持资源。微课在教学实践中，应注重的是利用信息技术手段与某个知识点或教学环节进行深度融合，而不是拘泥于信息技术媒介的外在表现形式。

3. 微课教学应注重时间与空间的连续与统一

微课为符合学习者的视觉驻留规律及其认知特点，将教学内容以片段化的方式呈现，虽有助于学习者的深度学习，但碎片化的知识给课堂内容的统一、系统化整合带来了巨大的挑战。因此，微课的设计并不是对课堂教学内容进行盲目的切割，而是对课程中所出现的重点、疑点、难点进行精心的信息化教学设计，在把握好知识粒度的同时，确定好时间单元；在保持知识相对独立性的同时，又与实际教学内容的整体性相联系。此外，学习者应有效地使用教学支持工具，充分利用零散时间开展移动学习，做到课内正式学习与课外非正式学习的统一与连续。

4. 微课教学应实证应用于具体的教学情境

微课教学模式设计是否科学，应用效果如何，不是通过简单理论归因、专家评判就能得出的，而是需要将其应用到具体的教学情境中，对教与学的环境、条件、因素等各方面开展实证研究，才能更加科学、客观地设计、开发以及实施微课，从而提高学习者的学习效果。

因此，微课的制作与教学应用要注意以下三个方面。

（1）要与常规课程相结合

微课是对重点难点或某个知识的解释，是常规课程的有益补充，使用时必须与课程相结合。

（2）要与课程特色相结合

微课表现的内容必须体现课程的特色，用微课作为课程的名片。

（3）要与学生的学习兴趣相结合

将学生感兴趣、关注的知识内容用微课展示出来，这样才能吸引学生，获得好的学习效果。

四、微课教学实践对教育者的要求

微课教学过程中，教师必须学习先进的教育理念，提升学科专业水平，强调以生为本的思想，掌握信息技术的手段，因此，针对微课教学，教师应注意以下的要求。

1. 把握课程知识

微课的制作常常需要教师打破原有的知识结构和教学体系，重组教学内容，因此需要教师将教学内容烂熟于心，能够信手拈来，有高度的知识驾驭能力。

2. 谙熟教学技巧

怎样在很短的时间内将知识讲解清楚，这需要教师有非常娴熟的教学技巧，能够熟练运用各种教学工具与方法，掌握教学过程中的每一个环节。

3. 变革教学模式

在教学实践中使用微课，需要变革原有的教学模式，比如采取翻转课堂等方式，这样才能充分发挥微课的作用。因此，教师要有变革教学的勇气，敢于开展教学改革。

4. 了解学生需求

微课是以学生为主体、体现学生的学习需求。因此教师需要换位思考，充分理解和思考学生学习过程中的各种问题与需要。

5. 追求教书育人

教师是园丁，不仅传播知识，还要教书育人。微课可以将点滴的教育思想和处世为人的原则潜移默化地传播给学生，起到传统课堂说教达不到的效果。因此，教师在利用微课传递知识的同时，要尽量融入育人和文化内涵。

五、微课在教学实践活动中的问题及原因

1.微课在教学实践活动中存在的问题

第一，微课应用的频率比较低。大部分教师苦于微课资源过少，教师忙于批改学生的大量作业没有闲暇时间来制作微课，可能还存在一些潜在的原因，如传统教学方式的根深蒂固等，这些原因或多或少地影响着教师使用微课的次数。

第二，微课教学效果不显著。大多数教师认为，使用微课教学，学生的学习兴趣相比以前有所提高。一半以上的教师认为，微课的使用使得师生、学生互动有所增加。这说明了微课只是起到提高学生的学习兴趣和增加师生、学生互动的作用，对学生的学习效果起到的作用不是很大。由此可以看出，教师使用微课的教学效果不显著。

第三，微课应用方式局限于课堂。教师将微课使用在课堂上，没有教师在课前或课后使用。在课堂上，教师仅仅将微课作为一种激发学生学习兴趣的方法，有的教师在导入新课内容时使用微课，有的教师在课中播放相关内容的微课。总的来说，教师只是在自己的课堂上应用微课，应用方式过于呆板、局限。

第四，缺乏系统的微课教学设计。大部分教师在使用微课时，并没有对其进行系统的教学设计，只是将其套入原有的教学模式当中。在微课教学设计这一方面，他们觉得困惑、茫然，不知该如何进行教学设计。

2.原因分析

第一，教师现代教育技术意识淡薄。进入21世纪，科技的发达加快了人们的社会生活节奏，人们更喜欢接受简短、便捷、高效的生活方式和学习方式，随之涌现出了一系列的微事物，如微博、微信、微新闻、微电影等，这预示着我们已经步入了微时代。当然，教师在教育教学中，也要紧跟时代的步伐，注重学科与当下信息技术的融合，正确运用新技术手段更好地促进教师的教和学生有意义的学，这是我们每个老师必须注重的一点，不能一味地沉浸在传统的教学模式中。

正是大部分教师不能紧跟时代的步伐，教育技术意识淡薄，导致“一半以上的教师偶尔在自己的语文教学中使用微课，几乎没有人一直使用，经常在其教学中使用微课的人数仅仅占一部分，还有老师从来没有接触过微课”这样的结果出现。

第二，相关教育新技术培训机构少。大部分教师知道微课并把它应用在自己的课堂，虽然提高了学生的积极性，活跃了课堂气氛，但是教学效果不明显，学生的学习效率未出现明显的变化。另外，有的教师不会制作微课以及不会对其进行系统的教学设计，从而套用原来的教学模式以至于教学效果不显著。追究其原因，主要是缺乏相关教育新技术的培训，使得教育与新技术不能很好地结合。

第三，传统教学方式的根深蒂固。许多教师只是将微课套入自己原有的教学模

式中使用，没有对其进行加工和改造。由此可以看出，大多数教师虽然在自己的课堂上引用新技术，但是原先的教学模式并未改变。近年来，虽然教育部在大力改变“满堂灌”机械训练这种传统教学模式，倡导以学生为主体，教师主导的教学模式。但是由于应试教育的影响以及种种原因，我们某些老师的教学方式仍然没有改变。在访谈中可以看出，有的教师不喜欢接受新事物，自认为自己那套以“讲”为主的教学方式很好。由此看来，传统教学方式的根深蒂固使得教师很难改变自己的教学方式，面对一些新事物的出现，他们不愿尝试去改变，即便尝试改变但仍然按原来的模式走，起到的效果不是很大。

第四，作业繁多，教师负担重。教师的负担繁重，有些教师中午都不回家休息，一直待在办公室批改作业。就拿某一年级的语文学科来说，有课堂生字本、家庭生字本、家庭作业本、同步练习册、大试卷和周记，还有要写300字以上的作文。数量繁多，数一数，一共有七种类型的作业，而且每次批改完作业，出现的错误要当天给学生讲，再让他们改正，时间不允许的情况下，课下一一叫来学生更正；作业繁多这种现象，家长都习以为常，如果哪天突然作业少了，家长还会怪罪老师布置的作业太少。成天有批不完的作业，教师根本没有空闲时间来制作微课，即便有，也会因为时间不充足而放弃制作微课，只是简单地上网下载一些与教学内容相关的教学课件。

六、微课在教学实践活动中的前景

微课作为一种“微型视频教学资源”，被教师引入课程教学过程中应用，应注重与现实课堂的整合，扎根于现实课堂。作为教学资源的微视频在课堂中可以承担不同的角色：课程引入、核心概念讲述、操作过程的演示、课后的练习等，在教学过程中应根据课堂现实要求灵活应用。在与现实课堂的整合层面，需要注重教学设计，包括学情分析、教学任务分析、教学内容分析等，在此基础上根据不同班级的具体情况开发适合的微课。另外，在课后还需要补充一系列的辅助教学资源。通过一系列的教学设计，微视频、辅助学习资源的整合都应为完成现实课堂的教学任务而服务。

在网络时代，与当前广泛应用的众多社会性工具软件一样，微课也将具有十分广阔的教育应用前景。微课能更好地满足学生对不同学科知识点的个性化学习、选择性学习的需求，既可查缺补漏又能强化巩固知识，是传统课堂学习的一种重要补充。微课具有“直接”的培养效果，随着手持移动数码产品和无线网络的普及，基于“微课”的移动学习、远程学习、在线学习、泛在学习将会越来越普及，微课必将成为一种新型的学习方式。但在现实中，学生的移动设备终端设备用来打游戏、聊天、购物、刷微博、微信等休闲、娱乐活动所占的比重比较大，并没有将其作为一个主要的学习工具来使用，这方面教师和学校有义务进行引导和推动，让学生养成主动进行移动学习的习惯。

碎片化、片段化的微课需要系统性的归类和划分，需要多种类型的资源以一定的结构进行组合并形成有意义的关联。这种关联不是线性的，而是发散性的网状结构，不是静止不变，而是在动态前进。一门微课设计出来之后，需要经过教师同行、学生和企业界人士进行评判、实践，并在交流和实验中不断对其进行完善。特别要关注的是，这门微课要与其他点状的微课资源建立网络，并随着教学需求和环境的不断发展充实着这个网络结构，这样的学习资源以及课堂教学才会充满生机。同时，学习资源动态生成的实现需通过师生教学的评价与反馈体现，包括学生的学习分析与教师的教学反思。微课程学习平台能够记录学生的学习足迹，供学生了解自身学习情况，制订个性化的学习计划，也可以供教师进行学习分析，以便在正式课堂上能够针对性地查漏补缺。因此，评价与反馈也可以对微课程的前端分析与设计提供改进意见。

七、微课教学实践活动的评价

（一）教学评价的含义

为了使微课教学应用中取得好的效果，必须对微课教学应用进行及时的评价，从而不断调整教学策略，以达到最好的效果。

教学评价是依据教学目标对教学过程及结果进行价值判断并为教学决策服务的活动，是对教学活动现实的或潜在的价值做出判断的过程。教学评价是研究教师的教和学生的学的价值的过程。

教学评价一般包括对教学过程中教师、学生、教学内容、教学方法手段、教学环境、教学管理诸因素的评价，但主要是对学生学习效果的评价和教师教学工作过程的评价。教学评价的两个核心环节：对教师教学工作（教学设计、组织、实施等）的评价——教师教学评估（课堂、课外）、对学生学习效果的评价——即考试与测验，评价的方法主要有量化评价和质性评价。

（二）教学实践活动的评价方法

教学评价的方法是指评价者为了实现教学评价的目的所采用的活动方式、程序和手段，教学评价方法种类繁多，教学活动的每一方面，如教师的课堂教学、课外辅导、教学成绩，学生的学业成就、劳动技能、思想品德等，都需要有特定方法进行评价。下面将介绍教学评价中具有共性的、通用的一般方法。

1. 相对评价法

相对评价法是在评价对象的集合中选取一个或若干个作为基准，然后把各个评价对象与基准进行比较的评价方法。相对评价法的优点是适应性强、应用面广，不管这个团体状况如何，都可以进行比较，都能评出个体在集体中的相对位置。用建立在对象评价、对象群体测评基础之上的标准进行评价，发现个别差异，从而对被评个体做出较为客观、公正和确切的判断，有利于激发评价对象的竞争意识。相对评价法的缺点是评选出来的优秀者未必真正高水平、高质量，未被选上的也不一定水平低、质量差，所以容易降低客观标准。评价的结果所反映的只是评价对象在一定范围内的相对位置，不一定反映他们的实际水平，易忽视教育目标的完成情况。

2. 绝对评价法

绝对评价法是在被评价对象的集合以外确定一个客观标准，将评价对象与这一客观标准相比较，以判断其所处水平的评价方法。绝对评价的特点：（1）标准明确客观，与被评群体相对独立，而且在测量评价之前就已确定；（2）评价结论是通过将被评的实际水平与客观标准直接比较而得到的，不依赖被评所在群体的状态水平；（3）评价结果得分的分布情况，事先不作硬性规定，不强行把被评的距离拉开，不要求必须分出上、中、下的等级，而是希望达标者越多越好。

3. 个体差异评价法

个体差异评价法是以被评价对象自身某一时期的发展水平为标准，判断其发展状况的评价方法。

个体差异评价法最大的优点是充分体现了尊重个体差异的因材施教原则，并适当减轻了被评价对象的压力。但由于评价本身缺乏客观标准，不易给被评价对象提供明确的目标，难以发挥评价的应有功能。

4. 自我评价法

被评对象依据评价标准对自身所做的评定和价值判断称为自我评价。在教学评价中，学生对自己的思想品德、知识、能力、身体状况等评价，教师对自己的教学思想、内容、方法、态度、效果等评价，学校对自身的教学管理、教学质量的评价等，都是自我评价在教学评价中的具体体现。

5. 外部评价法

外部评价又称他人评价，是指被评对象以外的组织或个人依据评价标准对被评者所实施的评价活动，它主要包括同学之间的评价，教师对学生的评价，教师间的评价，领导评价等。外部评价是教学评价的重要形式与方法。只有科学、客观地进行他评，才能更好地发挥教学评价的鉴定作用，更好地发挥其激励功能，促进被评者改进工作，健康发展。

（三）微课教学实践活动的评价原则

根据教学评价的含义和方法，结合微课的功能与特征，应该在微课教学评价的原则上注意以下几个方面。

1.科学性

（1）基本概念、定理、定义、公式的描述准确，例证真实可靠。

（2）分析、推理和论述严谨，实证步骤正确。

（3）解说精确、术语规范、文字符号准确。

2.教育性

（1）符合教育方针，教学目标明确，对学习者掌握知识、发展能力起到促进作用。

（2）理论联系实际，取材适当，有针对性，选题突出重点、突破难点。

（3）符合教学原理和认知规律，分析推理深入浅出，富有启发性，形象直观，能使过于理性的知识感性化、抽象的知识形象化、枯燥的知识趣味化、深奥的知识通俗化。

（4）形象生动，能充分调动学生的视觉、感觉、听觉等多种器官，便于学习和记忆，能有效提高学习的效率。

3.实用性

（1）操作简单，容错能力强，界面良好。

（2）选题科学合理，内容选择恰当。

（3）能够切实提高学习者的学习效率，有利于加强学生对知识的理解和掌握。

4.艺术性

（1）创意新颖，构思巧妙，节奏合理，具有表现力和感染力。

（2）画面美观流畅，切换过渡自然，整体设计合理；画面突出主题，表达能力强。

（3）声音清晰，无杂音，配合文字、图片，能调动人的各种感官。

5.技术性

（1）图像、声音、文本设计合理，画面清晰，字幕清楚。

（2）声像同步，音量适当。

（3）课程可以跨平台使用，安全可靠，不受误操作影响，容错能力强，在不同配置的计算机上运行无障碍。

（四）微课教学实践活动的标准

1.微课应符合课程教学大纲要求

微课内容要与教学内容匹配，反映教学重点、难点或关键知识点。微课要有一定的思想性、启发性和引导性，具有很好的辅助教学效果。微课要表述准确，无科学性、知识性、文字性错误。微课的教学目标不能超过教学大纲的要求，不能包括过多的教学内容，要符合课程要求及专业教学标准，符合学生认知能力水平。微课整体设计要新颖且有创意，具有较大的推广价值。

2. 微课应符合学习者的学习心理

微课应减少学生学习时间，提高学生的学习信心和兴趣，创造良好的学习情境。微课的内容要难易适中，深入浅出，适于相应认知水平的学生。有利于激发学生学习热情，有利于学习理解，注重能力培养，注重学生的素质教育。微课应注重教学互动，能起到启发学生思考、激发学生主动学习的效果。

3. 微课应表现教师的教学艺术和教学风格

教师教学语言规范、清晰、准确、简明。教师仪表得当，严守职业规范，能展现良好的教学风貌和个人魅力。微课教学应有创意，能充分表现教师的教学技能。

4. 微课应提供完整的教学资源

除了微课本身要有主题明确的微课程名称、片头、内容、片尾、字幕等完整的媒体文件外，微课开发者应提供教学设计、教学课件、学生作业等其他教学资源。

5. 微课教学实践对多媒体要求

（1）视频技术要求

微课一般采用流媒体格式。微课码流在 128 kbps ~ 2 Mbps、帧速 ≥ 25 FPS，电脑屏幕颜色设置为 16 位。微课启动时间要短，片头设计一目了然，进入主题快捷。微课应插入一定的字幕，一是解决教师语言表达和视频表达的难点问题；二是用文字加强对学生知识的记忆。微课进程节奏要快，片头和片尾要简短，主题部分要丰满，镜头切换和“蒙太奇”手法运用合理。视频素材不应有抖动或镜头焦距不准的情况，镜头推拉要稳定，要保证主体的亮度。背景音乐和解说要清晰，解说要用普通话，音量和混响时间适当，音乐体裁与内容要协调。微课播放时要稳定性好、容错性好、安全性好、无意外中断、无链接错误。要对微课设计相应的控制功能，使其操作方便、灵活，交互性强，人机界面简捷。

（2）动画技术要求

除与视频技术要求相似外，动画中的配色方案要协调，颜色不夸张，不暗淡。用二维空间表现的立体层次分明，进场和出场前后顺序不能颠倒，动画运动速度合理，视觉不应产生错觉。动画中的字幕规范，字号不宜过大或过小，字体运用合理，字幕不宜过多，以防干扰学生的注意力。动画所演示的概念、原理、结构及其他信息不应使学生理解错误或误会。动画设计应有必要的交互和链接，播放时尽量不用特殊的插件。

（3）课件技术要求

课件中文字大小应符合人体工程学的要求，文字配色要与课件配色方案相符合，每个幻灯片中的文字不宜过多，只能用提纲式的文字，不能用过多的文字来代替教学内容。图形或图像应采用 JPG，GIF，PNG 等常用格式，彩色图像的颜色数不少于 256 色，对色彩要求较高的图像建议使用全真彩，灰度图像的灰度级不低于 128 级，合理使用照片和剪贴画，照片不宜占满屏幕。课件应尽可能利用图片、图表、表格、流程图、双向表、插画等。课件中动画效果不宜过多过杂，避免转移学生的注意力。

（4）艺术性标准

微课界面布局要合理、新颖、活泼、有创意，整体风格统一，色彩搭配协调、效果好，符合视觉心理。在构图上要合理组织画面，合理分割画面，主体元素突出。在色彩设计上要处理好对比与协调、变化与统一的关系。颜色不宜过多和过杂，在统一的色调中寻求变化。文字要简明扼要，纲要突出，字体、字号和字形要与微课协调，不使用繁体字或变形字。视频拍摄的角度、视距和镜头推拉要合理，主体、光照条件和背景亮度要协调好。解说、背景音乐和音响效果要搭配好，并与视频或动画主体的时间合拍，不得相互干扰。

（五）微课教学实践活动的评价指标

在微课程评价指标设计的基础上，采用两级指标进行微课评价。“微课设计”指标考查教师对微课选题和内容设计的恰当性。微课设计是微课整体工作的开端，决定了微课程开发的起步和方向，因而比较重要。“教学内容”考查教师在组织教学内容时的严谨性和科学性，确保微课程教学不存在科学性和逻辑性瑕疵，给学生带来理解上的歧义和困惑，“教学过程”主要评价教学核心资源——微视频的整体建设过程，对微视频的各个环节严格把关。因为微视频是直接呈现给学生的主要学习资源，是学生学习的主要对象，所以该指标权重最大。“支持资源”主要考查教师在微视频资源之外对学生学习的支持力度，不仅要提供完整、可用的支持，还要提供优质的支持。“技术规范”指标考查资源本身的技术规范和艺术规范，教学资源应该足够清晰与实用，并在此基础上寻求艺术上的突破。

有学者将好的微课程比作一门戏剧，认为微视频应该像戏剧一样有铺垫、有发展、有高潮、有发人深思的收束，灵活编排好微视频内容的“起”“承”“转”“合”。现实中微视频艺术性指标的追求也应得到重视，在现实允许的情况下在各个细节处精打细算、用心设计。

“教学效果”用来考查微课程的实际运用效果，可以采用专家评审、学生测验、情况反馈相结合的方法来评价。

根据上述提到的微课教学实践活动的评价原则，下面结合微课的特点给出微课的评价指标。

1. 中小学微课评价指标

针对不同的学习对象，微课的评价指标有所不同。对于中小学，微课评价指标见表 8-1。

表 8-1　　微课的评价指标体系（中小学）

一级指标	二级指标	指标说明
教学选题（10 分）	选题简明	利于教学，选题设计必须紧扣教学大纲，围绕某个知识点、教学环节、实验活动等展开，选题简洁，目标明确
	选题典型	解疑定位精准，有个性和特色，应围绕日常教学或学习中的常见、典型、有代表性的问题或内容进行设计，能够有效解决教与学过程中的重点、难点、疑点等问题
教学内容（20 分）	科学正确	概念描述科学严谨，文字、符号、单位和公式等符合国家标准，符合出版规范；作品无著作权侵权行为，无敏感性内容导向
	结构完整	所提交的作品必须是微课视频，还可以提供与选题相关的辅助扩展资料（可选）：微教案、微习题、微课件、微反思等，便于评审 微教案的设计要素齐全，内容要精确，注重实效 微习题有针对性与层次性，主观、客观习题的设计难度等级要合理 微课件的设计要形象直观、层次分明、重点和难点突出，力求简单明了 微反思应该真实细致，落到实处，拒绝宽泛、套话
	逻辑清晰	教学内容的组织与编排要符合当前中小学生的逻辑认知规律，设置合理，逻辑性强，明了易懂
视频规范（20 分）	技术规范	微课视频录制方法与设备灵活多样（可采用 DV 摄像机、数码摄像头、录屏软件等） 微课视频一般不超过 10 分钟；视频画面清晰、图像稳定、构图合理、声画同步、能全面真实反映教学情境
	语言规范	使用规范语言，普通话或英语需标准，声音清晰、语言富有感染力

续表

一级指标	二级指标	指标说明
教学活动（30 分）	目标达成	达成符合学生自主学习、方便教师教学使用的目标，通用性好，交互性强，能够有效解决实际学习及教学问题，高效完成设定的教学目标，促进学习者思维的提升、能力的提高
	精彩有趣	符合创新教育理念，体现新教材教学方法，教学过程深入浅出，形象生动，精彩有趣，启发引导性强，有利于学生学习积极性和主动性的提升
	形式新颖	微课构思新颖，富有创意，类型丰富（讲授类、解题类、答疑类、实验类、其他类）
网上评价（20 分）	网上评价	作品提交后，将在网上进行展示并提供给学生学习和教师教学应用，根据线上的观看点击率及投票率等产生综合评价分值

2. 高校微课评价指标

对于高校，微课评价指标见表 8-2。

表 8-2　微课的评价指标体系（高校）

一级指标	二级指标	评价标准	权重系数
教学目标（10 分）	目标清晰	教学目标明确具体，且具有可操作性	5 分
	重点难点	能够顺利完成教学中的重点、难点	5 分
教学内容（15 分）	内容讲解	知识点讲解透彻、清楚，学生易于掌握	8 分
	内容科学	选择一个知识点且选取准确、科学，最好是教学中典型的重难点问题	7 分
教学设计（30 分）	动机激发	运用多种策略激发、维持学生的学习动机，注重启发，善于循序引导	6 分
	教学方法	灵活运用多种恰当的教学方法，有效调动学生的学习积极性，促进学生学习能力发展	8 分
	教学手段	协调传统教学手段和现代教育技术的应用，并做好与课程的整合	8 分
	教学组织	理论联系实际，融知识传授、能力培养、素质教育于一体，课内课外相结合	8 分

续表

一级指标	二级指标	评价标准	权重系数
教学效果（15分）	目标达成	完成设定的教学目标，有效解决实际教学问题，促进学生思维的提升、能力的提高	8分
	推广价值	有示范和引导作用，具有推广价值	7分
网络评价（10分）	投票点击	作品点击率高、投票较多、学习者评价好	5分
	互动交互	教师与学习者交互讨论情况较多	5分
作品规范（20分）	教学资料	微课视频、微课教学设计，微课录制中使用的辅助扩展资料、课件、习题及作品登记表报送材料齐全	7分
	语言规范	语言发音标准、简明、有亲和力	6分
	技术规范	视频长度不超过10分钟，视频图像清晰稳定、声音清楚，构图合理；关键的教学环节配有字幕	7分

3. 通用微课的评价指标

综合起来看，一般建议使用通用的微课评价指标，见表8–3。

表8–3　微课的评价指标表

评比指标	分值	具体要求
目标与内容	20	1. 教学目标明确具体，合理可行，教学主题突出，符合课程教学要求与学习者认知水平 2. 教学内容科学正确，选取恰当，符合学生的学情和特点，体现教学的重点、难点、热点、疑点、特色等。教学内容结构严谨，条理清晰，逻辑性强，相对完整
设计与教学	30	1. 充分体现信息化环境下教学的理念，符合学习者的认知规律，注重调动学习者的学习积极性和培养创新思维能力，符合自主学习和移动学习的特点 2. 信息化教学设计较好，教学策略设计合理，能围绕教学内容充分合理地选择教学媒体、技术与资源，精心设计教学媒体与资源的内容，根据教学需求灵活适当地使用多种教学方法，注重技术与教学的深度融合 3. 设计巧妙，构思独特，特色鲜明，创新性大，具有推广价值

续表

评比指标	分值	具体要求
效果与实现	30	1. 教学过程主线清晰，重点突出，逻辑性强，教学组织得当有效 2. 教学效率高，明了易懂，能在短时间内解决教学问题和达成教学目标 3. 教学者态度认真严谨，教学语言规范，表达流畅、感染力强、具有良好的教学风貌
技术与规范	20	1. 图像清晰，画面稳定，构图合理，组接流畅，色彩和谐，声音清楚，各项技术指标符合规范，时长在15分钟以内 2. 有恰当的图表、文字、动画等表现形式，制作精致美观，有吸引力

（六）微课教学的评价策略

由于微课评价指标的角度不同，所以每个评审标准会略有不同，但其评价策略却是相似的。

1. 采取定量评价与定性评价相结合的方法

评价体系过分的量化，容易将一些无法量化的内容排除在外，从而影响评价结果的真实、可靠。因此，应采取定性、定量相结合的方式，搜集全面、有效的数据进行评价，提高评价结果的可靠性与可比性。

2. 创建一套完善的评价反馈体系

评价反馈对于准确、清晰地认识微课的建设与使用情况具有重要的意义，同时有利于帮助开发者及时发现存在的问题和不足，提高微课效益。评价反馈体系的创建，应该充分发挥专家小组和网络评价的意见。

3. 统计加权法设定指标的权重

通过统计加权法设定指标的权重，以最大限度地减少评价的随意性，使评价更加科学合理。加权不仅可以显示某些指标在评价体系中的重要程度，而且是评价指标体系取得可比性和客观性的基本保证。

4. 从微课自身特点出发，形成立体化的评价体系

根据微课的特点，从内容到形式、动静态评价相结合，形成一个立体、全面的评价体系。教学评价中，注重教学效果的总体评价、学生评价、同行评价等方面的同时，要更加重视对学习者自身的评价以及同伴的评价，进而实现多方位、多角度的教与学的评价，保障人才培养质量。

5. 采用评价反馈再评价的方法

教学评价本身就是一个循环往复的过程，对前次评价的结果进行分析，实际上

就是对上一轮评价进行一个全过程的检验，从而为下一次评价提供有效的信息。

（七）微课教学实施

很多教师在使用微课进行教学时都有这样一些疑惑：微课在这节课的什么时候用呢？如何使用微课会更加有效呢？下面将讨论微课进行教学实施的步骤。

为了更好地在现实课堂中引入微课，提高可操作性，可以将微课的实施过程分为以下几部分。

1. 教学主题的确定

微课的选题必须精练，应该针对学科教学中有教学价值和研究意义的知识点、教学环节，或者专业教学中的重点、难点进行选择。

2. 教学对象分析

详细分析学生的知识水平、年龄特点、心理特点及接受能力，制作适合学生学习的微课资源。

3. 教学目标细化

微课资源是一种微型学习资源，要符合微型化的特点，知识点微小，内容短小精悍，又相对完整。

4. 教学策略制定

根据微课资源的内容及学生课堂表现，通过微课视频资源吸引学生注意力，告知学生课程思路。

5. 教学媒体准备

教师在课堂中需要借助微课解决重难点，课后利用微课进行巩固复习，因此，应该准备好教学媒体（如 PPT、视频播放器、网络平台、教育博客、QQ 群等），支持师生互动与交流。

6. 教学过程控制

利用微课实施教学时，教师应该根据学生身心特点、学习认知程度随时调控微课的使用。

7. 教学评价反馈

要随时记录使用微课教学时的效果和学生的反馈情况，以便对教学过程和微课资源进行调整和改善。

第九章 微课的发展

当信息技术发展到移动互联网时代，同时，信息技术对教育具有革命性的影响，政府和个人必须予以高度重视，今天的学生被称为“数字时代的土著居民”，他们的思维方式、学习方式与生活方式发生了巨大变化，作为教育工作者能够适应这种变化吗？美国著名教育学家杜威说过，“如果还像昨天我们被教授的那样去从事教学的话，那么，我们就掠夺了我们的儿童的明天。”教育的时空在不断扩大和延伸，“先学后教”“以学论教”“以学定教”成为教育改革和评价的新趋势。今天，教育工作者不仅要关注自己“如何教”，更要去多关注学生“怎么学”。信息时代的每一位教育工作者必须以敏锐的信息素养、开放的教学理念和学习者的姿态，积极参与新技术、新媒体下教与学方式的变革，比如翻转书包、翻转课堂、微课、思维可视化、3D 打印、图片处理技术、网上会客室、可汗学院、未来学院虚拟现实、学分银行等。这也是信息时代每一位教育工作者专业发展的有效途径和必然使命。

当今社会，我们身处的不是多媒体时代，也不能说是网络时代，更不能说处于一个信息时代，这些称谓或多或少是不准确的。今天，整个社会大环境是一个“互联网 +”的时代，一个移动互联的时代，它给我们教育带来的变化是非常可观的。首先，它会给我们带来资源获取方式的变革，我们以前的教育是以“教育工作者、教材、教室”为中心的，这些资源都是相对封闭、极其有限的，而且是趋于僵化的、静态的——如，教育工作者们反复在课堂上强调让孩子们放学后去预习功课，这个习惯一直延续到现在，然而却是违背教育规律的，不符合人性化学习原则；再比如，教育工作者布置的课后作业是预习第几页到第几页的教材，可这些教材是专家编写的，它们的表述严谨、结构完整甚至“面孔冰冷”，让对课本不熟悉的学生进行预习，这些预习往往是浅层而无效的。现在，我们把这些知识点做成微课，在学生放学回家后让学生观看，通过直观的视频形式让学生预习新课，作者经过对教材的处理和设计，通过亲自制作课件，并把自己讲课的活动、语言、声音、情感变成一个微视频，然后让学生们一同预习。和从前的教材预习的模式相对比，哪种方式更适应学生的需要，更具有“温度与情感”，不言而喻。教育发生改变的动力主要是新媒体、新资源、新课程。但是，如果我们想从事教育的话，那就千万不要跟着目前的学校形态、管理体制、教学方式走，一定要朝前看。如果总是亦步亦趋，那就只能是疲于奔命。技术并非是用来跟着教育前行的，以前，我们相信技术是用于推动教育发展的利器，今天，我们相信技术是用于引领教育的。微课建设理念至今仍是一个新生事物，其理论基础、开发途径、应用模式、技术指标、评价体系等方面还有许多需要完善的地方，这就必须依靠广大教育工作者在实践中去修订、丰富和完善。

结合未来教育的发展趋势，相关学者认为微课将在以下五方面得到突破。

第一，未来的微课在开发方式上，将跳出“小微课”的局限，迈向“大微课”时代。当前的微课过于关注单个微课的设计与开发，视野过小，过于零散、碎片化、重复、无序，学生在使用的时候往往是“用了上节没有下节”，微课学习往往是支离破碎、只见树木不见森林。未来的微课将会在微课程专家主导下，基于“顶层设计”和“系统规划”建设导向。微课将从无序走向有序，从零散走向体系。如，基于学习主题、专题的建设，围绕教材知识体系的同步建设，建成一门课程，一个学科（专业）的系列化、体系化的微课程。要引领大众从当前过于关注微课“碎片化呈现”“快餐式学习”的认识泥淖，走向在关注在线教育时代微课“碎片化呈现”的同时深入到学习者高效学习体验的“自我知识体系建构”和“问题解决能力形成”的深化应用阶段。

第二，微课建设类型上，支持移动、在线、泛在学习的微课数量将激增。调查统计数据表明：目前我国现有微课类型过于单一、同质且以知识讲授型微课为主（占80%以上），单个微课内容较多、容量较大、时间偏长、使用不便，应用环境和方式多是离线、下载观看、教室使用为主。未来微课的应用将更加靠近微课的“本质使命”：时间更短、内容更精、类型多样，支持用户个性化的移动学习、在线学习、泛在学习等多种学习方式，实现“人人皆学、处处可学、时时可学”。基于微信端的移动学习型微课、基于APP应用程序的学习型微课开发将成为一个新热点。

第三，微课制作技术上，交互式学习、虚拟仿真、3D视频体验式微课将成为新宠。做微课的教育工作者应该经常追问自己几个问题：一节40分钟的完整版的视频课例（哪怕是名教师）学生学不下去“情有可原”，但做成4分钟的微课学生就一定能够看完看懂吗？学生学习微课时难道仅仅是“观看”微课视频吗？学生在课堂上迫于教育工作者的“监控”和“情面”也许还会听下去，但微课更多是给学生“一个人”“一对一”的学习情景——更多时候旁边并没有教育工作者和同学在场，单靠传统的讲授甚至是灌输，学生学习微课时只是按顺序播放视频还能吸引学生的注意力吗？因此，即使是最简单简短的微课，也要通过交互教学设计（如创设情景、提出问题、布置练习、设计任务、开展活动）和交互技术设计（如师生互动、虚拟仿真、3D视频、在线评测反馈等）来促使学生深度参与到微课教学活动中来，与视频里的教育工作者、问题、任务等进行“互动”，这样的学习才是有效的。

第四，微课建设主体上，将从“单打独斗”的封闭式建设走向基于“互联网+”思维的“众筹”与“联盟”。未来的微课建设开发人员将不再局限于教育工作者，而是多主体和多元化，体现出“互联网+”时代的“众筹”和“创客”的特点，教育工作者、学生、家长、教育企业及任何对教育感兴趣的人员，都可以将有教育价值的主题加上自己的创意制作（创作）为个性化的微课，信息时代的任何一个人都具有资源提供与消费的双重权利。因此，从某种意义上来说，学生创作的微课、教师指导学生或与学生共同录制的微课，既是当前热火朝天的“创客教育”的一种新范式，也是人类学习金字塔中倡导的“让学习者及时教会别人”作为一种移动互联时代最有效的学习方式的新突破。

第五，微课应用途径上，基于大数据的智能化的区域性微课（慕课）学习管理平台将会百花齐放。微课就是一粒沙、一滴水，随意放置不能产生任何价值。因此，从某种意义上来说，微课学习与管理平台比微课资源本身更为重要。微课平台设计要考虑到用户的“应用体验需求”而不是“资源数据管理”，除了符合在线教育的规律，还要与线下传统班级教学流程相融合。这方面可以借鉴美国的可汗学院平台，它不仅是自主学习的个性化平台，更是学校基于翻转课堂、混合学习的公用平台，具有实名注册、学习诊断、学习行为记录、学习路径形成、个性资源推送、志愿者答疑和参与讨论交流等功能。微课只是一个学习行为激发的“引子”，由于众多的学习者经常在学习社区互动交流讨论留言，将会形成一个群体性学习社交区域，产生更多的智慧型资源。因此，中小学微课发展将向微课程和慕课发展，达到“类慕课”的效果。如，一些知名中小学会将率先在网上开设基于微课的慕课学科课程、专题课程、同步课程，并有微学分认证和结业证书的发放，实现区域内各学校微课慕课学分互认、跨区域名校微课、慕课联盟。

微课是一种以小视频为主的教学资源，并在教学应用实践过程中不断地发展，形成了微型网络学习课程系统。当今信息社会中，随着新科技和新媒体的迅速发展以及广泛应用，广大用户对学习方式的选择也呈现出多元化，加之智能手机、平板电脑、笔记本电脑等便携式智能设备的普及，微课的出现显得尤为重要，它的出现顺应了时代发展潮流，符合教育发展规律，适合自主教学、个性化教学、合作教学、移动教学、远程教学的开展。虽然微课有了一定程度的发展，但终究还是一个新生事物，很多专家学者对微课也有着不同的观点，从不同方面指出过其不足和缺点。在信息时代的大环境下，微课的特点和本质决定了它在教育教学中具有广阔的应用前景和正确的前进方向。

附　录

附录一　微课相关网站及案例推荐

一、微课相关网站

1. 微课网

http：//www.vko.cn/

2. 多贝网

http：//www.duobei.com/

3. 麦子学院

http：//www.maiziedu.com/

4. 网易公开课

http：//open.163.com/

5. 网易云课堂

http：//study.163.com/

6. 可汗学院（英文版）

https：//www.khanacademy.org/

可汗学院（中文版）

https：//cmn.khanacademy.org/

7. 全国高校微课教学比赛

http：//weike.enetedu.com/

8. 新浪公开课

http：//open.sina.com.cn/

9. TED

http：//www.ted.com/

10. 爱课程网

http：//www.icourses.cn/couc/

二、微课相关案例

1. 有趣的汉字

http：//v.youku.com/v_show/id_XODM5MTc0NDYw.html

2. 支气管哮喘概论

http：//weike.enetedu.com/play.asp?vodid=157898&e=1

3. 洪水神话的文化比较

http：//weike.enetedu.com/play.asp?vodid=180123&e=3

4. 建筑物夜景照明

http：//weike.enetedu.com/play.asp?vodid=177161&e=3

5. 遮罩特效应用

http：//weike.enetedu.com/play.asp?vodid=175032&e=3

附录二　微课设计与制作能力自测表

为了充分了解自己在微课认知、设计、制作、实践与应用等方面的能力，请根据表附 2-1 进行自测。本测试共分为五个部分：微课理念认知能力、微课设计筹备能力、微课拍摄录制能力、微课编辑制作能力、微课教学应用能力。请根据指标与您实际情况的吻合程度，在合适的空格内打"√"，最后计算得分。

注意：本次测试仅用于让您简要了解自己微课认知与实践方面的能力情况，以便更好地开展微课学习与研究，请您根据自己的实际情况填写。

表附 2-1　　微课设计与开发能力自测表

微课理念认识能力							
编号	能力要求	分值					小计
		5	4	3	2	1	
1-1	了解微课的内涵和特征						
1-2	了解微课的来源与发展						
1-3	熟悉微课制作的流程与方法						
1-4	了解微课的类型与特征						
1-5	能够简单评价微课作品						
微课设计筹备能力							
编号	能力要求	分值					小计
		5	4	3	2	1	
2-1	能够从课程中梳理与确认微课主题内容						
2-2	能够设计与撰写微课教学方案						
2-3	能够做好微课制作前的场地环境准备						
2-4	能够做好微课拍摄前的设备准备						
2-5	能够做好微课制作前的人员准备						

微课拍摄录制能力							
编号	能力要求	分值					小计
		5	4	3	2	1	
3-1	掌握摄像的基本原理和方法						
3-2	了解拍摄装备的参数设置与机位安置						
3-3	能够利用摄像设备开展微课拍摄						
3-4	了解屏幕录制方法和常用录屏软件的使用						
3-5	掌握手机拍摄和编辑的基本方法						

微课编辑制作能力							
编号	能力要求	分值					小计
		5	4	3	2	1	
4-1	能够利用 PPT 制作微课						
4-2	能够利用 Flash 制作微课						
4-3	了解 iebook、Authorware、3ds Max 等制作微课的方法						
4-4	熟悉音视频编辑处理的基本方法与技巧						
4-5	能够独立完成微课的音视频编辑与处理						

微课教学应用能力							
编号	能力要求	分值					小计
		5	4	3	2	1	
5-1	了解微课的支撑理论						
5-2	熟悉微课常用的教学模式						
5-3	掌握微课的教学原则						
5-4	能够利用微课开展教学实践						
5-5	能够开展微课教学的评价						

附录三　微课设计与开发要点总结

了解与掌握微课的设计与开发，要从微课的理念、技术与应用三个层面来进行，以下要点供大家学习与应用时参考。

1. 遵循微课的规律："三原色"（重视但不盲从、认真但不轻视、应用但不闲置）。

2. 理解微课的地位："四微"（位微不卑、课微不小、步微不慢、效微不薄）。

3. 注意微课的方法："四合"（要与学生特点相结合、要与专业课程相结合、要与课程特色相结合、要与课堂教学相结合）。

4. 掌握微课的原则："四术"（要有学术、要有心术、要有技术、要有艺术）。

5. 实现微课的路径："四识"（理解要有认识、应用要有胆识、教学要有知识、制作要有共识）。

6. 认清微课的意义："七宗罪"（动摇了教师的权威、改变了师生的关系、颠倒了教学的模式、转变了教学的使命、再造了教学的环境、推倒了校园的围墙、改造了评价的机制）。

7. 熟悉微课的标准："七巧板"（准确吸引的标题、特色恰当的内容、创新为学的设计、充分合理的技术、精湛怡人的讲授、目标达成的效果、灵活多样的使用）。

8. 打造微课的效果："七彩虹"（制定政策机制，要有顶层设计、体现职业特色，要有发展目标、重视比赛引领，要有竞争意识、解决重点难点，要有突破入口、加强培育规划，要有家族路径、重视环境建设，要有条件装备、加快人才培养，要有技术支撑）。

参考文献

[1] 刘万辉 . 微课教学设计 [M]. 北京：高等教育出版社，2015.

[2] 张一春 . 精品微课设计与开发 [M]. 北京：高等教育出版社，2015.

[3] 吕森林 . 在线教育微课修炼之道 [M]. 北京：人民邮电出版社，2015.

[4] 李本友，吕维智 . 微课的理论与制作技巧 [M]. 北京：中国轻工业出版社，2015.

[5] 马九克 . 微课视频制作与翻转课堂教学 [M]. 上海：华东师范大学出版社，2016.

[6] 刘万辉 . 微课开发与制作技术 [M]. 北京：高等教育出版社，2015.

[7] 乔玲玲，纪宏伟，陈志娟，缪亮 . 微课设计与制作实用教程 [M]. 北京：清华大学出版社，2016.

[8] 李文德 . 情境微课开发 [M]. 北京：电子工业出版社，2016.

[9] 陈子超 . 微课开发与制作从入门到精通 [M]. 北京：人民邮电出版社，2016.

[10] 赵国忠，傅一岑 . 微课：课堂新革命 [M]. 南京：南京大学出版社，2015.

[11] 倪彤 . 微课 / 慕课设计、制作与应用 [M]. 北京：清华大学出版社，2016.

[12] 蔡姿云 . 可汗学院教学模式特点及启示 [J]. 软件导刊，2014.

[13] 何博，兰国帅，王祖源，张一春 . 基于混合学习的微课教学应用研究 [J]. 中国教育信息化，2014.

[14] 俞显，张文兰 . 混合学习的研究现状和趋势分析 [J]. 现代教育技术，2013.

[15] 张一春 . 微课建设研究与思考 [J]. 中国教育网络，2013.

[16] 胡铁生，黄明燕，李民 . 我国微课发展的三个阶段及其启示 [J]. 远程教育杂志，2013.